职业教育高速铁路客运服务专业系列教材

U0649760

高速铁路
客运设备运用与管理

第2版

王　越　万　龙　主　编
于文福　主　审

人民交通出版社
北京

内 容 提 要

本书为职业教育高速铁路客运服务专业系列教材之一。本书包括七个模块:高速铁路客运站服务设备、高速铁路客运站工作组织、动车组设备设施、动车组列车乘客移动终端设备、动车组列车乘务工作、高速铁路客运应急处置及高速铁路客运管理。

本书可作为职业院校高速铁路客运服务专业及铁道运输类相关专业教材,也可供铁路行业培训使用,供从事铁道运输类工作人员参考。

*本书配有教学课件等教学资源,任课教师可通过加入职教铁路教学研讨群(教师专用 QQ 群:211163250)免费获取。

图书在版编目(CIP)数据

高速铁路客运设备运用与管理/王越,万龙主编.

2 版. —北京:人民交通出版社股份有限公司,2025.

8. —ISBN 978-7-114-19749-9

Ⅰ. U293.2

中国国家版本馆 CIP 数据核字第 2024D79F96 号

职业教育高速铁路客运服务专业系列教材
Gaosu Tielu Keyun Shebei Yunyong yu Guanli

书　　名:	高速铁路客运设备运用与管理(第2版)
著作者:	王　越　万　龙
责任编辑:	杨　思
责任校对:	赵媛媛　刘　璇
责任印制:	张　凯
出版发行:	人民交通出版社
地　　址:	(100011)北京市朝阳区安定门外外馆斜街 3 号
网　　址:	http://www.ccpcl.com.cn
销售电话:	(010)85285911
总 经 销:	人民交通出版社发行部
经　　销:	各地新华书店
印　　刷:	北京印匠彩色印刷有限公司
开　　本:	787×1092　1/16
印　　张:	16.25
字　　数:	365 千
版　　次:	2019 年 12 月　第 1 版
	2025 年 8 月　第 2 版
印　　次:	2025 年 8 月　第 2 版　第 1 次印刷　总第 6 次印刷
书　　号:	ISBN 978-7-114-19749-9
定　　价:	49.00 元

(有印刷、装订质量问题的图书,由本社负责调换)

第 2 版前言

近些年来,我国高速铁路建设在我国经济社会发展中发挥着越来越重要的作用,取得了令人瞩目的成就。伴随着高速铁路大规模建设和投入运营,我国高速铁路技术已经进入了世界先进行列。与此同时,旅客运输市场竞争日益加剧,铁路旅客运输企业应顺应市场形势,推出创新产品,提升服务质量,提高旅客满意度,这样才能获取更大的社会效益和经济效益。

本教材全面贯彻落实党的二十大精神,从职业教育角度,采用"模块—单元"的编写模式,内容对接高速铁路旅客运输生产实践,真正实现面向企业生产岗位的技能型人才的培养目标,更具有针对性,符合高速铁路客运服务专业客运岗位人才培养的需求。

本次修订具有以下 5 个方面的特点:

(1)更加注重校企双元合作。本教材在中国铁路沈阳局集团有限公司的大力支持下,由辽宁铁道职业技术学院、中国铁路沈阳局集团有限公司有关人员合作修订。学校负责修订教材中学生应掌握的理论知识,企业负责修订教材中学生应掌握的实践操作内容。通过校企双元合作,明确了教材修订理念:以培养职业素养和职业能力为主线,将理论教学与实践教学融为一体,以职业能力为导向来设计教材内容。

(2)更加充分融入课程思政。本教材遵循技术技能人才成长规律,知识传授与技术技能培养并重,强化学生职业素养养成和专业技术积累,将专业精神、职业精神和工匠精神融入教材内容。教材强调高速铁路客运人员应树立正确的世界观、人生观、价值观及职业观,培养爱岗敬业、遵章守纪、乐于奉献的职业道德,树立以人为本、旅客至上的"人民铁路为人民"的信念。

(3)教材内容更加先进。本教材在修订过程中融入了铁路旅客运输新技术、新知识、新设备,吸纳了近年来铁路旅客运输中运用的服务理念与策略,对相关内容进行了更新、修改和调整,更关注客运人员应具备的客运设备运用的技能等职业素养的提升。通过这些内容，力争使学生"服务意识浓、职业形象好、沟通表达强、服务技能佳"，成为一名明礼守信、团结协作、富于创新、服务一线的高技能人才。

（4）教材体系更加完整。本教材根据 2025 年修订的职业教育专业教学标准增加了相关内容，并根据铁路现场工作需要，对客运知识进行细化、补充和完善，可操作性强；同时结合当前铁路客运发展的需要，确定了对铁路客运人员进行系统而科学的客运培训体系，主要内容包括高速铁路客运站服务设备、高速铁路客运站工作组织、动车组设备设施、动车组列车乘务移动终端设备、动车组列车客运乘务工作、高速铁路客运应急处置、高速铁路客运管理等内容。

（5）丰富了配套资源，新增了在线课程。使用本教材的教师均可利用上述资源在线教学，实现翻转课堂与混合式教学。

本教材由辽宁铁道职业技术学院王越、万龙担任主编，中国铁路沈阳局集团有限公司于文福担任主审。具体编写分工如下：辽宁铁道职业技术学院李美楠编写模块一，万龙编写模块二、模块四，王越编写模块三、模块七，中国铁路沈阳局集团有限公司沈阳客运段谢知博编写模块五，中国铁路沈阳局集团有限公司客运部万金龙编写模块六。本教材在编写过程中得到了中国铁路沈阳局集团有限公司客运部及站段领导的大力帮助与支持，在此深表感谢！

由于编者水平有限，书中疏漏和不足之处敬请广大读者批评指正。

编　者
2025 年 1 月

在线课程链接

数字资源列表

资源使用说明:

1.扫描封面二维码,注意每个码只可激活一次;

2.长按弹出界面的二维码关注"交通教育出版"微信公众号并自动绑定资源;

3.公众号弹出"购买成功"通知,点击"查看详情",进入后即可查看资源;

4.也可进入"交通教育出版"微信公众号,点击下方菜单"用户服务—图书增值",选择已绑定的教材进行观看。

序号	资源名称
1	自动售票机的内部模块
2	客运组织工作过程
3	高铁车站窗口售票软件操作
4	退票作业办理
5	列车到发管理
6	广播计划与管理
7	CR400AF 智能动车组
8	CR400BF 始发一次列车长总检
9	动车组列车发生火灾应急处置流程
10	应急处理小组分工及职责
11	动车组列车运行中空调失效不能恢复的处理流程
12	动车组车门发生故障应急处置流程
13	有突发治安事件时应急处置预案(车站反恐)

目录

高速铁路客运站服务设备

◎ 学习目标

知识目标

1. 掌握自动售票机的主要功能;
2. 掌握窗口售票系统设备的主要功能;
3. 掌握自动检票机的硬件结构组成;
4. 掌握高速铁路车站查询系统的主要功能。

技能目标

1. 能够熟练操作高速铁路票务服务设备;
2. 能够熟练操作高速铁路候车服务设备;
3. 能够熟练操作高速铁路信息服务设备。

素质目标

1. 培养责任意识和职业能力素质;
2. 培养标准作业的能力。

◎ 模块描述

本模块介绍了高速铁路客运站票务服务设备、候车服务设备的基本结构和使用方法,以及信息服务设备的基本结构和主要功能。

单元一 票务服务设备

单元导入

1. 高速铁路客运站为旅客提供的服务设备有哪些?
2. 自动售票机主要由哪些部分组成?
3. 自动售票机的主要功能有哪些?
4. 窗口售票系统主要由哪些部分组成?
5. 窗口售票系统设备的主要功能有哪些?
6. 简述自动检票机的分类。
7. 自动检票机的硬件结构由哪些部分组成?

高速铁路客运站票务服务设备包括自动售票系统、窗口售票系统(含窗口双屏、窗口对讲等)和自动检票系统。票务系统是根据运价策略、销售策略、运营规章和收入、统计规则等建设的实时交易信息系统,具有为旅客提供优质的票务服务以及实现客运专线售票、检票、收入管理等功能。自动售检票系统是由计算机、通信、网络和数据库自动控制等技术集成,实现旅客自助购票、检票全过程的应用系统,是铁路客票发售和预订系统(中文简称客票系统,英文简称 TRS)的组成部分。客运专线自动售检票系统采用大站代管小站等模式进行管理。票务系统采用集中式结构,担负着全路客票销售任务。票务系统架构图如图 1-1 所示。

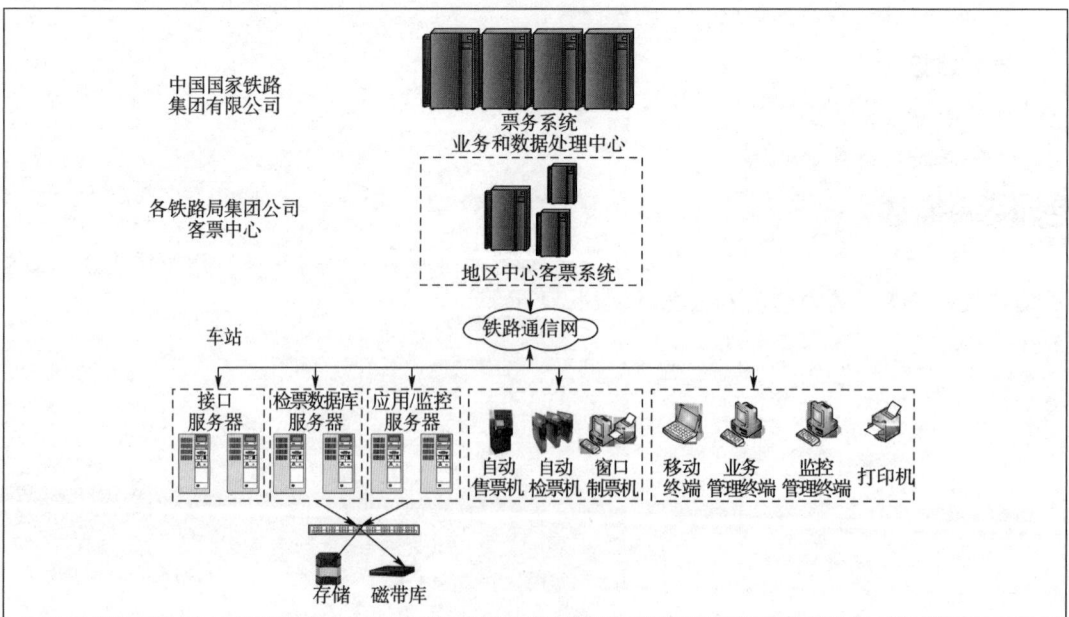

图 1-1 票务系统架构图

　　高速铁路客运站在旅客进站流线上设置自动售票机,在进出站口设置自动检票机,并辅之以分散在客运站内各处的窗口售票机向旅客提供更加便捷的票务服务。

一、自动售票系统

　　自动售票系统是集制票、支付、取票于一体的自助式售票设备。自动售票机(Ticket Vending Machine,TVM)与客票系统连接,旅客能实时购买列车车票。自动售票系统的总体架构图如图1-2所示。

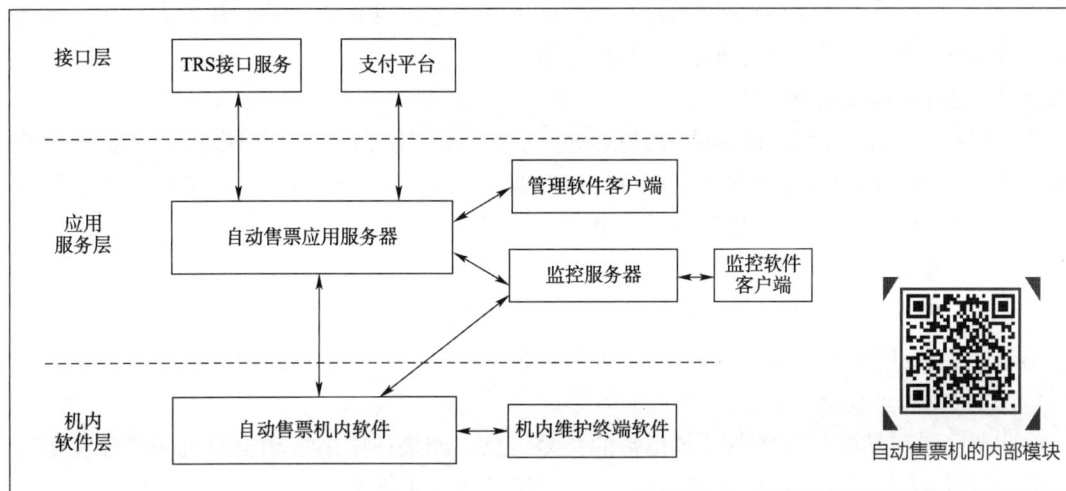

图1-2　自动售票系统的总体架构图

1.自动售票机的结构

　　自动售票机是一种自助购票设备,主要用于旅客自助购买车票,支持多种支付方式。支付手段满足现金、储值卡、银行卡等的自助售票设备,并且票面制式满足储值卡、非接触式IC卡或磁卡等票的出票要求;可直接获取客运站或中心席位库的票源。自动售票机主要部件包括工业级控制计算机、旅客显示屏(触摸屏)、银行卡读卡器、密码键盘、身份证读卡器、纸币识别及找零单元、硬币找零单元、车票打印单元等。自动售票机外观图如图1-3、图1-4所示。

图1-3　自动售票机(一)

　　自动售票机是一款具有多功能、高可靠性的服务设备。该设备安装在车站非付费区,由旅客自助操作购买站台票,提供硬币支付手段购买站台票功能。旅客通过自动售票机的人机界面(HMI)操作,实现设备自动出售站台票。

2.自动售票机的功能

　　(1)车票发售功能

　　发售一次性磁介质车票,对车票进行的处理主要

图1-4　自动售票机(二)

包括剪切、写磁、校验、打印票面信息、整叠出票等，支持最多20张车票的整叠出票功能，包括堆叠及自然掉落两种方式；具有车票的遗忘回收功能，在成票送出后，如旅客在设定的时间（可配置）内忘记取票，会自动回收车票，对制票过程中产生的废票自动回收到废票箱。

（2）现金购票功能

支持市面上流通的5元以上面额的人民币纸币支付购票，在自动售票机暂停接收纸币、暂停服务或关闭时，投币口自动关闭，不接收纸币并防止任何物品进入，纸币识别无方向性要求，合法的纸币将被保存到纸币钱箱，不能被识别的纸币返还给旅客。在无人操作自动售票机或禁止使用纸币购票时，可以关闭出、入口。

（3）银行卡购票功能

支持银行卡购票功能，旅客购票时插入银行卡，输入验证密码后，根据应付票款从旅客银行账户上扣除相应金额。支持EMV标准（国际三大银行卡组织基于IC卡的金融支付标准），并支持多家商业银行的银行卡支付购票。

（4）找零功能

配置三个出钞钱箱和一个残币回收箱。出钞钱箱能够适应50元、20元、10元、5元人民币的尺寸要求；同时支持最多20张的纸币整叠找零，支持一元、五角两种硬币找零。

（5）收据打印功能

购票交易成功时打印凭条记录正常的交易信息。如果在使用自动售票机购票过程中出现故障，操作人员可选择打印故障凭条，凭此故障凭条寻求帮助。

（6）钱箱管理功能

自动售票机可分别对纸币找零箱、纸币存币箱、纸币回收箱、硬币加币箱和硬币回收箱进行管理。

（7）现金管理功能

操作人员可从维护单元或后台服务器发送命令，实时查询现金信息，包括收入纸币、支出纸币和支出硬币。

二、窗口售票系统

1. 窗口售票系统的组成

窗口售票系统主要由窗口PC机（包括主机、显示器、键盘、鼠标等）、窗口制票机（BOM）等组成。窗口PC机与窗口制票机之间采用串口、并口或通用串行总线（USB）口进行通信，窗口PC机与安全存储模块（SAM）加密设备之间采取串口进行通信，窗口PC机通过以太网接口与客票系统连接，如图1-5所示。

窗口PC机上安装客票系统6.0版售票软件及制票机驱动程序、SAM加密设备驱动程序，并根据磁记录客票特点，针对磁记录信息和票面打印格式的变化进行软件升级。

2. 窗口售票系统设备的主要功能

（1）高感热打印功能。

（2）写磁并读磁校验功能。

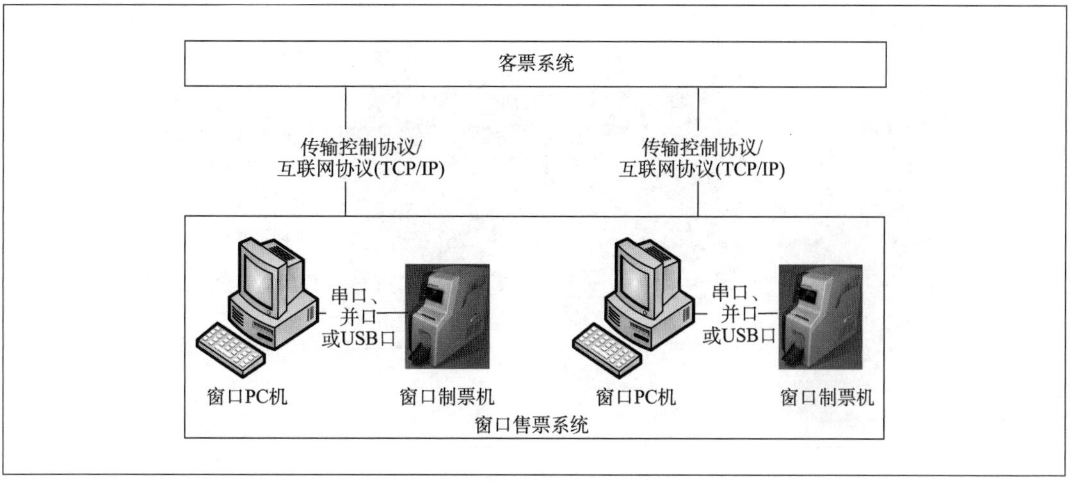

图 1-5 窗口售票系统组成图

（3）看票号功能。

（4）成票磁信息读取功能。

（5）空白票作废功能。

（6）成票废票功能。

（7）故障检测与报警功能。

三、自动检票系统

高速铁路客票种类多，可采用自动检票和人工检票相结合的方式完成检票工作。持磁质车票的旅客可通过自动检票通道进站上车，客运服务人员只在旅客有疑问时提供帮助，充分发挥旅客的自主性；持纸质车票的旅客需要客运服务人员人工检票后方可进站上车。

1.自动检票机及其分类

自动检票机又称为闸机，用于控制付费区域的进入。检票后，闸机的翼门打开，允许旅客进入付费区域。

我国客运专线采用的自动检票机按功能不同分为进站检票机、出站检票机、双向自动检票机等，可支持储值卡、非接触式 IC 卡或磁卡等的检票作业，检票读写设备与制票机的读写设备配套。每台检票机直接接收客运站检票服务器的检票计划。

自动检票机按其结构类型主要分为转杆式检票机、扇门式检票机和拍打式检票机。转杆式检票机通行量比较小，容易造成拥堵和事故；扇门式检票机可以达到迅速安全疏散人流的目的，不会出现转杆式检票机那样的拥堵与事故；拍打式检票机适合于大流量或大件行李及障碍车，须配合监控人员使用。但人性化的检票机也引来了小麻烦，由于停滞时间相对较长，往往出现个别旅客在出检票机闸门时漏刷或逃票的现象。

2.双向自动检票机的组成

双向自动检票机的构造如图 1-6 所示。

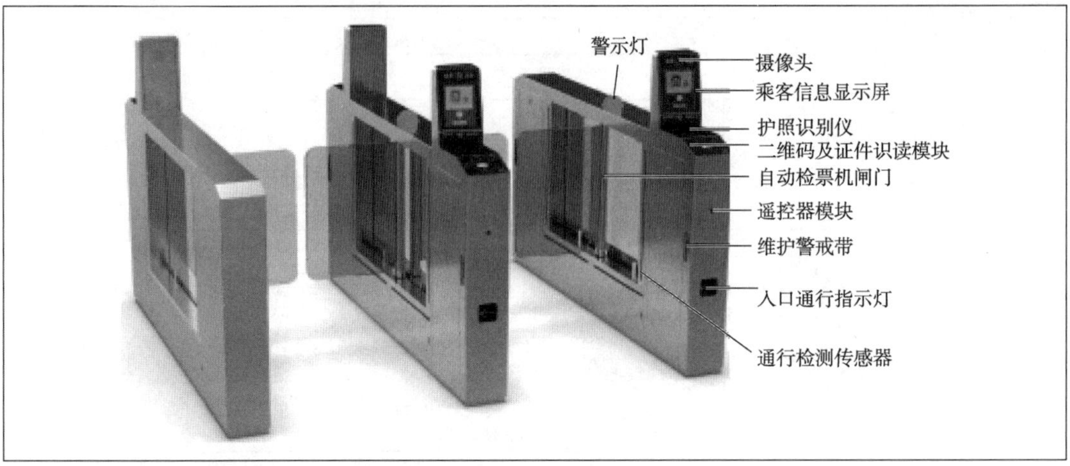

图1-6 双向自动检票机的构造

下面就双向自动检票机重要组成加以介绍。

（1）乘客信息显示屏

乘客信息显示屏是指安装在最上方的 LCD 显示屏，其主要功能是显示自动检票机的启动信息、检票信息和维护信息等，在正常检票时显示检票提示信息。

图1-7 二维码及证件识读模块

（2）护照识别仪

护照识别仪能够自动识别护照的电子证件和非电子证件，能够读取证件内记录的证件号码、姓名、照片、有效期、国籍等信息。

（3）二维码及证件识读模块

二维码及证件识读模块可以读写车票的二维码信息，读卡器内支持 4 个 SAM 卡插槽，识读中华人民共和国居民身份证、港澳居民居住证、台湾居民居住证、外国人永久居留身份证、中铁银通卡五种证件，识读距离范围为 0～4cm，如图1-7 所示。

（4）自动检票机闸门

自动检票机闸门采用拍打门方式，充分考虑了闸门高频率的使用情况。闸门机械部分能够保证每天 10000 次的使用及超过 1200 万次的使用寿命。拍打门是实现通道开放与禁行的执行机构，采用 DC 24V 直流无刷电动机驱动使用寿命超长，带有齿磁式刹车机构，依靠自带的增量式编码器实现门体的准确定位，同时可实现门体转动速度的调节，如图1-8 所示。

（5）遥控器模块

通过遥控器控制可支持暂停服务、门常开、应急检票、恢复工作、多向切换的功能，控制距离不大于 1m，使用寿命不小于 10 万次。

（6）入口通行指示灯

通行状态指示灯分别安装在箱体的前侧和后侧，形状为红色的"×"形和绿色的"↖"形，用来表示当前的通行状态，红色表示通道关闭，绿色表示通道已经开启，可以使用。通行结果指示灯被安装在箱体中部的上侧，采用大直径的圆柱形凸起灯，满足工作人员远距离观察的要求。通行结果指示灯用来指示检票的结果，共有 3 种颜色：如果是正常可通过票，则亮绿色指示灯；如果是折扣票，则亮黄色指示灯，并伴有声音提示；如果是非法、错误票，则亮红色指示灯，并伴有声音警示，如图 1-9 所示。

（7）通行检测传感器

通行检测传感器采用红外光幕探测方式，安装在箱体的下侧和两端，用来实现通道内的人流检测，可实现高度检测、非法闯入检测、行李检测、逆行检测等，可检测的最小尾随距离不大于 200mm。

（8）维护警戒带

维护警戒带位于机头部分，距地面高度为 670mm，采用红色带宽为 57mm 可自动回收的警戒带。

3. 自动检票系统软件结构

（1）自动检票系统的组成

自动检票系统从软件结构上划分，可以分为两层，即自动检票机应用软件和自动检票系统服务器管理软件。自动检票机应用软件负责处理磁信息安全、检票业务控制和硬件设备控制等；自动检票系统服务器管理软件负责与自动检票机、票务系统、旅客服务系统（简称旅服系统）和管理终端的通信，实现业务逻辑处理、设备管理控制和数据读写访问。

（2）自动检票系统的操作流程

自动检票系统服务器管理软件每天定时接收客票系统运行数据，编制基本计划并配置相应硬件设备，每天自动将计划下载至自动检票机，持票人在对应的检票机上自动完成检票工作。其操作流程如图 1-10 所示。

（3）自动检票系统软件的功能构成

自动检票系统软件主要由自动检票应用服务器软件、自动检票机机内软件和设备监控系统软件组成，各软件功能如图 1-11 所示。

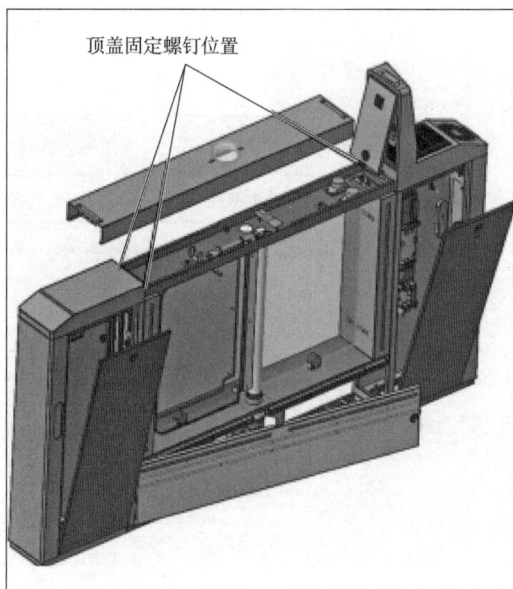

图 1-8　自动检票机闸门

图 1-9　入口通行指示灯

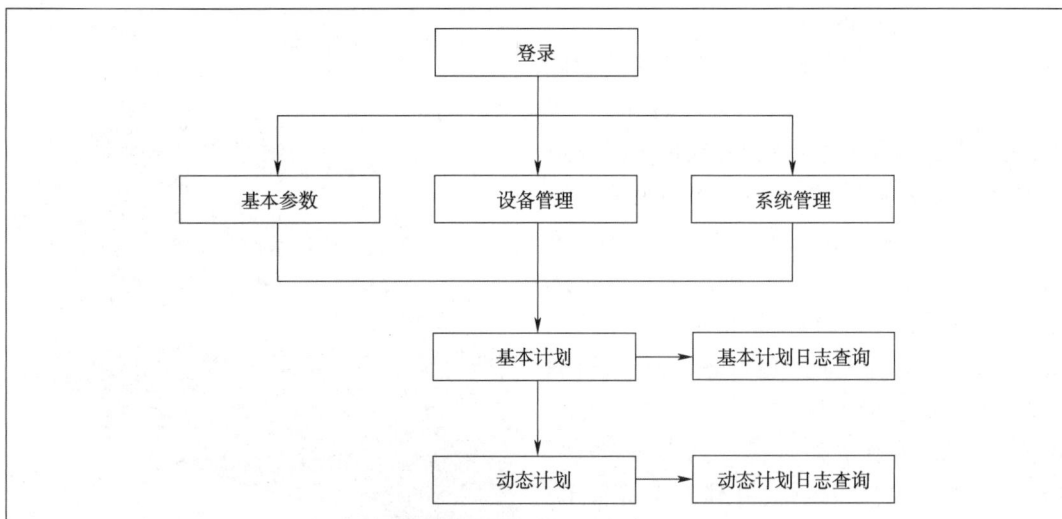

图 1-10　自动检票系统操作流程图

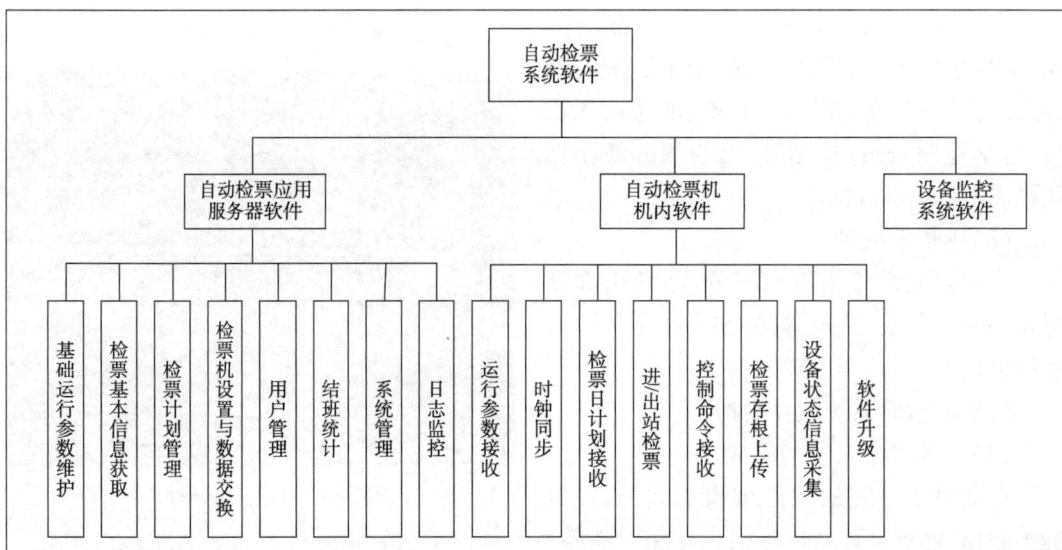

图 1-11　自动检票系统软件功能图

4.检票操作流程

（1）检票计划下载

当自动检票管理系统生成新的检票计划并执行下载操作时,自动检票机接收成功后立即生效。自动检票机在启动时,会主动向管理服务器问询是否有未下载的检票计划。

（2）自动检票机的检票方式

磁票和身份证电子客票按当日一次使用有效(当日各1次有效)方式完成检票。在检票时,先按当日当次检票;如果当日当次不满足,则按当日非当次方式检票。自动检票机应能支持非接触式中华人民共和国居民身份证、港澳居民居住证、台湾居民居住证、外国人永久居留身份证、护照、台湾居民来往大陆通行证、港澳居民来往内地通行证。可使用中铁银通卡识读等介质进、出站检票。

（3）进/出站检票自动检票机的检票方法

旅客将证件或票二维码按照指示放到相应的读取位置,电子客票双向自动检票机会读取相应的购票信息,并在显示屏上显示,合法票时指示灯显示绿色,特殊票时指示灯显示黄色,读取失败或没有购票信息时指示灯显示红色,并伴有相应的语音提示。检票人员通过声光提示对旅客持票的有效性进行判别,检票人员可在触摸屏上输入旅客证件号码查询旅客购票信息。

单元二 候车服务设备

单元导入

1.高速铁路车站安全检查设备有哪些?
2.高速铁路车站查询系统的主要功能有哪些?
3.简述高速铁路车站旅客寄存系统组成。
4.高速铁路车站旅客应急求助设备有哪些?

一、安全检查设备

高速铁路客运站进站厅、候车区(室)的入口附近、旅客集中进入的地点设置安全检查设备(图1-12),进行安全检查。安检系统是通过X射线安全检查设备,对旅客行包进行安全检查,防止旅客携带容易引起爆炸、燃烧、腐蚀、毒害或有放射性的物品及枪支、管制刀具等可能危害公共安全的物品。

1.安检系统组成

安检系统主要由X射线检查系统主机、安检操作台和传输设备等组成,如图1-13所示。

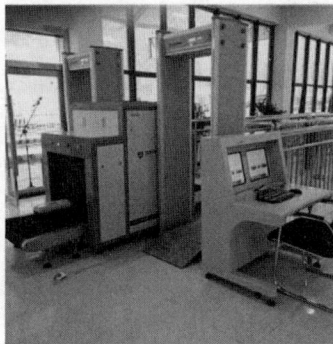

图1-12 安全检查设备

图1-13 安检系统

2.安检系统功能

（1）辅助探测功能

运行检查软件（人机界面）提供对爆炸物品和毒品辅助探测功能,当根据有效原子序数信息判断被检物品含疑似爆炸物或毒品物质时,系统报警并用指定颜色方框标记嫌疑区域。运行检查软件同时具备高密度报警功能,当被检物品吸收率很高造成图像无法分辨时,系统报警并用指定颜色方框标记穿不透区域。

（2）图像管理功能

图像管理功能可以通过自动保存、手动保存、嫌疑保存等方式存储物体扫描图像;当存储空间不足时,自动删除或自动保存历史图像;可以根据扫描时间、操作人员 ID（身份标识号码,又称为序列号或账号）、图像存储方式等检索条件进行图像查询;提供图像转存功能,可以将专用 X 射线图像格式转存为 JPG、BMP、TIF、GIF 等通用图像格式。

（3）危险品图像插入功能

危险品图像插入功能可以自动、随机地在被检物品的检查过程中插入虚拟的危险品图像,帮助操作人员识别图像。对于危险品图像,可以选择在被检物品图像之间插入虚拟包裹图像方式,也可以选择将虚拟危险品插入到被检物品图像中,高级管理人员可以指定插入危险品图像的类别和频率。

（4）用户管理功能

用户按照权限划分可以分为操作人员、管理人员和维修人员。

系统管理人员可以新建、删除用户或修改用户信息;默认权限设置下,管理人员除操作人员权限外,还具备系统设置和管理权限;用户权限可以由管理人员根据使用要求进行增减。维修人员除操作人员权限外,还具备系统维护诊断权限。

设备启动时可以选择用户登录方式或默认用户登录方式,默认用户登录方式无须输入用户名和密码即可直接登录运行检查软件。

（5）日志管理功能

系统日志记录所有用户登录、注销、检查包裹数、图像标记数、TIP 考核以及 X 射线机出束时间等信息,可以根据用户 ID、时间范围等条件检索日志信息。日志提供按照天、周、月、季度等时间单位进行信息统计汇总功能,汇总信息可以通过 USB 存储设备导出。

（6）设备诊断功能

提供设备上电自诊断功能;提供 X 射线源高压、束流等主要指标的监测与诊断,并可以查询射线源累积上电及出束时间;提供探测器阵列测试诊断功能;提供专用键盘测试功能;提供胶带控制及红外光阵测试诊断功能;提供设备通信测试功能;等等。

3.安检系统操作人员主要工作内容

（1）负责系统运行状态的设置、监视和控制。

（2）启动扫描,控制传送带的运转。

（3）辨别物品图像。

（4）发现嫌疑图像时,进行标记和实物检查。

（5）掌握运行检查站提供的所有检查方法。

二、自动查询系统

自动查询系统包括自动查询机(触摸式或键盘式)、计算机及网络等现代化的设备。自动查询机主要是为方便旅客获取需求信息而在站内适当位置设置的可供资讯、查询的设备。

自动查询系统主要以本地数据库和集成管理平台为主要数据源,通过触摸查询机为旅客提供列车、票价、席位、服务设施、站区环境等相关信息,可在一定程度上减轻问询处人工服务的压力。

旅客服务系统局域网采用千兆主干和百兆到端的星形结构,通过虚拟局域网(VLAN)划分的方式为查询系统提供独立子网,如图 1-14 所示。

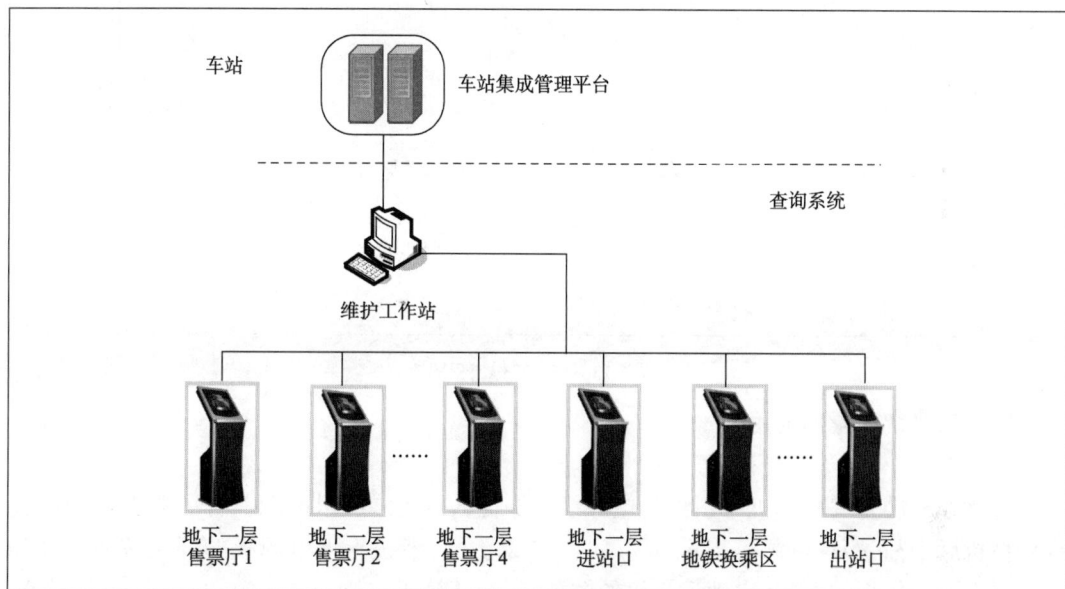

图 1-14　旅客服务系统局域网示意图

1.查询系统组成

查询系统主要由触摸屏查询一体机、维护工作站组成。在售票大厅、进站厅附近旅客比较集中的地点安装触摸屏查询一体机,分别通过配线间接入旅客服务系统局域网;维护工作站则设置在旅客服务机房。

2.查询系统功能

(1)车站概况查询。查询车站平面分布、服务设施、机构职能、服务热线等基础信息。

(2)客运常识查询。查询购票常识、安全常识、退票常识。

(3)旅游信息查询。查询市区交通图、宾馆信息、旅游信息、站前公交线路及地铁信息。

(4)行包托运查询。查询行包托运须知、行包类别及运价、安全检查、托运单填写范例。

(5)到发时刻查询。通过集成管理平台接口查询列车到发信息,包括车次、到站时间、停靠站台、发车时间、候车地点。

(6)停站、停点查询。查询列车沿线经过的停靠站、到站时间、停留时间。

(7)票价查询。实时查询预售期内本站各次列车的软卧、硬卧、软座、硬座客票余额数;

设有按车次、日期等多种查询方式;查询途经车站、里程、硬座票价、软座票价、硬卧票价、软卧票价。

(8)系统维护功能。查询工作流程图如图1-15所示。

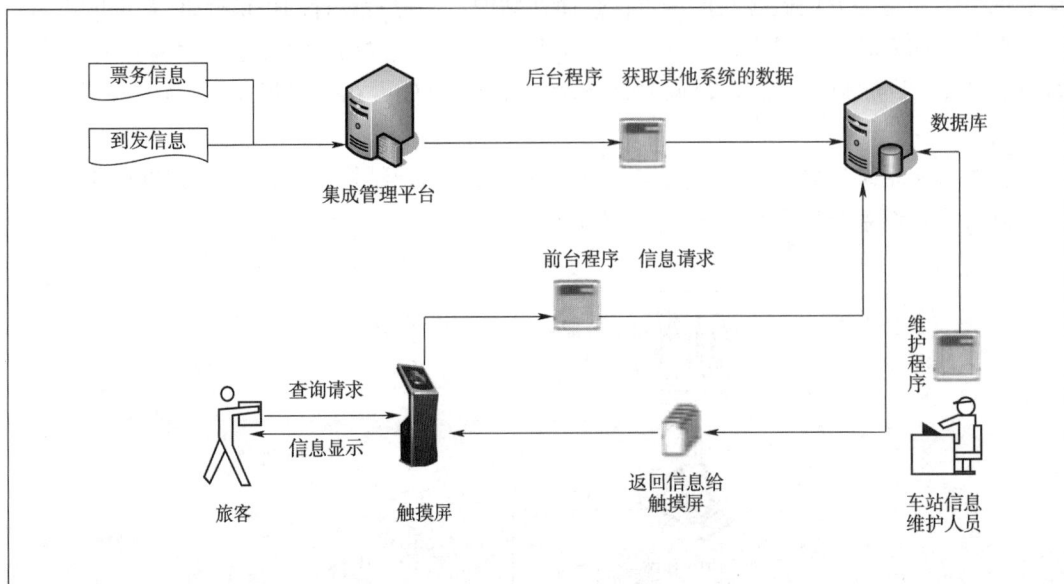

图1-15　查询工作流程图

3.查询系统的操作使用

(1)启动

先将触摸屏查询一体机中引出的电源线插头插入 AC 220V 供电插座中。打开触摸屏查询一体机后中门,检查电源板指示灯是否亮,如果不亮,请按一下电源板的开关按钮。打开触摸屏查询一体机的侧门,启动计算机的电源开关,计算机主机会立即启动,等待 5 ~ 10s,显示器显示图像。

(2)操作

需要查询信息时,只需在菜单中找到并触碰相应的项目,便可获取您所需要的信息。

(3)关闭

每日工作结束,需关闭设备应先退出当前的应用程序,到 Windows 窗口触摸【开始】,选择【关闭系统】,再触摸【是】。当屏幕出现"您可以安全关机"时,再将电源开关关闭。

4.查询系统的维护

触摸屏查询一体机的日常维护主要是进行设备巡检和清洁工作。

(1)触摸面板的清洁

触摸面板的清洁与触摸屏的使用强度有关,一般情况下,普通候车区(室)夏季每天清洁1 次,其他季节隔天清洁 1 次,贵宾、软席候车区(室)每周清洁 1 ~ 2 次即可。清洁方法需根据用户培训相关内容进行。

(2)设备外壳的清洁

设备外壳多为不锈钢材质,可直接使用拧干的抹布和清洁剂进行擦洗,同时应避免液体进入设备。

(3)设备周边的清洁

为了避免受到积水的影响,多数触摸屏查询一体机箱体底部距地面有1cm的距离,这个空间容易积累灰尘、烟头、果皮纸屑等,应由维修人员监督保洁人员将设备移开,对下方地面进行清理,每周1次。

三、旅客物品寄存系统

旅客物品寄存系统是以旅客自助的方式存放小件物品,为旅客提供方便、快捷的服务。

在配置旅客物品寄存处时,一定要通过实际调查定量分析旅客的总体需要、寄存物品重量(体积)以及寄存时间等情况来确定配备寄存箱数量、型号以及不同型号的比重。另外,还应设置便于易燃、易爆、危险品检查的空间。

旅客物品寄存系统采用钱币识别、控制、计算机、网络和接口技术实现旅客自助寄存功能。集成管理平台通过接口对寄存识别进行远程监控。

1.寄存系统组成

寄存系统由维护管理终端、自助寄存主柜和寄存副柜组成,如图1-16所示。寄存副柜通过控制电缆连接到主柜上,主柜分别接入附近配线间的网络交换机,由设置在旅客服务主机房的维护管理终端统一管理。

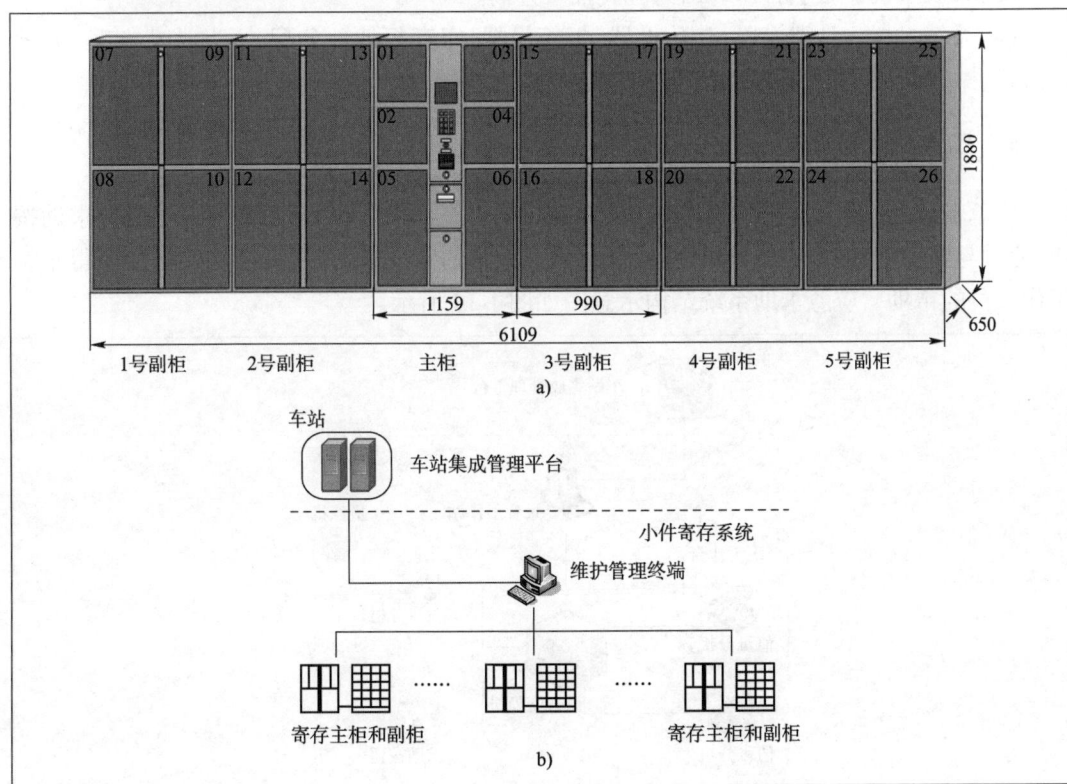

图 1-16

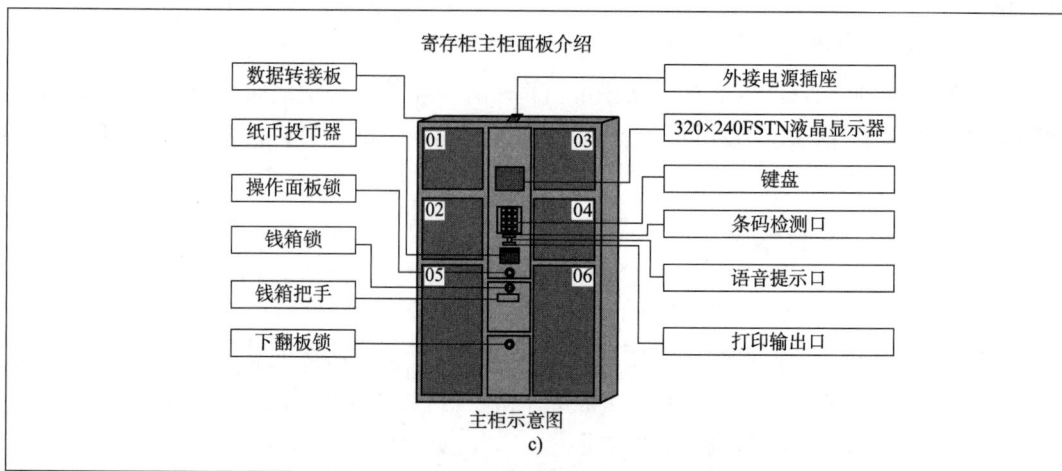

图 1-16　寄存系统组成(尺寸单位:mm)

2.寄存系统主要功能

(1)监控管理。主控服务、柜箱状态、实时巡检。

(2)寄存管理。出租查询、交易查询、寄存柜校时、寄存柜锁定、报警冻结、开箱清箱、寄存系统锁定/解锁。

(3)报表查询。报表打印、日志查询、报警查询。

(4)系统设置。计费设置、参数设置、柜箱设置、寄存柜地址分配、下发计费方案、IP 地址修改、操作人员设定、密码修改、数据备份/恢复。

四、应急求助系统

应急求助系统以计算机电话集成(CTI)技术为基础,采用摘机通话的对讲分机或求助按钮,通过与监控、查询系统的有机配合,及时响应旅客的紧急求助需要,使旅客尽快获得车站工作人员的帮助。应急求助系统结构示意图如图 1-17 所示。

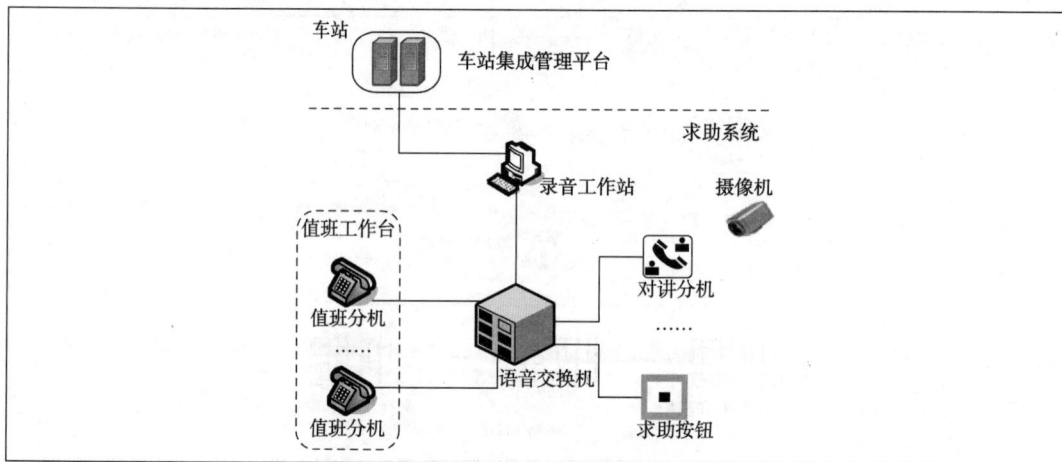

图 1-17　应急求助系统结构示意图

1.应急求助系统设备组成

(1)求助主机。求助主机包括 Alphacom E 系列交换机、监控系统接口、集成系统接口、录音接口维护软件 Alpha Pro 等。

(2)值班分机。内通终端 7072 广播型终端。

(3)求助按钮。实物图如图 1-18 所示。

(4)管理软件。Alpha Vision 终端管理软件。

图 1-18 求助按钮实物图

2.求助按钮操作使用

求助按钮采取嵌入式安装,可防尘、防水,有一个抗破坏按钮。求助按钮通过软件设置,固定指向求助分机。求助按钮具有自动接听功能,当用户呼入时,自动接通呼叫,岗位上工作人员无须任何操作,在对方挂机时,求助按钮自动挂机。

单元三 信息服务设备

单元导入

1.高速铁路车站导向揭示系统由哪些设备组成?

2.简述高速铁路广播系统的组成及结构。

3.高速铁路车站时钟系统的组成有哪些?

一、车站导向揭示系统

车站导向揭示系统在旅客进站、购票、候车、检票、乘车、出站等各个环节上为旅客和工作人员提供及时、准确的信息服务,通过车站综合监控室对前端显示设备控制,在指定的时间将指定的信息提供给指定的人群。

车站导向揭示系统采用数字和视频显示、播控、编排、多媒体、计算机、网络、数据库和接口等技术从集成管理平台获取播出计划和相关信息,以车站综合监控室为核心,在不同地点的 LED/LCD/PDP 显示屏、到发通告终端上显示动态、文字和视频信息。

车站导向揭示系统由应用服务器、数据服务器、控制器、维护终端、各类显示屏和到发通告终端等设备组成。车站导向揭示系统结构示意图如图 1-19、图 1-20 所示。

各显示屏如图 1-21 所示。显示屏结构包括边框、玻璃、显示板、灯箱、安装背条和后门组等。

二、广播系统

车站的广播系统主要采用语音广播,包括业务广播和消防广播。在正常情况下进行业务广播,向站内的旅客提供信息,实时进行业务、宣传、临时、紧急、背景音乐、资讯广播等,让旅客顺利地进站、乘车、出站;当出现火灾时则进行消防广播。

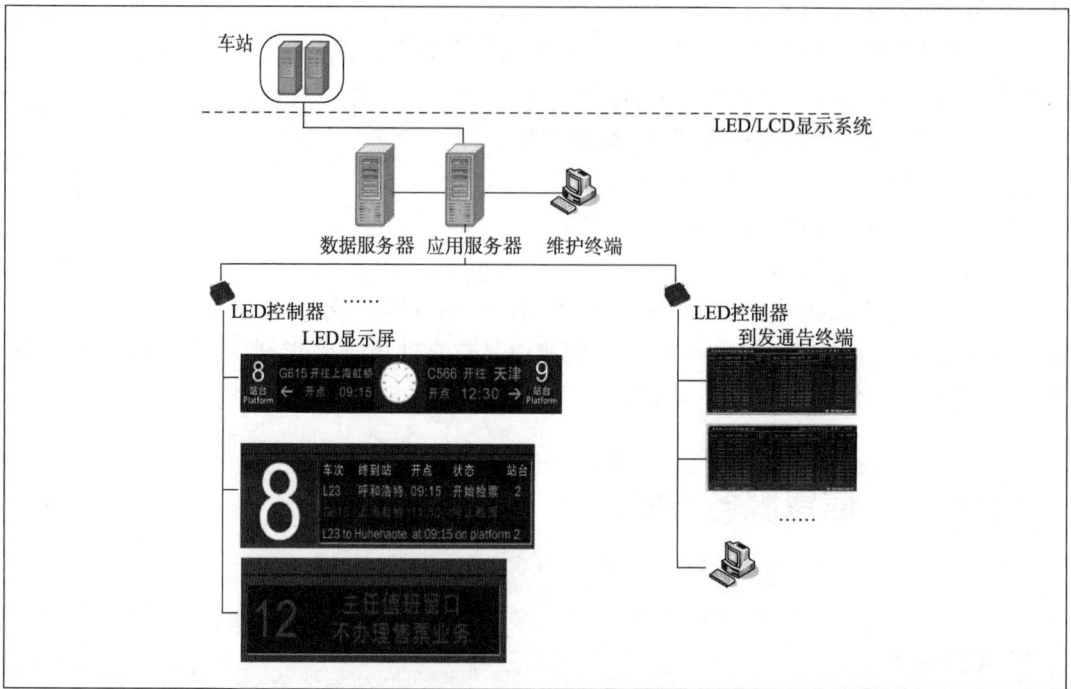

图 1-19   LED/LCD 显示屏车站导向揭示系统

LED-发光二极管;LCD-液晶显示器

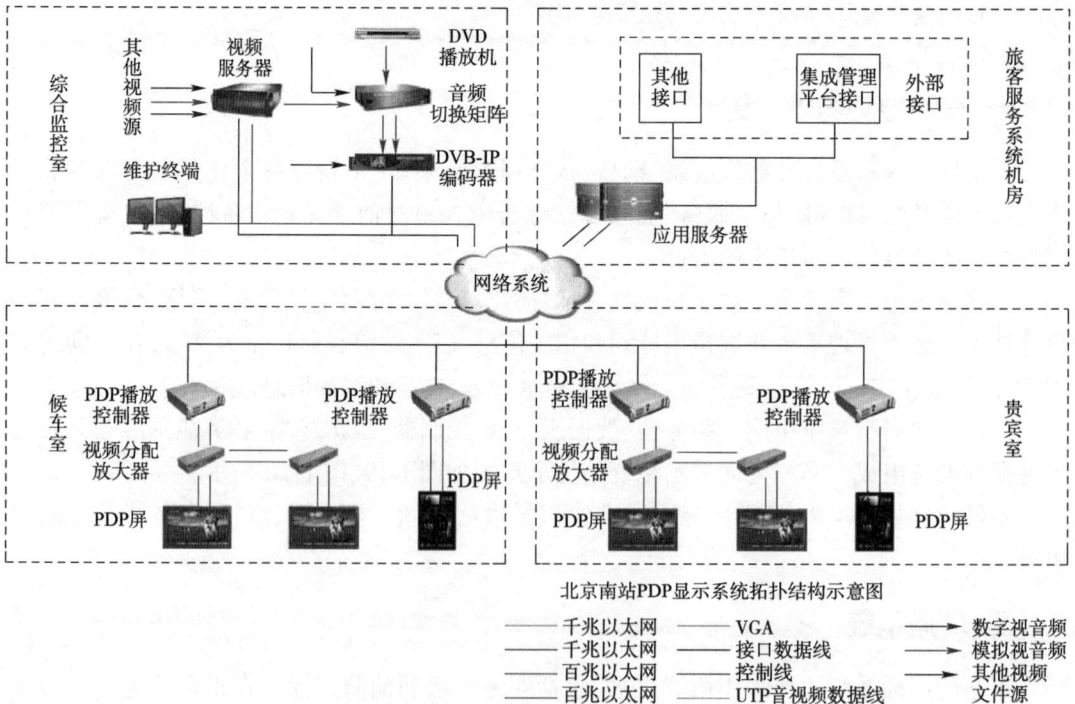

北京南站PDP显示系统拓扑结构示意图

图 1-20   PDP 显示屏车站导向揭示系统

PDP-等离子体显示板;VGA-视频图形矩阵;UTP-非屏蔽双绞线;DVD-数字通用光盘

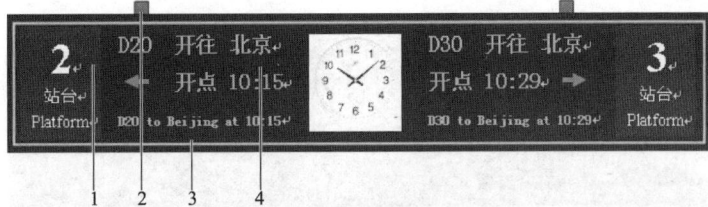

a) 显示屏结构

b) 售票屏

车次	始发站	终到站	开点	软座	硬座	硬卧	软卧	无座	软座	硬座	硬卧	软卧	无座	软座	硬座	硬卧	软卧	无座
G8003	大连北	吉林	08:54	--	--	--	--	--		144	--	--	--	13	349	--	--	--
G8004	吉林	大连北	08:54	--	--	--	--	13		389	--	--	--	10	426	--	--	--
K2048	沈阳北	西安	09:05	--	--	--	--	--		111	--	183	--		420	--	214	--
G702	哈尔滨西	大连北	09:08	--	--	--	--	12		331	--	--	--	24	376	--	--	--
K7370	图门	营口	09:17	--	--	--	--	--		140	35	244	--		362	22	208	--
G704	哈尔滨西	大连北	09:49	--	--	--	--	17		332	--	--	--	27	401	--	--	--
G8048	沈阳北	大连	09:55	--	--	--	--	--		341	--	--	--	19	354	--	--	--
D52	沈阳北	北京	10:03	--	--	--	--	--		389	--	--	--		--	--	--	--
G763	盘锦	哈尔滨西	10:06	--	--	--	--	26		103	--	--	--	16	335	--	--	--
G8045	大连	沈阳北	10:22	--	--	--	--	11		275	--	--	--	13	395	--	--	--
G1292	长春	武汉	10:33	--	--	--	--	--		--	--	--	--		--	--	--	--
G8115	大连北	丹东	10:47	--	--	--	--	--		386	--	--	--	13	453	--	--	--
G8007	大连	吉林	11:00	--	--	--	--	--		274	--	--	--		190	--	--	--
G708	哈尔滨西	大连北	11:05	--	--	--	--	36		358	--	--	--	36	392	--	--	--

b) 售票屏

车　次	终到站	开点	站台	检票口	状　态
Train	To	Departs	Platform	Check	State
T184	汉　口	13:45	14	A 14	正在检票
K56	大　连	13:53	11	A 11、B 11	晚点5分钟
K7591	丹　东	13:56	13	A 13	候车
2083	海拉尔	14:10	15	B 15	候车
K7346	山海关	14:22	16	A 16、B 16	候车
K1566	大　连	14:30	11	B 11	候车
K889	佳木斯	14:37	18	A 18	候车
K928	郑　州	14:40	15	A 15	候车

c) 进站大屏

高铁　检票口　　　　　　　　普铁→1楼候车

车　次	终到站	开点	状　态		车　次	终到站	开点	状　态
G712	大连北	13:32	停止检票		G715	哈尔滨西	13:45	正点
G8054	大　连	13:41	正在检票		D8073	沈　阳	14:14	正点
G8012	大　连	13:58	正点		G8015	长　春	15:12	正点
G714	大连北	14:20	正点					
G716	大连北	15:07	正点					

南　行　　　　2017年12月08日 13:32:08　　　开车前3分钟停止检票　　　北　行

d) 检票屏

e)编组屏

图　1-21

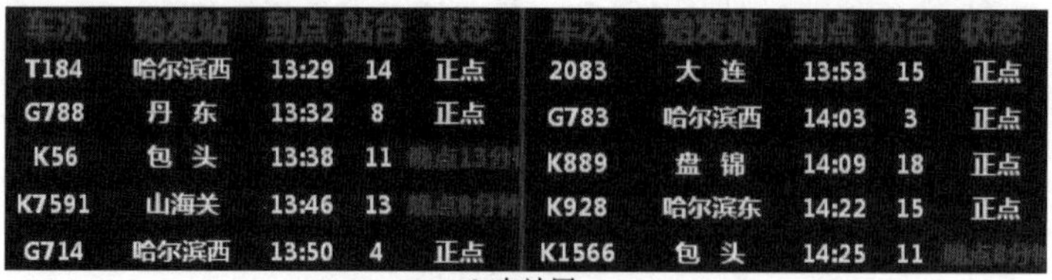

车次	始发站	到点	站台	状态	车次	始发站	到点	站台	状态
T184	哈尔滨西	13:29	14	正点	2083	大连	13:53	15	正点
G788	丹东	13:32	8	正点	G783	哈尔滨西	14:03	3	正点
K56	包头	13:38	11	晚点13分钟	K889	盘锦	14:09	18	正点
K7591	山海关	13:46	13	晚点5分钟	K928	哈尔滨东	14:22	15	正点
G714	哈尔滨西	13:50	4	正点	K1566	包头	14:25	11	晚点6分钟

f)出站屏

图1-21 各显示屏

1-灯箱;2-吊装结构;3-铝合金型材边框;4-显示屏单元板

1.广播系统的广播方式

广播系统的广播方式包括人工广播和自动广播(含半自动),可提供中文普通话、英语等多种语言广播。广播系统的广播方式采用的技术方式包括数字化技术、网络化技术、语音合成技术和环噪补偿技术。

2.广播系统的组成及结构

(1)监控室。系统服务管理器、语音合成服务器、维护管理终端、液晶显示器、语音采集卡。

(2)音源。话筒、数字协调器、双卡录放机、DVD、内通电话接口。

(3)软件。IP音频/控制编码压缩软件、语音库压缩编码软件、系统服务器热备控制软件、文字转语音(TTS)模块。

(4)其他。IP应急广播控制装置、自动联网控制接口、网络监听终端、监听音箱、时序电源控制器、稳压电源。

广播系统结构图如图1-22所示。

3.常见广播终端类型

(1)3W、5W高档阻燃吸顶扬声器,如图1-23所示。

(2)15W室内壁挂扬声器,如图1-24所示。

三、时钟系统

车站的时钟系统是一种特殊的重要信息服务设备。通常,在车站内旅客出入的、明显的位置(如站前广场、售票厅、候车室等)设置同步的时钟,为旅客提供时间保障,方便旅客及时准确地了解时间,合理安排自己的行程。

1.时钟系统的结构与组成

客运专线时钟系统的构成均采用子母钟校时和网络校时方案,利用旅客服务系统局域网实现系统设备之间的网络连接和数据交换。

车站的时钟系统结构图如图1-25所示。它主要由车站二级母钟、网络时间协议(NTP)及各类子钟(图1-26)、传输通道及维护终端组成。

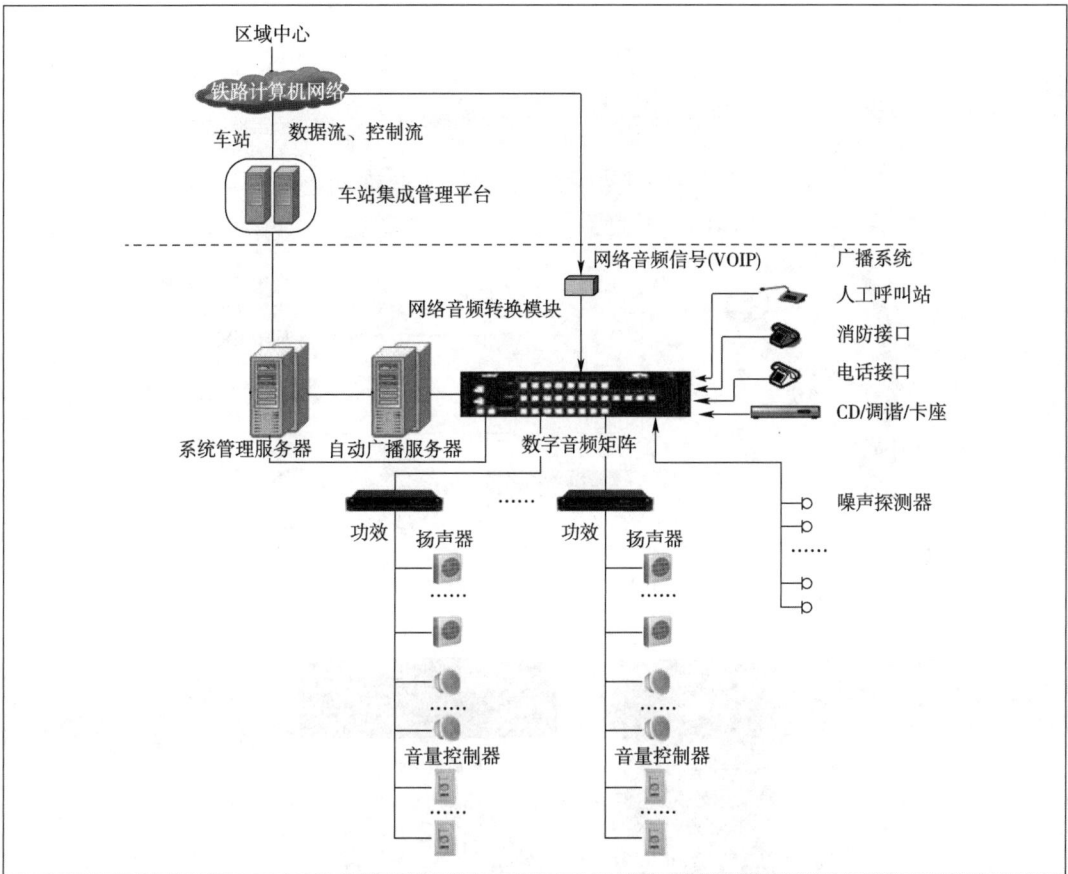

图 1-22 广播系统结构图

a) 3W高档阻燃吸顶扬声器   b) 5W高档阻燃吸顶扬声器

图 1-23 3W、5W 高档阻燃吸顶扬声器

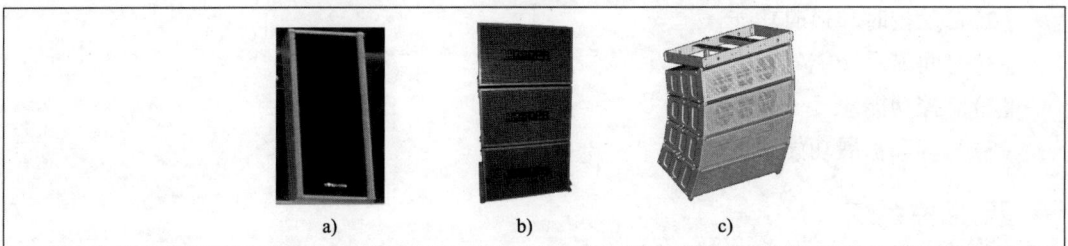

a)   b)   c)

图 1-24 15W 室内壁挂扬声器

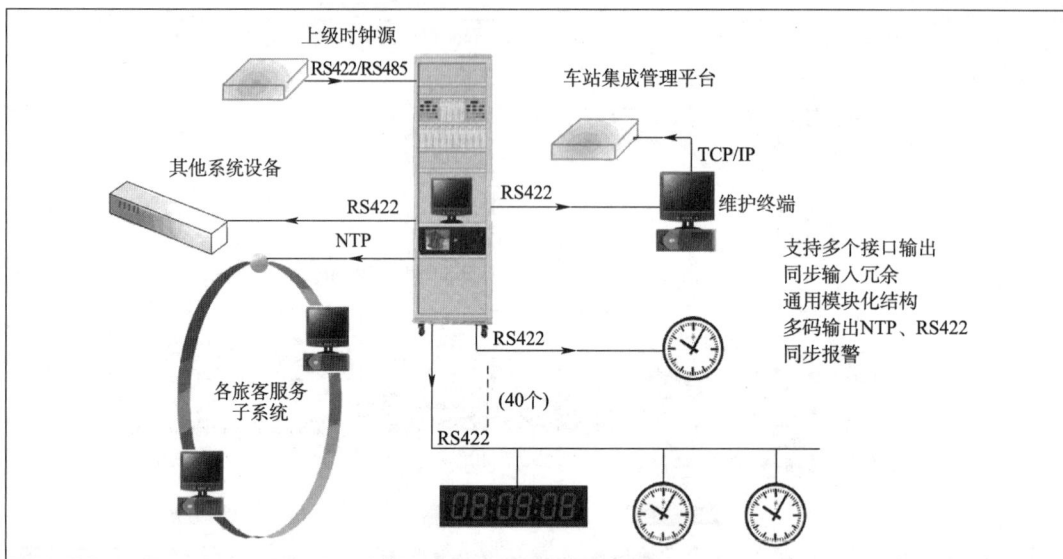

图 1-25　车站的时钟系统结构图

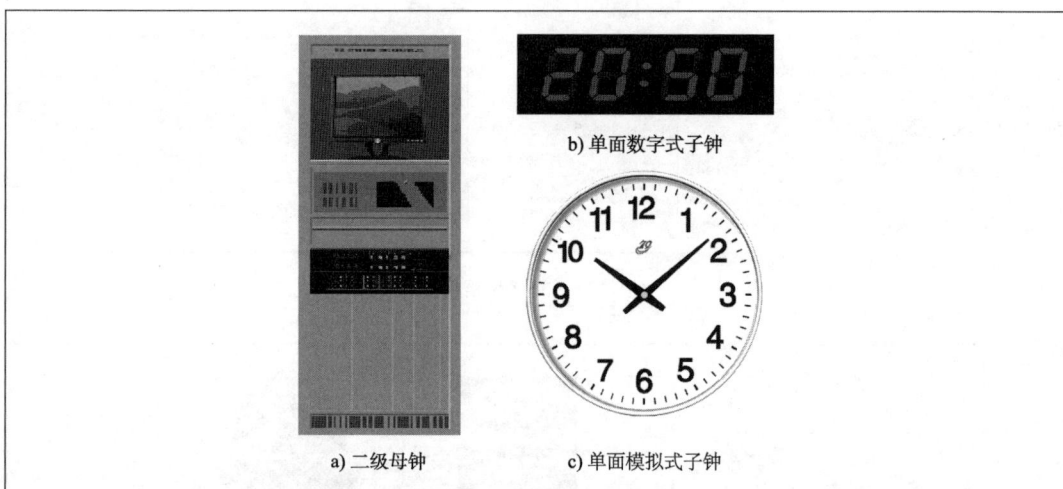

b) 单面数字式子钟

a) 二级母钟　　　c) 单面模拟式子钟

图 1-26　二级母钟及各类子钟

2. 时钟系统的主要功能

(1) 同步校对功能。

(2) 自动校时和追时功能。

(3) 时间显示功能。

(4) 监控功能。

(5) 兼容和扩展功能。

四、监控系统

监控系统运用多媒体技术、计算机网络技术和音视频技术,实现对高速铁路客运车站整个站区内的服务对象和服务设施的监控,以提高综合管理和服务水平。监控系统设置在车站,在区域中心和中国国家铁路集团有限公司(简称国铁集团)中心设置流媒体转发服务器转发监控信息。车站监控系统体系架构示意图如图1-27所示。

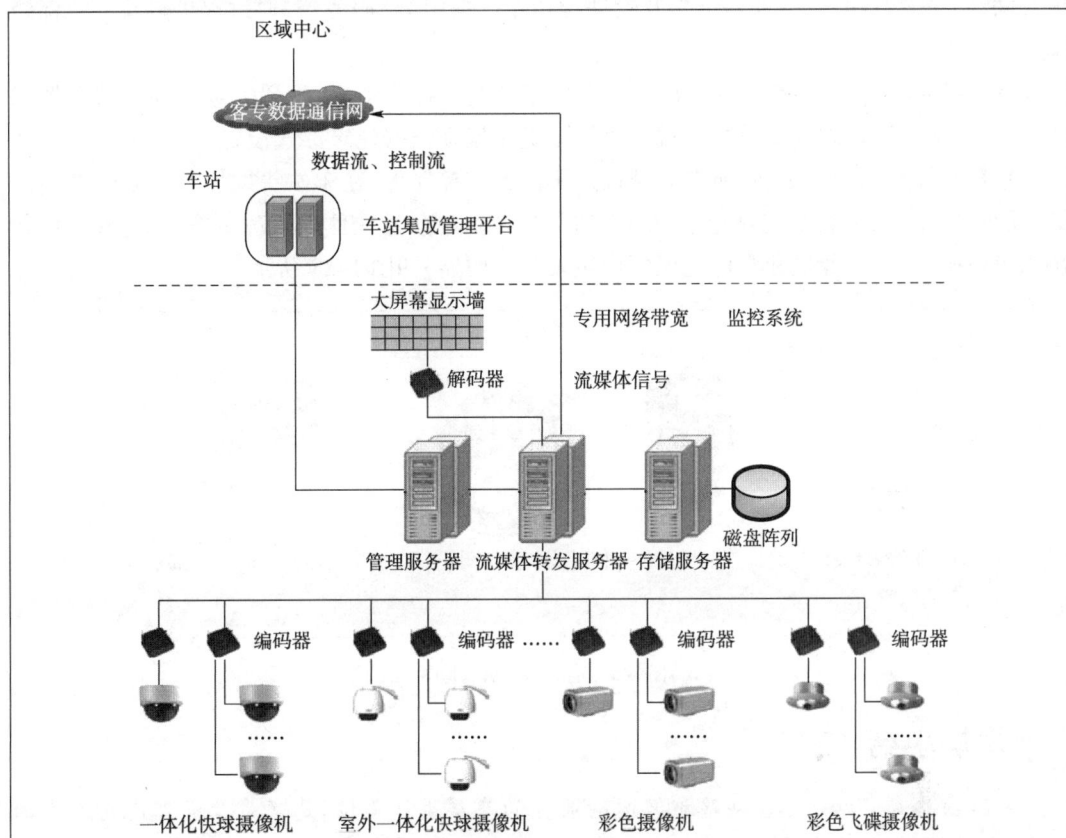

图1-27　车站监控系统体系架构示意图

1.监控系统功能

(1)设置音视频监控装置,全面监视站区内的现场情况。

(2)执行车站集成管理平台的指令,并向车站集成管理平台提供监控信息。

(3)监控装置能够根据现场情况自动或按照工作人员的指令调整监控角度。

(4)系统具备视频监控信息存储功能,按照监控信息重要等级的不同能够设置不同的存储期限,重点位置监控信息的存储期限不小于15d。

(5)设置大屏幕显示墙,可分屏显示监控的信息,显示画面可在不同监控区域切换。

(6)采用MPEG-4的图像编码格式,基于标准的TCP/IP协议以数字形式在网络上传输视频信息,使用PAL制式。

2.监控原理

监控系统采用摄像、编解码、流媒体转发、存储、检索、大屏幕显示、网络、计算机和接口等技术,以车站为核心,对前端各种摄像机产生的流媒体资源进行保存,并根据车站集成管理平台的指令转发到终端设备并还原。为了保障监控信息顺畅转发与存储,在车站配置流媒体转发服务器集群和存储服务器集群。每个集群采用两台或以上高性能 PC 服务器,存储服务器集群配置磁盘阵列,其容量保证所有监控信息的存储要求。

监控系统采用网络、计算机和接口等技术,接收并执行车站集成管理平台的指令,实现报警联动、录像管理、设备远程维护及管理等功能。采用 PC 服务器,通过双机热备方式保障系统可靠性。

在区域中心运行控制中心(OCC)和大型车站运行控制中心,配置大屏幕显示墙和解码器,完成对所辖区域现场情况的监视。大屏幕显示墙须根据建筑形式设置。

根据监控对象的重要性、所在区域以及不同的监控要求,在车站售票厅、进站厅、站内广场、候车区(室)、站台、进出站通道、电梯、办公区等区域设置一体化快球摄像机、室外一体化快球摄像机、彩色摄像机和彩色飞碟摄像机及其编码器,如图 1-28 所示。

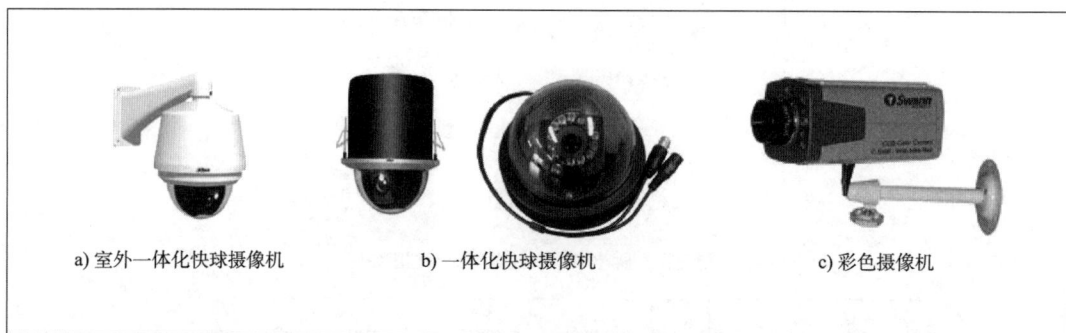

a)室外一体化快球摄像机　　b)一体化快球摄像机　　c)彩色摄像机

图 1-28　各种摄像机实物图

模块小结

高速铁路客运站是办理铁路旅客运输业务的基层生产单位,是联系客运部门与旅客的纽带。其主要任务是为旅客提供购票、候车、乘降、问询等旅行服务。这就要求客运工作人员能熟练地运用高速铁路客运服务设备为旅客提供服务,方便旅客出行。

在本模块的学习过程中,学生不但要具有一定理论知识,而且要具有较强的实际操作能力。通过对本模块的学习,学生应掌握高速铁路客运站票务服务设备、候车服务设备的基本结构和使用方法,掌握信息服务设备的基本结构和功能,能运用高速铁路客运站服务设备服务旅客。

思考与练习

一、填空题

1.票务服务设备包括_____、_____和_____。

2.安检系统主要由_____、_____和_____等组成。

3.查询系统主要由_____和_____组成。

4.高速铁路客运站信息服务设备主要由_____系统、_____系统、_____系统和_____系统组成。

二、判断题

1. 自动售票系统是集制票、支付、取票于一体的自助式售票设备。　　　　(　　)

2. 安检系统是通过 X 射线安全检查设备,对旅客行包进行安全检查。　　(　　)

3. 车站广播系统主要采用录制音频广播。　　　　　　　　　　　　　(　　)

4. 旅客物品寄存系统是以旅客自助的方式存放小件物品。　　　　　　(　　)

5. 高速铁路客运站信息服务设备主要指车站为向旅客提供信息服务而配备的设备。

　　　　　　　　　　　　　　　　　　　　　　　　　　　　　(　　)

三、选择题

1. 自动检票机按功能不同分为(　　　)。

　　A. 进站检票机　　　B. 出站检票机　　　C. 宽道检票机　　　D. 窄道检票机

2. 自动检票机按其结构类型主要分为(　　　)。

　　A. 转杆式　　　　　B. 扇门式　　　　　C. 螺旋式　　　　　D. 拍打式检票机

3. 车站广播系统主要采用(　　　)。

　　A. 语音广播　　　B. 录音广播　　　C. 业务广播　　　D. 消防广播

四、简答题

1. 自动售票机的主要功能有哪些?

2. 自动检票机的硬件结构由哪些部分组成?

3. 高速铁路车站查询系统的主要功能有哪些?

高速铁路客运站工作组织

◎ 学习目标

知识目标

1. 熟知高速铁路大、中型车站服务质量规范;
2. 掌握高速铁路客运站客运工作组织方法及过程;
3. 掌握高速铁路客运站售票员作业内容;
4. 掌握综控员使用旅客服务系统的功能及作业内容。

技能目标

1. 明确高速铁路客运站与普速铁路客运站客运作业的区别;
2. 具备高速铁路客运站各客运岗位职业能力;
3. 明确售票员作业流程,能够按照流程发售车票;
4. 熟练操作旅客服务系统处理各项业务。

素质目标

1. 培养精益求精的工作作风;
2. 树立服务人民的自觉性,培养良好的思想道德素质和法治素养;
3. 培养窗口岗位的服务意识;
4. 具备协调各客运工种协同作业能力。

◈ 模块描述

　　本模块描述了高速铁路客运站的主要工作组织,高速铁路车站的主要作业要求,窗口售票作业,旅服系统的运用及管理。通过对本模块知识的学习,学生应能够系统地掌握高速铁路车站的客运组织工作方法及作业要求,独立完成售票任务,熟练旅客服务系统的日常操作。

单元一　高速铁路客运站主要作业及要求

❀ **单元导入**

1. 高速铁路客运站作业有哪些？
2. 高速铁路客运站作业有什么特点？
3. 高速铁路客运站的服务质量有何规范？

一、高速铁路客运站的作业

1. 高速铁路客运站的作业分类

(1) 客运服务作业，包括旅客进出站、实名制认证、安检、候车、问询、小件行李寄存，以及为改善旅客候车环境而针对旅客文化生活、饮水、卫生等方面提供的服务。

(2) 客运业务，主要是售票业务，包括自动售票机、窗口人工售票。

(3) 技术作业，包括动车组接发、车列技术检查、动车组上水、餐料供应等。

(4) 高速铁路快件作业，由中铁快运股份有限公司办理，主要利用日常开行的高速铁路列车，货物运送时限包括当日达、次晨达、次日达、隔日达等，能抵达的城市较多。

2. 高速铁路客运站作业特点

(1) 高速铁路车站客运服务系统覆盖旅客旅行服务的全过程，最大限度地满足不同层次的旅客出行需求。高速铁路车站运输服务的对象就是旅客，从客票预订、售票服务、站车信息服务、旅客换乘服务等方面均应满足旅客对服务质量、方便快捷的高要求，并能够将旅客安全、迅速、准确、舒适地送达目的地。

(2) 车站业务内容单一，只办理客运业务，不办理货运业务。高速铁路线路由于技术原因一般不开行货运列车，我国高速铁路基本不办理货运业务。目前，中国中车正在研制速度 250km/h 以上的货运动车组，其最高运营速度可达 350km/h，未来将在点到点和中长距离的快捷货物运输中投入使用。

(3) 高速铁路车站作业必须突出"以人为本、安全第一"的思想。高速铁路车站是一个人流集散的场所，其设计要以方便旅客使用为宗旨，要提供多层次的出入通道以引导旅客顺畅地进出站，要做到快速集散客流，尽量减少旅客步行距离，减少旅客滞留时间。

不停站的高速铁路列车通过车站的速度应与在普通运行区间运行的速度相同，停站的列车进入咽喉区的速度达到 80km/h。随着运行速度的提高，列车在通过车站或进站停车时会产生强大的气压（"列车风"）。为了防止"列车风"危及人员安全，在车站内要通过合理布置车站的设施设备、严格执行相关规章制度来保证旅客人身安全，员工作业安全、列车运行安全，例如，采取站台加宽、安全线后移等措施，同时，还要注意车站防灾设施的合理。

(4) 高速铁路车站作业组织要充分体现"以人为本、方便旅客"的宗旨。车站是聚集大量旅客的场所,必须做到快速集散客流,尽量减少旅客步行距离,并减少旅客滞留时间,为旅客提供安全方便的通道以及与其他交通方式多样化的衔接。

(5)高速铁路车站的客运和行车工作组织要适应高效率快速作业要求。高速列车停站作业时间很短(列车停站时间最短1min,立即折返的列车停站时间则在30min左右)必须提高车站客运和行车组织工作水平,适应高速列车的高效、快速的作业要求。

客运组织方面,应设置自进站至站台候车全程醒目清晰的旅客引导电子设备、列车电子信息告示牌和清晰的地面标志,减少旅客在站台上寻找车厢门的时间,使旅客能够以最短的时间上车。车站应依据客流情况设置适量的自动售检票设备,消除售票和进出站排长队的现象。

二、高速铁路中型及以上车站服务质量规范

1. 客运安全

(1)安全制度健全有效,安全管理职责明确,能满足安全生产需要。

①有安全生产责任制、安全检查和安全质量考核、劳动安全、消防管理、食品安全、设备设施、安检查危、实名验证、结合部、现金票据安全、站台作业车辆安全、旅客人身伤害处理等管理制度和办法。

②有旅客候车、乘降、进出站,以及高速铁路快运保管和装卸等安全防范措施。

③与保洁、商业、物业、广告、安检、高速铁路快运等结合部有安全协议。

④有恶劣天气、列车停运、大面积晚点、启动热备车底、突发大客流、设备故障、客票(服)系统故障、火灾爆炸、重大疫情、食物中毒、作业车辆(设备)坠入股道、旅客人身伤害等非正常情况下的应急预案。

(2)安全设备设施配备齐全到位,作用良好。

①按规定配备危险品检查仪、站台门、危险品处置台、手持金属探测器、防爆罐等安全检查设备设施并保证其正常启用,显示器满足查验不同危险品的需求。危险品检查仪、站台门、危险品处置台、防爆罐设置在旅客进站流线、高速铁路快运营业场所的适当位置,不影响旅客通行。危险品检查仪传输带延长端适当。

②按规定配备消防设备、器材,定期室检测维护,确保其合格有效。

③应急照明系统覆盖进出站、候车室、售票处、站台、天桥、地道等场所,并且状态良好。

④备有喇叭、手持应急照明灯具、应急车次牌、隔离设施等应急物品,定点存放。有应急食品储备或定点食品供应商联系供应机制。

⑤安全标志使用正确,位置恰当,易辨识。电梯、天桥、地道口、楼梯踏步、站台有引导、安全标志。落地玻璃前有防撞装置和警示图形标志。

⑥电梯、天桥、楼梯悬空侧按规定设置防护装置,高度不低于1.7m。

(3)执行安全检查规定。

①配备安检人员,有引导、值机、手检、处置台。开启的危险品检查仪数量满足旅客进站需求。

②旅客人人通过站台门和手持金属探测器检查,携带品件件过机。安检口外开设的车

站小件寄存处对寄存物品进行安全检查。

③安检人员持证上岗,佩戴标志。

④对检查发现和列车移交的危险物品、违禁品按规定处理。

(4)站区实行封闭式管理,旅客进出站乘降有序,站内无闲杂人员。进出站通道流线清晰,有相应的管理措施。站台两端设置防护栅栏并有"禁止通行"或"旅客止步"等标志。夜间不办理客运业务时,可关闭站区相应服务处所,但应对外公告。疏散通道、紧急出口、消防车通道等有专人管理,无堵塞现象。

(5)进入站台的作业车辆及移动小机具、小推车不影响旅客乘降,不堵塞通道,不侵入安全线;停放时在指定位置,与列车平行,有制动措施;行驶或移动时,不与本站台的列车同时移动,不侵入安全线,速度不超过10km/h。无非作业车辆进入站台。

(6)安全使用电源,无违规使用电源、电器。

(7)全体工作人员通过生产作业、消防、电器、电气化、卫生防疫、劳动人身等安全培训,特定岗位工作人员按规定通过相应岗位安全培训。安全培训有计划、有记载、有考核。

(8)发生旅客人身伤害、突发疾病或接收列车移交的伤、病人员时,应及时联系医疗机构;遇旅客死亡、涉及违法犯罪以及发现弃婴、流浪乞讨人员时,应及时报告(通知)公安交管部门。

2.设备设施

(1)基础设备设施符合设计规范,定期维护,作用良好,无违规改造和改变用途。

①设有售票处、公安制证处、候车区(室)、补票处、高速铁路快运营业场所、天桥或地道、站台、风雨棚、围墙(栅栏)等基础设施,地面硬化平整,房屋、风雨棚、天桥及地道无渗漏,墙面、天花板无开裂、翘起、脱落,扶手、护栏、隔断、门窗牢固完好,楼梯踏步无缺损。

②设有通风、照明、广播、供水、排水、防寒、防暑、空调等设备设施。

(2)图形标志符合标准,齐全醒目,位置恰当,安装牢固,内容规范,信息准确。

①有位置标志、导向标志、平面示意图、信息板等引导标志,指引准确。站台两端各设有1个站名牌,并利用进出站地道围栏、无障碍电梯、广告牌、垃圾箱(桶)、基本站台栅栏等站台设施,设置不少于2处便于列车内旅客以正常视角快速识别的站名标志。各站台设有出站方向标志,实行便捷换乘的设有便捷换乘标志。

②根据各服务处所和服务设备设施的功能、用途设置揭示揭挂,采取电子显示屏、公告栏等方式公布规章文电摘抄、旅客乘车安全须知、客运杂费收费标准、高速铁路快运办理范围等服务信息。

③电子显示引导系统信息显示及时,每屏信息的显示时间适当,便于旅客阅读。

④售票处、候车区(室)、出站检票处和补票处设有儿童票标高线。

⑤售票窗口、自动售(取)票机、自动检票机前设置黄色"1m线",宽度10cm。

⑥采用中、英文;少数民族自治地区车站可按规定增加当地通用的民族语言文字。

(3)旅客服务系统运行稳定可靠,自动检票、导向、广播、时钟、查询、求助、监控等旅客服务设备设施齐全,状态良好。

①有管理平台,采用"铁路局集团公司集中控制、大站集中控制、车站独立控制"模式,有

用户管理和安全保密制度。

②售票处、候车区(室)、站台有时钟,显示时间准确。

③广播覆盖各服务处所,具备无线小区广播和分区广播功能;音箱(喇叭)设备设置合理,音响效果良好,语音清晰。

④有电子显示引导系统,满足温度环境使用要求,室外显示屏具有防雨、防湿、防寒、防晒、防尘等性能,信息显示及时,每屏信息的显示时间适当,便于旅客阅读。

a. 特大、大型车站进站大厅(集散厅)设置进站显示屏,显示车次、始发站、终到站、开车时刻、候车区(室)(检票口)、状态等发车信息。

b. 候车区(室)内设置候车引导屏,显示车次、始发站、终到站、开车时刻、检票口、状态等信息。

c. 检票口处设置进站检票屏,显示车次、终到站、开车时刻、站台、状态等信息。

d. 天桥、地道内设置进、出站通道屏,显示当前到发列车车次、始发站、终到站、站台、到开时刻、列车编组前后顺位等信息。

e. 站台设置站台屏,显示当前车次、始发站、终到站、实际开点(终到站为到点)、列车编组前后顺位、引导提示等信息。

f. 出站口外侧设置出站屏,显示到达车次、始发站、到达时刻、站台、状态等信息。

g. 待机状态显示站名、安全提示、欢迎词等信息。

⑤售票处、候车区(室)设置有自助查询终端,内容完整、准确。

⑥视频监控系统覆盖车站各服务处所,具备自动录像功能。录像资料留存时间不少于15天,涉及旅客人身伤害、扰乱车站公共秩序等重要的视频资料留存时间为1年。

⑦特大型、大型车站候车等场所可向旅客提供无线互联网接入服务。

⑧车站售票、候车场所可设置银行自助存取款机。

(4)售票设备设施满足生产需要,作用良好。

①售票窗口配备桌椅、计算机、制票机、居民身份证阅读器、双向对讲器、窗口屏、保险柜、验钞机等售票设备及具有录像、拾音、录音功能的监控设备,发售学生票、残疾军人票的窗口配备学生优惠卡、残疾军人证的识读器,退票、改签窗口配备二维码扫描仪,电子支付窗口配备POS机。

a. 在窗口正上方设置窗口屏,显示窗口号、窗口功能、工作时间或状态等信息。

b. 有对外显示屏,同步显示售票员操作的售票信息。

c. 设置工号牌或采用电子显示屏,显示售票人员姓名、工号、本人正面2寸工作服彩色白底照片等信息。

②有剩余票额信息显示屏,及时、正确地显示日期、车次、始发站、终到站、开车时刻、各席别剩余票额等售票信息。

③配备自动售、取票机,自动售票机具备现金或银行卡支付功能。

④补票处邻近出站检票闸机,配备桌椅、计算机、制票机、保险柜、验钞机、学生优惠卡识读器等售票设备和衡器,有防盗、报警设施。

⑤有存放票据、现金的处所和设备,具备防潮、防鼠、防盗、监控和报警功能。

(5)候车区(室)布局合理,方便旅客。

①配备适量座椅,摆放整齐,不影响旅客通行。

②设有问询处(服务台、遗失物品招领处),位置适当,标志醒目,配备信息终端和存放服务资料、备品的设备。

③设有饮水处,配备电开水器,有加热、保温标志,水质符合国家标准要求;可开启式箱盖的电开水器加锁,箱盖与箱体无间隙。

④设有卫生间,厕位适量。卫生间有通风换气和洗手池、干手器等盥洗设备,正常使用,作用良好;厕位之间设置挂钩。

⑤电梯正常启用,作用良好。电梯间安全标志醒目,遇故障、维修时有停止使用等提示,操作人员持证上岗(仅操作停止、启动、调整方向的除外)。

⑥省会城市所在地高速铁路特大、大型车站为商务座旅客设置独立的贵宾候车区(室),其他车站提供候车区域。

⑦检票口设有自动检票通道和人工检票通道,配备自动检票机。已检票区域与候车区(室)有围栏,封闭良好。

(6)实施车站全封闭实名制验证的,设有相对独立的验证口、验证区域、验证通道和复位口,并配备验证设备。

(7)高速铁路快运营业场所外有机动车作业场地和停车位。办理窗口有桌椅、计算机、制票机、扫描枪,配有电子衡器和装卸搬运机具;电子支付窗口配备POS机,有施封钳等包装工具,有专用箱、集装袋、集装锁等包装材料。高速铁路快运作业场地分区合理,有防火、防爆、防盗、防水、防鼠等设备。

(8)站台设有响铃设备,作用良好;地面标示站台安全线或安装站台门,内侧铺设提示盲道;安全线内侧或站台门左侧设置上下车指示线标志,位置准确,醒目易识;设置的座椅、垃圾箱(桶)、广告灯箱等设备设施安放牢固,不影响旅客通行。

(9)给水站按规定设置水井、水栓,给水系统作用良好,水源保护、水质符合国家标准。按规定办理吸污作业的车站有吸污设备,作用良好。

(10)客运工作人员每人配置具备录音功能的手持电台和音视频记录仪,其他岗位按需配备,作用良好。站台客运工作人员手持电台具备与司机通话功能。

(11)有设备管理制度和设备登记台账;有巡视检查、维护保养记录;发生故障立即报告,及时维修,当可能影响旅客使用时设有提示。

3.文明服务

(1)仪容整洁,上岗着装统一,干净平整。

①头发干净整齐、颜色自然,不理奇异发型,不剃光头。男性两侧鬓角不得超过耳垂底部,后部不长于衬衣领,不遮盖眉毛、耳朵,不烫发,不留胡须;女性发不过肩,刘海长不遮眉,短发不短于7cm。

②面部、双手保持清洁,指甲修剪整齐,指甲前缘(甲尖)长度不超过指尖2mm,身体外露部位无文身。女性淡妆上岗,保持妆容美观,不浓妆艳抹,不染彩色指甲。

③按岗位换装统一,衣扣拉链整齐。着裙装时,丝袜统一,无破损;系领带时,衬衣束在

29

裙子或裤子内;外露的皮带为黑色;佩戴的外露饰物款式简洁,限手表一只、戒指一枚,除此之外,女性还可佩戴发夹、发箍或头花及一副直径不超过 3mm 的耳钉;不歪戴帽子,不挽袖子和卷裤脚,不敞胸露怀,不赤足穿鞋,不穿尖头鞋、拖鞋、露趾鞋,鞋的颜色为深色系,鞋跟高度不超过 3.5cm,跟径不小于 3.5cm。

④佩戴职务标志(售票员除外)。胸章牌(长方形职务标志)戴于左胸口袋上方正中,下边沿距口袋 1cm 处(无口袋的戴于相应位置),包含单位、姓名、职务、工号等信息;臂章佩戴在上衣左袖肩下四指处。售票员、验证人员、安检值机人员等坐姿作业人员可不戴制帽,其他人员执行职务时应戴制帽,帽徽在制帽折沿上方正中。

(2)表情自然,态度和蔼,用语文明,举止得体,庄重大方。

①使用普通话,表达准确,口齿清晰。服务语言表达规范、准确,使用"请""您好""谢谢""对不起""再见"等服务用语。对旅客、货主称呼恰当,统称为"旅客们""各位旅客""旅客朋友",单独称为"先生""女士""小朋友""同志"等。

②当旅客问询时,面向旅客站立(售票员、封闭式问询处工作人员办理业务时除外),目视旅客,有问必答,回答准确,解释耐心。遇有失误时,向旅客表示歉意。对旅客的配合与支持,表示感谢。

③坐立、行走姿态端正,步伐适中,轻重适宜。在旅客多的地方先示意后通行;与旅客走对面时,主动让路,面向旅客侧身让行,不与旅客抢行。列队出(退)勤时,按规定线路行走,步伐一致。多人行走时,两人成排,三人成列。

④立岗姿势规范,精神饱满。站立时,挺胸收腹,两肩平衡,身体自然挺直,两臂自然下垂,手指并拢贴于裤线上,脚跟靠拢,脚尖略向外张呈 V 字形。女性可两手四指并拢,交叉相握,右手叠放在左手之上,自然垂于腹前;左脚靠在右脚内侧,夹角为 45°呈"丁"字形。

客运组织工作过程

⑤迎送列车时,足靠安全线,不侵入安全线外,面向列车方向目迎目送,以列车进入站台开始,直至开出站台为止。办理交接时行举手礼,右手五指并拢平展,向内上方举手至帽檐右侧边沿,小臂形成 45°角。

⑥清理卫生时,清扫工具不触碰旅客及其携带物品;挪动旅客物品时,征得旅客同意;需要踩踏座席时,戴鞋套或使用垫布;占用洗脸间洗漱时,礼让旅客。

⑦不高声喧哗、嬉笑打闹、勾肩搭背,不在旅客面前吃食物、吸烟、剔牙齿和出现其他不文明、不礼貌的动作,不对旅客评头论足,接班前和工作中不食用异味食品。

(3)站容整洁,环境舒适。

①干净整洁,窗明地净,物见本色。

a.地面干净无垃圾,玻璃透明无污渍,墙壁无污渍、无涂鸦。电梯、扶手、护栏、座椅、台面、危险品检查仪、危险品处置台等处无积尘、无污渍。卫生间通风良好,干净无异味,地面无积水,便池无积便、无积垢,洗手池清洁无污垢。饮水处地面无积水,饮水机表面清洁无污渍,沥水槽无残渣。站台、天桥、地道等地面无积水、积冰、积雪,通道无杂物。

b.各服务处所设置适量的垃圾箱(桶),外皮清洁,内配的垃圾袋材质符合国家标准、厚度不小于 0.025mm,应无破损、渗漏,每日消毒一次。垃圾车外表无明显污垢,垃圾不散落,污水不外溢。垃圾及时清运,储运密闭化,固定通道,日产日清。

c.保洁工具定点隐蔽存放。设有供保洁作业使用的水、电设施和存放保洁机具、清扫工具的处所,不影响旅客候车、乘降。

d.由具备资质的专业保洁企业保洁,使用专业保洁机具和清洁工具,清洗剂符合环保要求,不腐蚀、污染设备备品。保洁人员经过保洁专业知识和铁路安全知识培训合格,持证上岗。墙壁、玻璃、隔断、护栏等2m以下的部位每日保洁,2m以上的部位及顶、棚等设施定期保洁。车站对保洁作业有检查,有考核。

②通风良好,空气质量符合国家规定。空调温度调节适宜,体感舒适,原则上保持冬季18~20℃,夏季26~28℃。高寒地区站房进出口处有门斗和风幕(防寒挡风门帘)。

③照明充足,售票处、问询处(服务台)、高速铁路快运营业场所照明照度不低于150lx,候车区(室)照明照度不低于100lx,站台、天桥及进出站地道照明照度不低于50lx。

④各服务处所按规定开展"消毒、杀虫、灭鼠"工作,蚊、蝇、蟑螂等病媒昆虫指数及鼠密度符合国家规定。

⑤服务备品齐全完整,质地良好,符合国家环保规定。卫生间配有卫生纸、洗手液(皂)、擦手纸(干手器),坐便器配一次性坐便垫圈,及时补充。落客平台、站台设置的垃圾箱(桶)上有烟灰盒。分设照明开关,使用节能灯具,根据自然光照度及时开启或关闭照明。用水处有节水宣传揭示。

(4)广播语音清晰,音量适宜,用语规范,内容准确,播放及时。

①通告列车运行情况、检票等信息,有禁止携带危险品进站上车、旅行安全常识、公共卫生和候车区(室)禁止吸烟等宣传。

②使用普通话。少数民族自治地区车站可根据需要增加当地通用的民族语言播音。特大、大型车站使用普通话和英语双语播报客运作业信息,中型车站可增加英语播报客运作业信息。

③采用自动语音合成方式,日常重点内容播音录音化,可变信息尽可能集中录制,减少信息合成的频次。

(5)全面服务,重点照顾。

①无需求、无干扰。配备自动售(取)票机、自动检票机、电子显示屏等服务设备,通过广播、揭示揭挂、电子显示等方式宣传服务设备的使用方法,方便旅客自助服务。

②有需求、有服务。售票处、候车区(室)公布中国铁路客户服务中心客户服务电话(区号+电话号码)、铁路12306手机客户端和微信公众号二维码,直辖市、省会城市和计划单列市所在地主要车站、站房规模和发送量较大的车站进站口外和候车区(室)内设咨询服务台,受理旅客咨询、求助、投诉,专人负责,及时回应。实行"首问首诉负责制",当旅客问询时,有问必答,回答准确;当对旅客提出的问题不能解决时,指引其到相应岗位,并做好耐心解释。当接听电话时,应先向旅客通报单位和工号。

③重点关注,优先照顾,保障重点旅客服务。

a.按规范设置无障碍设备设施。售票厅设无障碍售票窗口。特大、大型车站候车区(室)设有重点旅客候车区(室)和特殊重点旅客服务点(可与问询处、服务台等合设),位置醒目、便于寻找,并配备轮椅、担架等辅助器具;地市级以上车站候车区(室)设置相对封闭的哺乳区,在检票口附近等方便的区域设置黄色标志的重点旅客候车专座。设有无障碍卫生间和无障碍电梯,可正常使用。盲道畅通无障碍。

b. 重点旅客优先购票、优先进站、优先检票上车。

c. 根据需求为特殊重点旅客提供帮助,有服务,有交接,有通报。

④尊重民族习俗和宗教信仰。少数民族自治地区车站可按规定在图形标志上增加当地通用的民族语言文字,可根据需要增加当地通用的民族语言播音。

⑤当旅客在站内遗失物品时,帮助(或广播)查找;收到旅客遗失物品信息及时登记、公告,登记内容完整,保管措施妥当,处置措施合法。

4. 商业、广告经营

(1)站内商业场所、位置、面积、业态布局统一规划,不占用旅客候车空间,不影响旅客乘降流线,不遮挡旅客服务信息;统一标志,统一服务内容,统一服务标准,有商业经营管理规范,对经营行为有检查、有考核。

(2)经营单位持有效经营许可,经营行为规范,明码标价,文明售货,提供发票。不出售禁止或限量携带等影响运输安全的商品,不出售无生产单位、无生产日期、无保质期、过期、变质以及口香糖等严重影响环境卫生的食品。代搬行李服务无诱导旅客消费。

(3)餐饮食品经营场所环境卫生符合要求,用具清洁,消毒合格,生熟(成品、半成品)分开。销售散装熟食品时,有防蝇、防尘措施,不徒手接触食品。

(4)站内广告设置场所、位置、面积、形式统一规划,广告设施安全牢固,形式规范,内容健康,与车站环境相协调。不挤占、不遮挡图形标志、业务揭示、安全宣传等客运服务信息,不影响客运服务功能,不影响安全。旅客通道内安装的广告牌使用嵌入式灯箱,突出墙面部分不超过200mm,棱角部位采取打磨、倒角处理。除围墙、栅栏外,无直接涂写、张贴式广告。广播系统不发布音频广告。播放视频时不得外放声音。

5. 基础管理

(1)管理制度健全,有考核、有记载。定期分析安全和服务质量状况,有针对性且具体的整改措施。

(2)业务资料配置到位,内容修改及时、正确。

(3)各工种按岗位责任各负其责,相互协作,落实作业标准。

(4)业务办理符合规定,票据、台账、报表填写规范、清晰。营运进款结算准确,票据、现金入柜加锁,及时解款。

(5)定期召开站区结合部协调会,有监督,有检查,有考核。

(6)定期开展职业技能培训,培训内容适应岗位要求。

6. 人员素质

(1)身体健康,五官端正,持有效健康证明。新入职人员具备高中(职高、中专)及以上文化程度。

(2)持有效上岗证,经过岗前安全、技术业务培训合格。客运值班员、售票值班员、客运计划员、综控员从事客运服务工作满2年。其中,综控员具备广播员资质。

(3)熟练使用本岗位相关设备设施,熟知本岗位业务知识和职责,掌握本岗位应急处置作业流程,具备应对突发事件的能力。

单元二 高速铁路客运站工作组织过程

❄ **单元导入**

1. 高速铁路客运站的售票方式有哪些?
2. 票额预分原则有哪些?
3. 如何实现票额预分?
4. 什么是席位复用?
5. 什么是票额共用?
6. 高速铁路客运站进站组织包括哪些程序?
7. 高速铁路客运站如何办理站车交接?
8. 高速铁路客运站出站口如何组织旅客出站?
9. 遇列车故障需途中更换车底,在车站换乘时,应如何组织?

高速铁路客运站工作包括售票、进站、候车、站台乘降、出站、高铁快运、列车给水、吸污、应急处置等。由于客运站的设备、条件、工作量及客流性质各有不同,具体的组织方法应根据实际情况来确定。

一、售票组织

售票工作是高速铁路客运站工作的重要组成部分。它的具体任务是正确、迅速地将车票发售给旅客。

高速铁路客运站通过售票把广大旅客按方向、车次有条不紊地组织起来并纳入运送计划。为了保证旅客及时方便地购买到车票,高速铁路客运站必须做好售票组织工作。

目前,高速铁路客运站的售票组织方式仍然沿用既有铁路车站的售票组织模式,售票方式有互联网售票、电话订票、自动售票机售票和车站窗口售票四种形式。电子客票的全面实行,让旅客省掉了取换车票环节,线上办理改签、退票业务更为方便,旅客可以持二代身份证直接进站,极大地提高了客运站运输效率。

1.高速铁路旅客购票特点

(1)高速铁路旅客的预购票时间较短

据统计,日常期间旅客的平均预购票时间约为 23h,高速铁路旅客的平均预购票时间为 18h,而上海虹桥、南京南等高速铁路车站旅客的平均预购票时间仅为 7h,其中 1h 以内购票的旅客高达 56.9%。这主要是因为高速铁路运能充分,列车开行密度高,给旅客提供了随到随走的可能,旅客不愿被已确定的行程所约束,旅客提前预订行程的期望值相对较低。这方面尤以高速铁路短途旅客更为突出。

(2)高速铁路车站窗口售票比例仍较高

目前互联网售票量占高速铁路售票量的35.7%,但由于仍有83.4%的旅客习惯于乘车前取票,车站售票窗口和自助售票机的工作量并没有因互联网售票而大幅减轻,车站售票窗口售票压力仍较大。据统计,高速铁路车站售票窗口和自动售取票机的售票比例高达91%,高速铁路车站窗口售票方式仍是主导。

(3)高速铁路固定旅客群体已逐步形成

随着高速铁路给广大旅客带来的便捷出行,加之社会经济的发展、人员流动的频繁和异地就业方式的普遍,高速铁路旅客群特别是高速铁路短途旅客群中已逐步形成较为稳定的旅客群。对沪宁杭高速铁路旅客出行频率进行分析,发现1个月乘车超过5次的旅客有11.3万人、乘车超过10次的旅客有1.6万人、乘车超过20次的旅客有2534人。由此可见,沪宁杭高速铁路已经拥有了一批忠实的高速铁路旅客群,固定的高速铁路旅客群对售票组织工作要求将更高。

2.高速铁路客运站售票组织

(1)提供窗口、自动售(取)票机、铁路客票代售点等多种售票渠道,售票网点布局合理,管理规范。

①售票窗口和自动售(取)票机设置、开放的数量适应客流量,日常窗口排队不超过20人。

②办理售票、退票、改签、换票、取票、变更到站、挂失补办、中转签证等业务,发售学生票、残疾军人票、乘车证签证等各种车票,支持现金、银行卡等支付方式。

(2)根据车站客流及最早最晚办理客运业务列车到达时刻,合理确定售票时间和停售时间,并在售票处醒目位置公布;开窗时间不晚于本站首趟列车开车前30min,关窗时间不早于本站最后一趟列车办理客运业务后20min。工作时间内,暂停售票时设有提示。用餐或交接班时间实行错时暂停售票。

(3)及时补充自动售(取)票机票据、零钞和凭条,及时处理设备故障等异常状况。

(4)妥善保管票据、现金,确保票面完整、清晰。票据填写规范,内容准确、无涂改,按规定加盖站名戳和人名章。

3.高速铁路票额管理

高速铁路与既有铁路最大的区别是旅客列车高密度开行,这使得旅客列车票额分配方式与普速铁路旅客列车的存在极大不同。车站对列车票额分配的需求度也相对较低。

(1)列车票额不实行人工分配

针对高速铁路旅客列车高密度开行的特点,高速铁路旅客列车票额分配取消了原来普速铁路旅客列车人工各站固定分配票额的传统方式,采取将全列票额集中存放始发站,并通过票额智能预分方式和票额共用、复用方式,解决沿途车站运能问题。

(2)票额自动预分

票额自动预分是一种新的售票组织策略,它是在对列车的历史客流和近期客流分析的基础上,根据站间客流预测,进行票额预先分配,售票过程中与票额共用复用策略相结合,从而达到对票额的科学、合理的分配和运用。

①预分原则。

由于旅客列车的客流形态呈现有规律可循的特点,尽管其有时存在一定的可变性,但是总体而言其均有相对稳定的基础客流。因此,在客流预测的基础上,以列车常态的基础稳定客流为基准,提前进行票额预分是合理可行的。

a. 票额自动预分采用"以下定上"的原则。

b. 按照乘车站站序由小到大、下车站站序由大到小的顺序进行预分。

c. 通过实践证明,票额自动预分分出去的票额数目为列车的基本稳定客流;预分时采取的"以下定上"原则保证了沿途需求较旺的短途客流,不会对始发票额造成冲击。

②预分流程。

a. 各铁路局集团公司为预分列车公用用途票额设置共用定义。

b. 国铁集团营销系统分时期自动产生预分方案。

c. 预售期前 2 天系统将预分方案下发到各铁路局集团公司中心。

d. 预售期前 1 天凌晨系统自动将席位进行预分,并将预分剩余的席位转到"共用"用途。

e. 列车开车前 8 天系统依据初次预分方案自动将席位进行二次预分,并将剩余席位转到"共用"用途。

③预分规则。

a. 动车组列车"公用"用途席位全程共用时间不晚于始发站开车前 30min;其他列车"公用"用途席位在始发站开车前 6h 始发局管内共用,在始发局最后一个车站开车前 6h 全程共用。

b. 客票营销系统首先在分析全路直通车客流状态的基础上,将一年分为下述 9 个时期:春运、暑运、十一、元旦、清明、五一、端午、中秋、普通时期(区分日常与周末)。

c. 预分方案依照"保证始发、兼顾沿途"的原则对列车的各个席别票额进行预分。

d. 所有列车"共用"用途票额自预售期开始全程共用,该用途与"公用"用途关联,窗口无须赋权即可发售。

e. 新开行列车开行时间不足 2 个月、列车运行图发生较大变化的列车不自动产生预分方案,待开行满 2 个月后开始预分。

f. 预分席位时只自动分配"公用"用途所有范围的票额,对于车站已有的参与运能统计并且不参与预分的其他用途的有效票额,算作本站固有票额,在进行预分时,会从预分能力中减去该部分票额。

g. 预分票额的以远站与限售站保持一致。

h. 硬座席位预分时,会根据预分方案,将指定区段的有座席位预分生成无座席位。

i. 席位预分时优先预分前 8 节车厢的席位;当前 8 节车厢的席位不能满足预分需求时,会预分后面车厢的席位。

j. 复用后的席位均放入"共用"用途全路范围。

(3)票额共用、复用

①席位复用。席位复用是指客票系统席位售出后,再次生成从售到站至原限售站的新席位,使列车能力再次利用。席位复用分为一次复用和全程复用。一次复用是指对席位复

用一次后产生的新席位不再复用。全程复用是指对列车运行区间中的剩余区段进行多次复用。席位复用规则：普通车在车票售出后20min；动车组列车在车票售出后5min。

②票额共用。票额共用是指车站"公用"用途票额，允许被列车运行径路前方多个车站使用，旅客根据需要选择乘车站购票，并按票面指定乘车站乘车。客票系统对票额共用设定共用策略规则：

a."通售"用途票额的共用策略规则为开车前20天。

b."公用"用途票额的共用策略规则。

动车组列车票额共用规则：每个铁路局集团公司最后一个站开车前30min，其他铁路局集团公司可以共用；每个铁路局集团公司第一个站开车前30min，本铁路局集团公司可以共用。

③实行票额共用、席位复用的列车，只有在通过票额共用、席位复用区段后，方可按有关规定办理补有席位的车票。

④列车席位复用和票额共用两种方式可以并存。

⑤席位复用和票额共用参数设定。席位复用和票额共用相关参数的设定由各铁路局集团公司客票管理所进行。其中，票额共用可根据一种类型列车设定一条参数，也可分车次、分席别分别设定相关参数，共用时间的参数均以分钟为单位。

席位复用和票额共用这两种售票组织方式突破了原有列车票额分配相对固定的限制，对减少列车席位虚靡、提高票额利用率和满足旅客出行需求具有重要的意义。然而，在实际售票组织过程中难于把握的是如何合理地设定票额共用时间，过早地实行票额共用，可能致使过多票额被中途站发售，使始发站票额不足，导致长票短卖，不利于效益最大化；过晚地实行票额共用，中途站旅客购票需求可能得不到及时满足，而始发站却票额过剩，列车席位出现虚靡。

在上述两种极端情况下票额共用时间是容易确定的：a.列车运能特别紧张，此时票额共用可缩至最短时间；b.列车运能特别充足，此时可始终实行预售期内票额全程共用。但在更多情况下，需动态优化票额共用策略，才能保证始发站旅客的出行需求，尽可能多地将剩余票额供中途站发售。

二、进站组织

1.实名制查验

车站要按规定对旅客进行实名制查验。票、证、人不一致或无法出示有效身份证件原件的旅客，需在车站引导下到车站铁路公安制证口办理临时身份证明后，方可进站乘车。

2.安检

安全检查设备的设置应适应客流量和站场条件，确保秩序良好，通道顺畅。

3.旅客进站检票

使用中华人民共和国居民身份证、港澳居民居住证、台湾居民居住证、外国人永久居留身份证、港澳居民来往内地通行证、台湾居民来往大陆通行证等可识读证件购票的旅客，凭购票时所使用的有效身份证件原件，可通过实名制核验、检票闸机自助完成实名制验证、进站检票手续。使用其他证件购票的旅客，凭购票时所使用的有效身份证件原件，通过人工通道完成实名制验证、进站检票手续。

4.动态调整计划

车站要根据客流和非正常情况及时调整自动检票闸机的检票计划,在确保旅客安全和动车组列车正点运行的前提下,满足旅客快速进站的需要。

三、候车组织

(1)候车区(室)旅客可视范围内应有客运工作人员,及时巡视,解答旅客咨询,妥善处置异常情况。特大、大型车站设有值班站长。候车区(室)具备车票改签和自助取票功能。贵宾候车区(室)按规定配备专职服务人员以及验票终端等服务设备,提供免费小食品、饮品、报刊等服务。

(2)开始、停止检票时间的设置适应客流量和站场条件,进站口有提前停止检票时间的提示。开始检票或列车到站前,通告车次、停靠站台等检票信息。

(3)自动检票机通道和人工检票通道正常启用,通道数量适应客流情况,并设有商务座旅客快速检票通道。设两侧检票口的,对长编组、重联动车组列车同时开启。按照"先重点、后团体、再一般"的原则,引导旅客通过自动检票机、人工检票通道分别排队等候、检票进站,宣传自动检票机的使用方法,提醒旅客拿好车票或身份证,防止尾随。具备居民身份证自动识读检票条件的自动检票机正常启用。人工检票口核验车票和其他乘车凭证,对车票加剪。

(4)对无票、日期车次不符、减价不符、票证人不一致等人员按规定拒绝进站、乘车。

(5)停止检票前,通告候车区(室),无漏乘;停止检票时,关闭检票口,通告候车区(室)和站台。

四、站台乘降组织

(1)排队上车。车站工作人员要提前到岗就位,检查引导屏状态和显示内容、站台及股道情况,组织旅客按照站台地面车厢位置标志在安全线内排队等候,不得越过安全线,旅客队伍不能超过同一站台面另一侧的安全线。列车停靠时,单门车厢实行先下后上,双门车厢实行前下后上。

(2)开车打铃。停站办客时间系指列车进站停妥起至列车启动止的作业时间,包括作业联系、开关车门及旅客乘降等作业。开车时间前30s打响开车铃,铃声时长10s,铃响时巡视站台,应无漏乘。

(3)站车交接。站台客运值班员(客运员)应在规定位置(办理站车交接,短编组动车组列车在第4、第5号车厢之间;长编组动车组列车在第8、第9号车厢之间;重联动车组列车在列车运行方向前组第7、第8号车厢之间)与列车长办理业务交接,站车交接固定在列车餐车位置,重联时为前组的餐车。列车长与车站客运值班员(客运员)办理完交接,确认车站开车铃结束,车站确认列车旅客乘降、上水、吸污和高速铁路快运、餐车物品装卸作业完毕,使用无线对讲设备通知列车长与客运有关的作业完毕,通知司机或随车机械师关闭车门。当动车组重联运行时,后组列车长向前组列车长报告,前组的列车长负责通知司机或随车机械师关闭车门。

五、出站组织

(1)出站检票人员提前到岗,检查自动检票机、出站显示屏的状态和内容。

(2)引导旅客通过自动检票机和人工检票通道检票出站,具备居民身份证等自动识读检票条件的自动检票机且能正常启用,人工检票口核对车票及其他乘车凭证,确保秩序良好,防止尾随。

六、高速铁路快运作业

(1)高速铁路快运作业场地满足集散分拣、装卸作业、物品和集装容器暂存等作业要求,其位置可方便、快捷地进出车站和站台。高速铁路快运物品经指定通道进出车站和站台。

(2)高速铁路快运使用专用箱、冷藏箱、集装袋等集装容器以集装件的形式在高速铁路车站间运输。承运物品和集装件应严格执行安全检查规定。

(3)装卸、搬运高速铁路快运集装件时轻搬轻放,堆码整齐。合理安排装车计划,列车到站前将集装件提前搬运至站台指定位置,列车停稳后按计划装载;始发站在旅客上车前完成装车,中途站在开车铃响前完成装车;装卸车作业过程不得干扰旅客乘降。装车完毕后向列车长汇报集装件装车位置及件数。

(4)运输过程中发生高速铁路快运包装松散、破损时,要做好记录,并办理交接。

(5)到站卸车提前到位,立岗接车。集装件外包装、施封破损或集装件短少的,凭客运记录或现场检查,核实现状,办理交接。

(6)遇高速铁路列车在站临时更换车底或终止运行时,协助列车客运乘务组完成集装件换乘,必要时临时看管卸下的集装件。

(7)高速铁路快运作业区无闲杂人员出入,无非高速铁路快运工作人员查找、搬运。如果发现非工作人员持集装件出站时应当场制止。

(8)高速铁路快运装卸人员经过装卸作业知识、技能和铁路安全知识培训合格,持证上岗。

七、列车给水、吸污作业

(1)给水站根据给水方案配备给水人员,防护用具齐全,按指定线路提前到达指定位置接送车,专人防护,同去同回。

(2)按规定程序及时上水,始发列车辆辆满水,中途站按给水方案补水,有注水口的挡板锁闭,水管回卷到位(管头插入上水井内)。吸污站按规定进行吸污作业,保持作业清洁。作业完毕,向站台客运人员报告。

八、应急处置

(1)遇恶劣天气、列车停运、大面积晚点、启动热备车底、突发大客流、设备故障、客票(服)系统故障、火灾爆炸、重大疫情、食物中毒、作业车辆(设备)坠入股道、旅客人身伤害等非正常情况时,应及时启动应急预案,掌握售票、候车、旅客滞留、高速铁路快运等情况,维持站内秩序,准确通报信息,做好咨询、解释、安抚等善后工作。

①当列车晚点 15min 以上时,根据调度员通报,公告列车晚点信息,说明晚点原因、预计晚点时间,广播每次间隔不超过 30min;电子显示屏实时显示。按规定办理退票、改签或逢餐点提供免费饮食品,协调市政交通衔接。

②遇列车在车站空调失效时,站车共同组织;必要时,组织旅客下车、换乘其他列车或疏散到车站安全处所。到站按规定退还票价差额。

③遇车底变更时,车站按车底变更计划调整席位,组织旅客换乘,告知列车,并按规定办理改签、退票。

④遇售票、检票系统故障时,组织维护部门进行故障排查,按规定启用应急售票、换票程序,组织人工办理检票。

⑤遇列车故障途中需更换车底时,在车站换乘的,由客运调度员通知换乘站、高速铁路快运到站,由换乘站组织集装件换车;在区间换乘的,集装件不换至救援车,由故障车所在地各铁路局集团公司根据救援方案一并安排随车运送至动车所在地高速铁路车站,动车所在地高速铁路车站编制客运记录并安排最近车次运送到站。

(2)有应急预案培训和演练,有记录、有结果、有考核。

(3)在春运、暑运等客流高峰时期,改签、验证、安检、进站等处所设有快速(绿色)通道。

单元三　高速铁路车站窗口售票作业

单元导入

1. 售票时,拼音码规则是如何规定的?

2. 售票快捷键都有哪些?

3. 如何改签车票?

4. 退票时,退票理由应如何选择?

一、动车组售票相关规定

1. 售票员工作职责

(1)严格执行运价政策和票据管理及营收报解制度,负责票据的领取、登记、发售、保管等工作,遵守售票纪律,严禁无关人员进入售票室。

(2)根据不同旅客的特点,采用多种方式按时保质保量地完成售票任务。

(3)熟记本站营运线路、班次、发车时间、沿途停靠站点、里程、票价、运行时间及中转站换乘的班次时间。

(4)注意观察客流动态,当客流发生变化时,及时向值班站长提供信息,以便加(减)班。

(5)熟练掌握售票工具、设备的性能和操作技术,爱护设备、用具,定期保修,保持售票室、设备、工作台和工具的清洁卫生。

(6)熟练掌握非正常情况下应急售票流程,及时处理本岗位的突发情况。

(7)按时填写当班工作记录、原始台账,负责交接好当班工作。

2.作业流程

(1)售票员班前应做好以下准备工作:

①按规定统一着装,佩戴标志牌,做到仪容整洁、精神饱满。

②参加班前会,接受任务指示,了解动车组列车运行情况及重点事项,做到任务清楚、重点掌握。

③对岗交接,检查本岗位保洁质量、设备设施等情况,做到卫生达标、设备完好、备品定位。

(2)售票员班中作业内容及要求如下:

根据客流情况和发售规律请领现金、票据和碳带,妥善保管,做到请领充足,清点签认盖章;按规定作业时间开窗售票,做到"不晚开,不早关,作业中不无故离岗";正确操作售票设备,在发生故障时,及时汇报,做到操作熟练、报修及时。

二、售票操作流程

1.售票操作流程(图2-1)

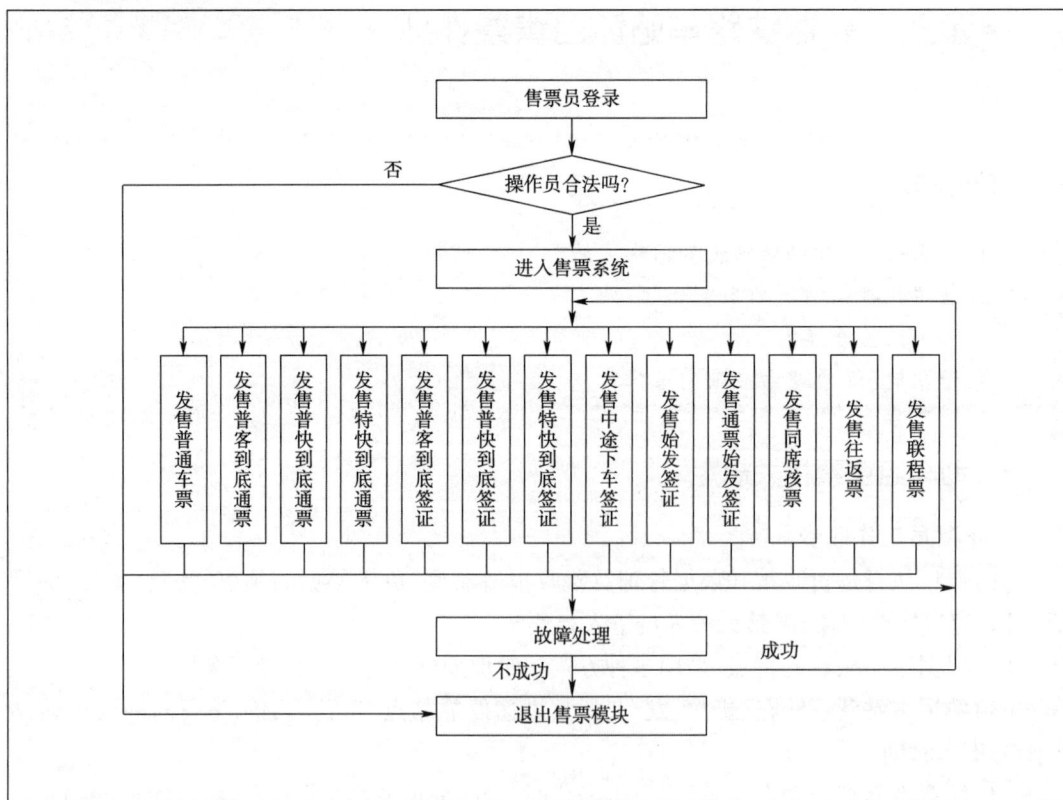

图2-1　售票操作流程图

2. 售票员具体操作过程

（1）售票员登录

售票员输入工号、姓名、密码，选择班次（白班或夜班），如图 2-2 所示；点击【确定】按钮，进入售票界面。

（2）售普通车票和动车组车票

"售普通票"用于出售普客、普快、特快、直达等车票，"售动车组票"用于出售动车、高速铁路、城际等车票，两者操作流程一致。

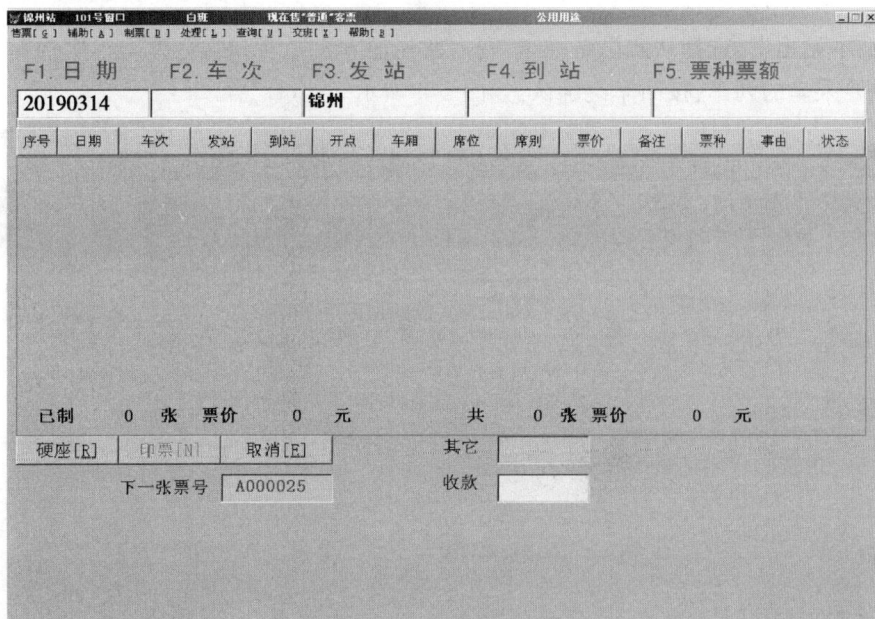

图 2-2　进班界面

展开"售票［G］"菜单栏选项，点击【售普通票】或【售动车组票】。其操作快捷键：【Alt + S】售普通票、【Alt + D】售动车组票。

一般情况下，进班默认进入售普通车票界面，如图 2-3 所示。

图 2-3　售票界面

①输入日期

按【F1】弹出日期选择框，日期选择框内显示最近 30 天的日期，选择日期后按回车键弹框消失，日期录入完毕。

②输入车次

车次的录入比较简单，直接录入车次，按回车键确认即可。但要注意，部分列车是复车次，一定要录入正确的出发车次，否则发站可能无法正确选择。

③输入发站

通常输入车次后，会直接切换至到站栏。如果该车次途经本站，则发站默认为本站；如果需要更改乘车站时在输入车次前按【F3】输入乘车站的拼音码（需要选择车站）或电报码即可。例如，乘坐 D14 次从沈阳站上车，按【F3】输入"SYT"或者输入"SYA"，选择沈阳即可。

拼音码规则：站名拼音码由三个字母组成。对于两个字的站名，由首字汉语拼音首字母和尾字汉语拼音前两个字母组成，如鞍山 ASH、长春 CCH、大连 DLI；对于三个字的站名，由各字汉语拼音首字母组成，如沈阳北 SYB、沟帮子 GBZ、哈尔滨 HEB；对于四个字及以上的站名，由前两字各字汉语拼音首字母与尾字汉语拼音首字母组成，如葫芦岛北 HLB、哈尔滨东 HED、扎赉诺尔西 ZLX、一二九公里 YEL；由数字公里组成的站名，将其排列成数字读法 + 公里，取前三字汉语拼音的首字母，如 96 公里→取"九十六公里"→JSL，13 公里→取"十三公里"→SSG；最后说一下一个字的站名——宋的拼音码为 SON。

④输入到站

到站栏显示了本车次各到站的拼音码和电报码以及开车时间，站序为倒序排列，终到站放在最顶端，始发站站序为0。到站栏输入站序、拼音码或者电报码均可，按回车键默认为终到站。

如果旅客不从本站出发，选择从武昌站乘车，则需要先输入发站、到站，会弹出车次选择界面，选中旅客想要乘坐的列车，按回车键确认，如图 2-4 所示。

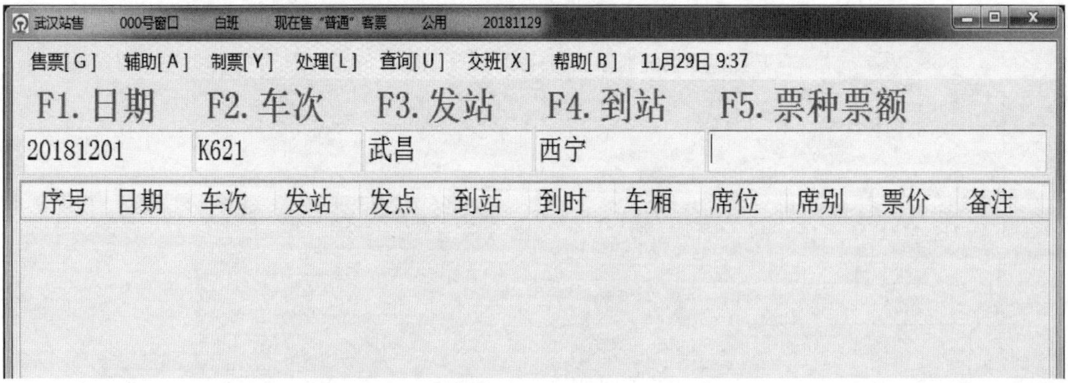

图 2-4　车次选择界面

⑤输入票种票额

票种票额可支持多票种组合取票。按【F5】将光标切换至"票种票额"输入框，票种类型有全、孩、学、残、免、探、半、单卧小孩、军等类型，系统默认的票种是"全"，即全价票，通过按方向键及【F5】可切换票种类型，也可在文本框中直接输入票种类型的简称，如输入"Q"表示全票，输入"H"表示孩票等，在票种文本框中输入要卖的车票数量后，按回车键完成输入。当光标切换到票种票额栏后，该输入框被分割，这是为了满足多票种组合取票的需求而设计的。前面的部分是提供给用户输入取票张数的，后面的部分是显示已选择的票种票额。全、孩、残、学票种界面如图 2-5 所示。

⑥输入席别

系统弹出席位列表后，直接键入席位的代码即可选择相应的席位。席别选择界面如图 2-6 所示。

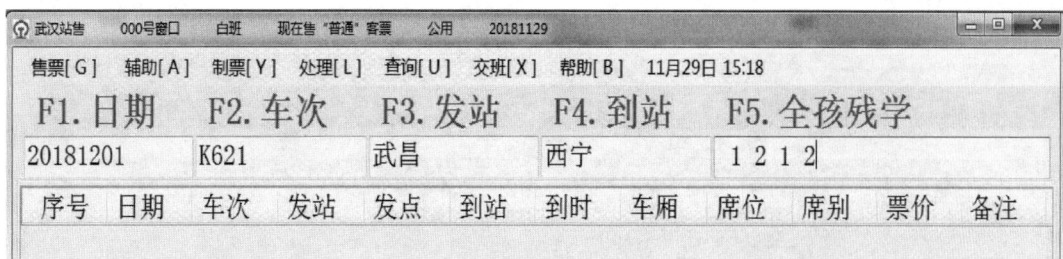

图 2-5 全、孩、残、学票种界面

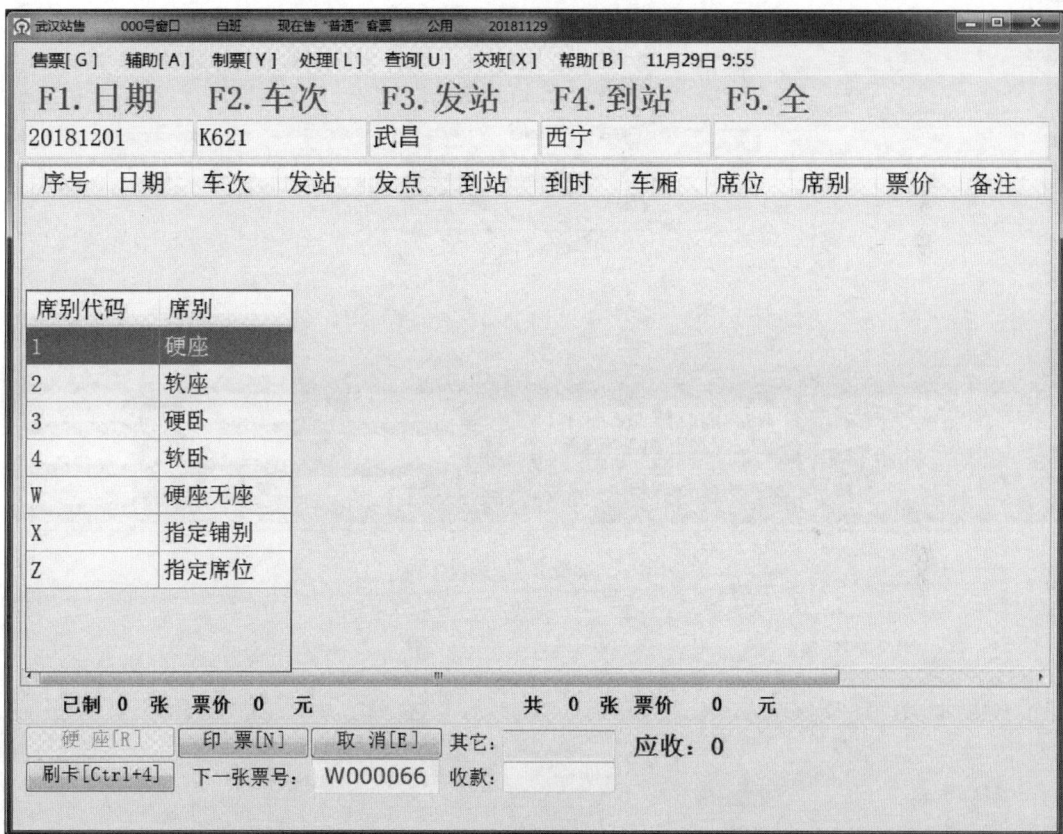

图 2-6 席别选择界面

选择席别后立即显示售票表,售票表显示满足输入框所有条件的相应车票,应收金额更新为车票票价总额。

⑦收款与找零

现金收款只需在收款输入框输入所收现金额度,刷卡支付时先点击【刷卡】按钮,或按【Ctrl+4】,进入刷卡支付界面之前会弹出是否购买铁路乘意险的提示,确定购买后会弹出铁路乘意险购买界面,如图2-7所示。输入或读取身份证信息后点击【确认购保】或按【Alt+S】快捷键购买,点击【取消购保】或【返回】取消购买铁路乘意险,铁路乘意险界面关闭,随后屏幕正中间弹出银行卡POS操作界面(图2-8),选择卡类型,输入扣款金额,点击【扣款】按钮,弹出刷卡预备项。

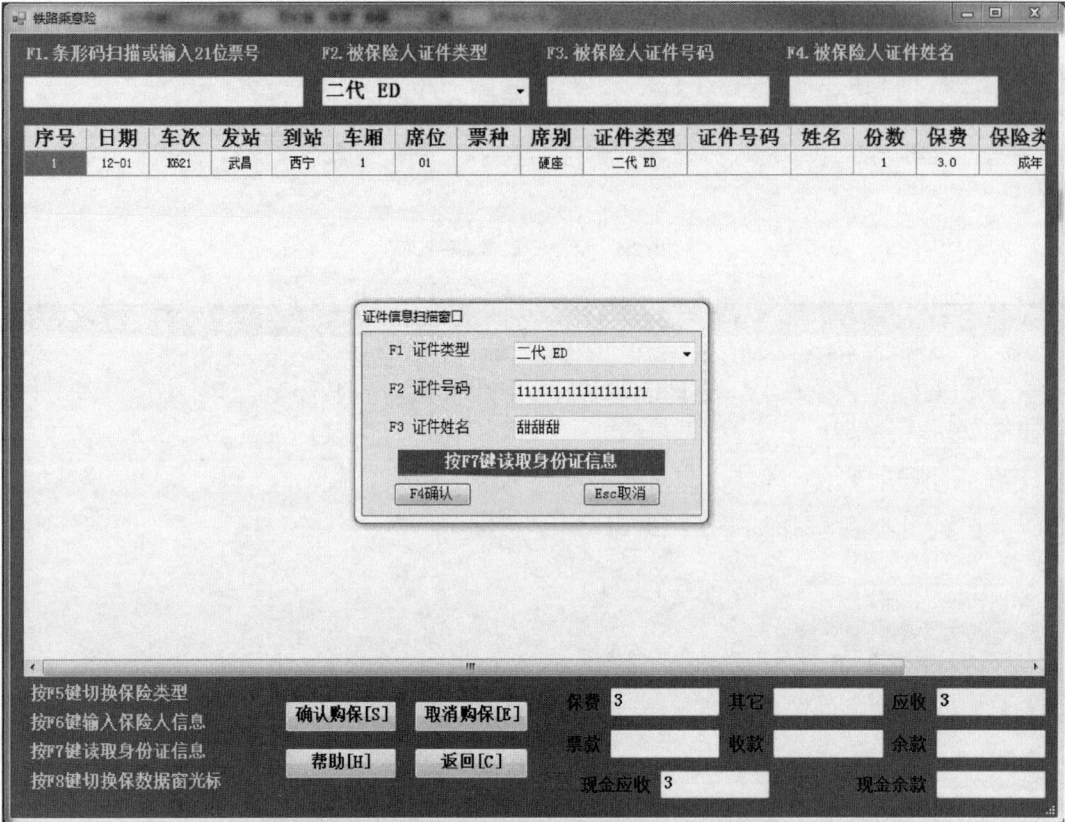

图 2-7　铁路乘意险购买界面

a) 扣款方式选择界面　　　　　　　　b) 银行卡刷卡界面

图 2-8　银行卡 POS 操作界面

执行刷卡操作并输入密码,点击【确定】后完成刷卡操作。

完成上述操作后,"收款"输入框显示实际刷卡金额,自动计算找零,按回车键光标移至【印票】按钮,若未进行是否购买乘意险的确认,则在点击【印票】或按【Alt + N】快捷键后,弹出"是否购买铁路乘意险?"提示框,如图2-9所示。

⑧印票及身份证录入

铁路乘意险购买成功后,票价在原应收基础上再加3元,找零重新计算,不购买则不计算,点击【印票】按钮,按回车键弹出证件信息录入窗口,自动扫描身份信息,或手动选择证件类型、输入证件号码、证件姓名,按【F4】"确认"打印车票。

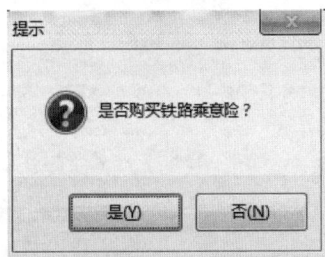

售票快捷键见表2-1。

图2-9　弹出"是否购买铁路乘意险"
提示框界面

售票快捷键　　　　　　　　　　　表2-1

快捷键名	用途	快捷键名	用途	快捷键名	用途
F1	输入日期	F2	输入车次	F7	输入席别
F4	输入到站	F5	输入票种票额	Alt + N	印票
F8	收款	F9	光标切换		
Alt + S	普通售票	F3	输入发站		

(3)个性化售票

①普速列车席铺位选择

选择硬卧、软卧、高级软卧等席位时,是不指定上下铺的,若要指定上下铺,在席别选择栏按【X】键,可指定铺别,如图2-10所示。

图2-10　指定铺别显示界面

选择卧铺类别,是指选择硬卧、软卧还是高级软卧等,然后分别在上、中、下铺输入框中输入数量,确定即可。

注意:a.上、中、下铺的总数量必须和票种票额栏中录入的总取票张数一致。

b.一次最多取20张票。

②动车组座位选择

动车可以个性化售票,即可以选择靠窗或过道的座位。动车组个性化售票界面如图2-11所示。

③售同席孩票

a.预售成人全票后,将光标移至需购买同席孩票的成人票上,如图2-12所示。

b.选择售票类型。选择"售票[G]"菜单项,点击【售同席孩票】或按【Alt + H】快捷键,即可在原预售票的基础上添加一张同车次、同车厢、同席别的半价无座孩票,如图2-13所示。

c.收付款及印票。剩余售票步骤与售普通票步骤一致,具体操作可参照上述售票流程。

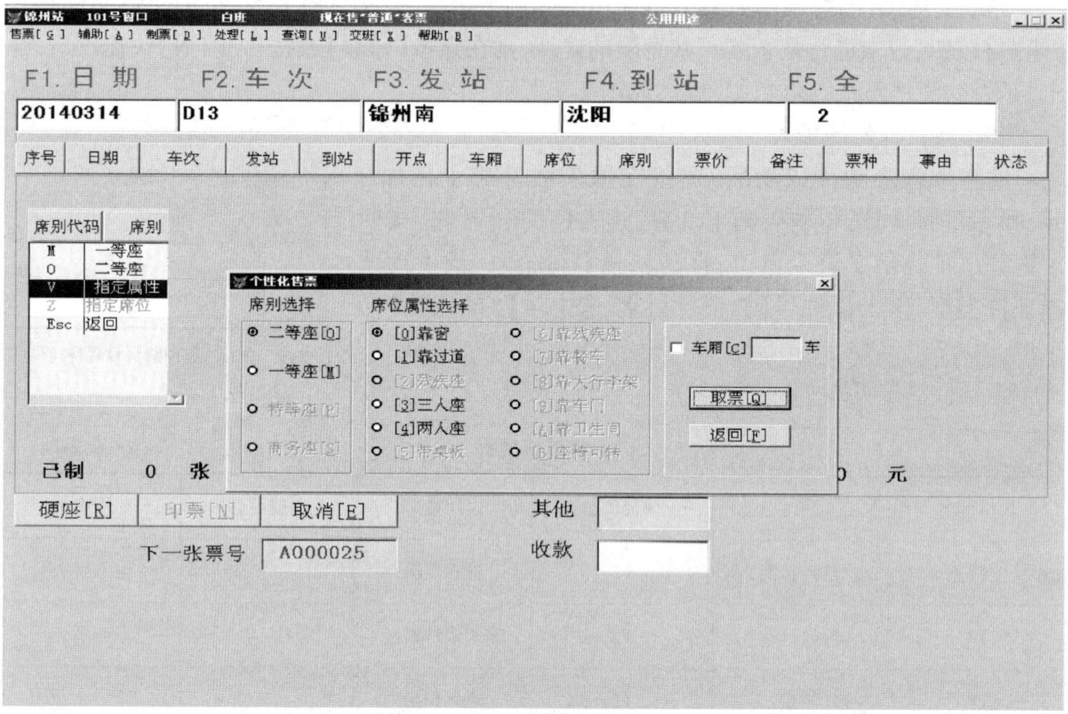

图 2-11　动车组个性化售票界面

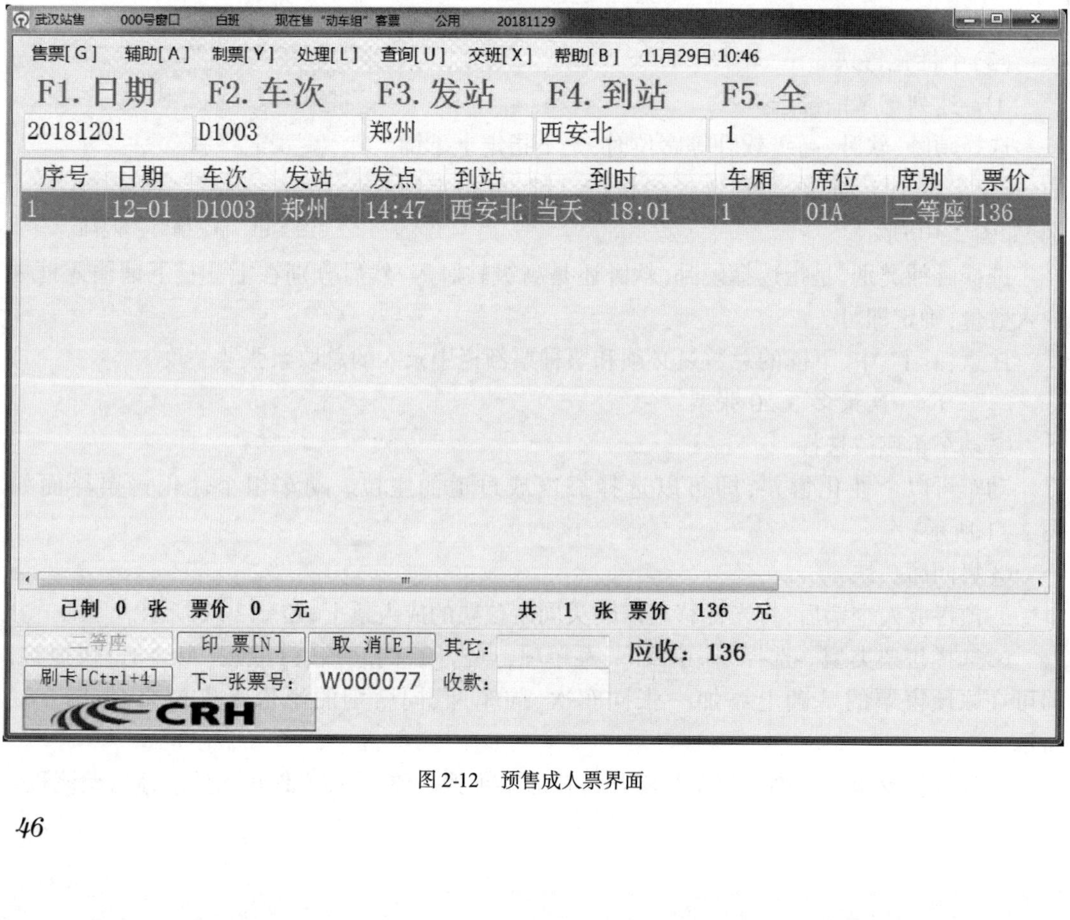

图 2-12　预售成人票界面

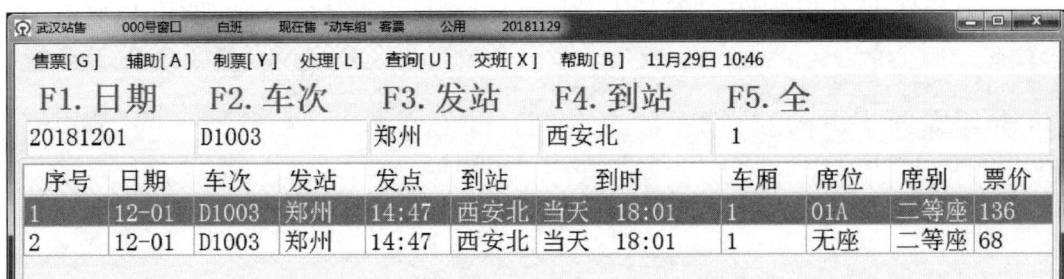

图 2-13 售同席孩票界面

3. 售始发签证

（1）售始发签证票的基本要求

①始发签证只允许改签日期、车次、席别，发到站、票种不允许变更（办理变更到站时需符合时间要求）；只需录入日期、车次后按回车键，系统便会弹出席位列表，直接选择相应席位即可。

注意：系统算出的票价是总价，而应收款处显示票价差额。

②始发签证用现金购买的车票改签时只能用现金方式办理，用电子支付购买的车票改签时只能用银行卡方式办理（电子支付的车票在改签后，如需再次支付，也必须采用银行卡支付，再次支付用的银行卡既可用原银行卡，也可用新的银行卡）。

③旅客须持原票办理始发签证，始发签证票款遵循"多退少补"原则，需退差额时对票价差额按照现行退票费标准核收退票费。

（2）改签的具体操作方法

①选择"售票［G］"菜单项，点击【始发签证】，按【Alt + Z】快捷键进入改签界面，如图 2-14 所示。

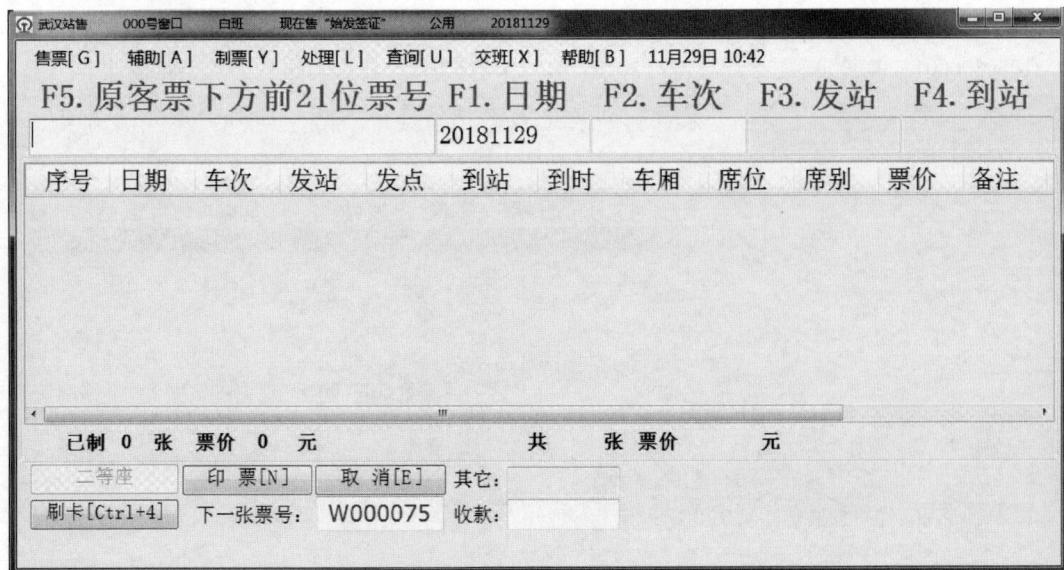

图 2-14 改签界面

②按【F5】扫描 21 位码或手动输入 21 位码,按回车键弹出原票信息界面,如图 2-15 所示。

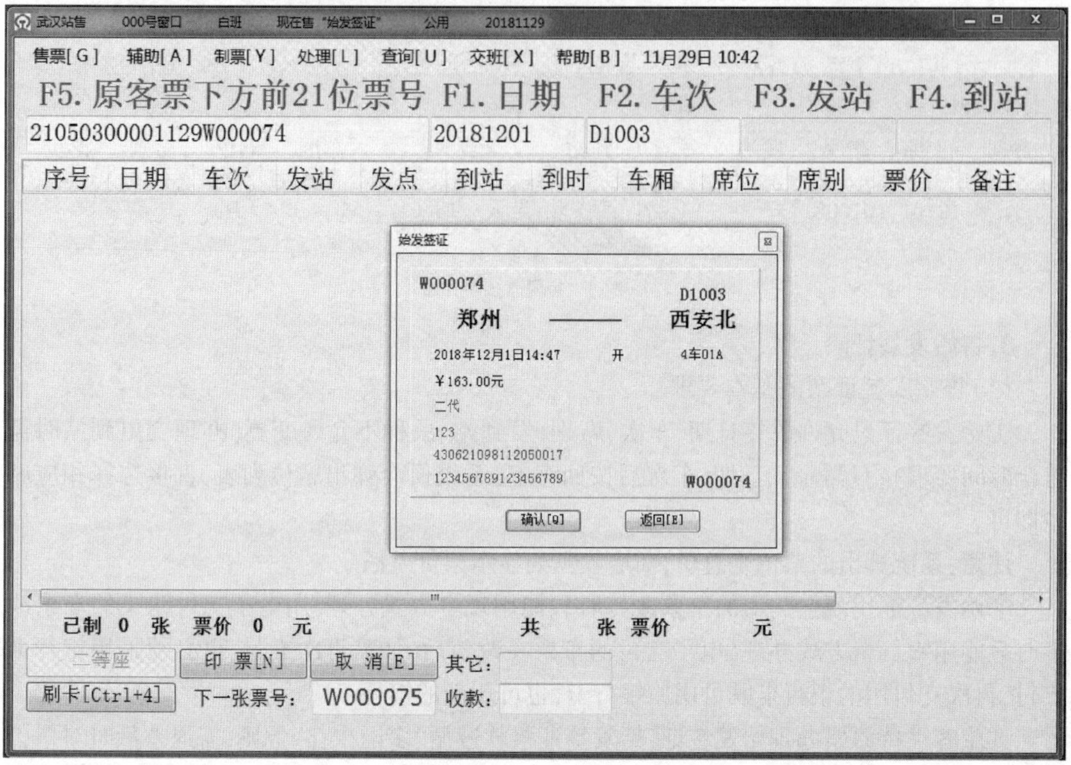

图 2-15　确认原票信息界面

③确认无误后,点【确定】,录入原票信息,如图 2-16 所示。

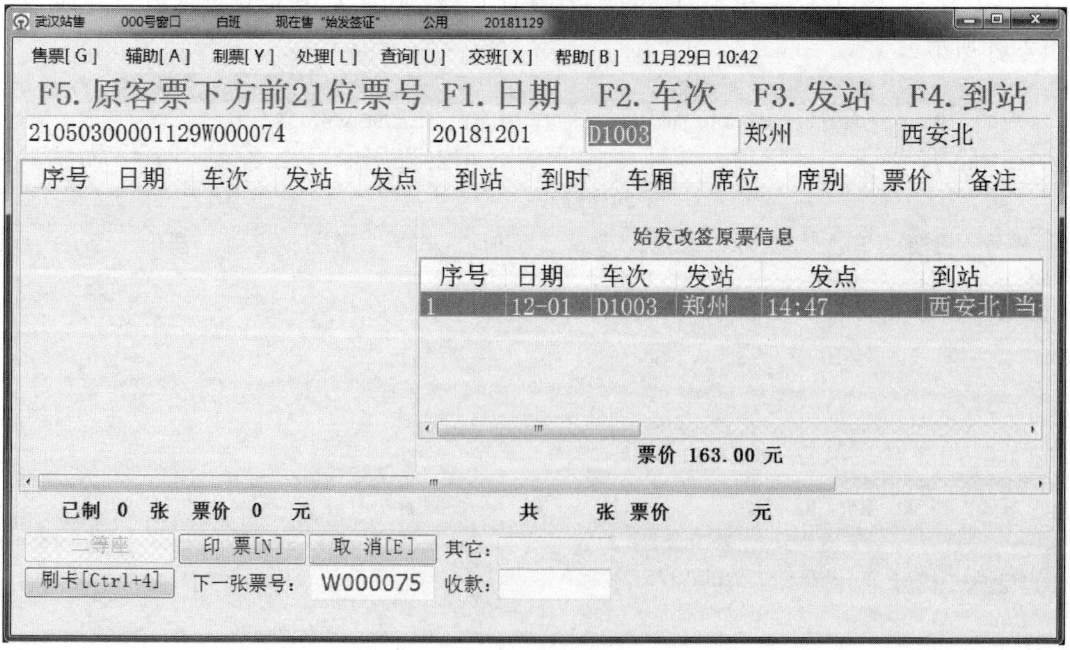

图 2-16　录入原票信息

④按【F1】更改日期,按【F2】更改车次,在有运输能力的前提下,距开车时间48h以上(不含)的,可改签预售期内的其他列车;距开车时间48h以内的车票只能改签至票面当日24点之前的车,改签信息修改完成后,按回车键弹出要改签的车次、席位界面,如图2-17所示。

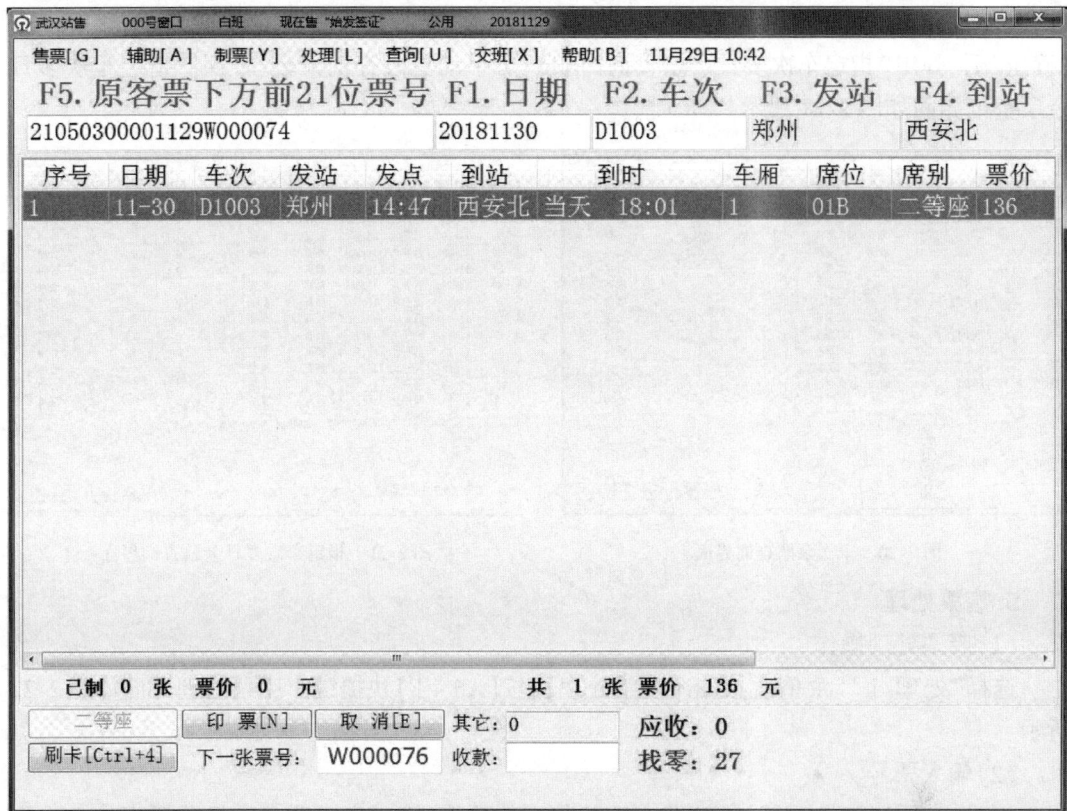

图2-17 选择要改签的车次、席位界面

⑤对实际金额进行收付款操作,按回车键弹出改签确认界面,如图2-18所示。

⑥点击【是】按钮,打印车票。

4.辅助功能

(1)切换光标。选择"辅助[A]"菜单项,点击【切换光标】,按【F9】,即可对界面与收款输入框进行切换。

(2)用途选择。选择"辅助[A]"菜单项,点击【用途选择】,按【F11】,即可在屏幕显示用途选择界面,如图2-19所示。

(3)客票取消。当光标移至售票表,并且选中某一项时,选择"辅助[A]"菜单项,点击【客票取消】,按【Alt+E】快捷键,即可删除选中的这张票。

(4)车次余票查询。在"售票"主界面"车次"输入框中,输入要查询的车次信息,选择"查询[U]"菜单项,点击【车次余票查询】,即可出现"车次余票查询"信息,并在左下角显示查询数据总计,可点击【前一天】

图2-18 改签确认界面

图2-19 用途选择界面

49

【后一天】按钮改变查询日期,也可手动更改查询车次、日期、席别。车次余票查询界面如图 2-20 所示。

(5)指定车次多日余票查询。在"售票"主界面"车次"输入框中,输入要查询的车次信息,选择"查询[U]"菜单项,点击【指定车次多日余票查询】,弹框提示查询数据总计,点击"确定"后,弹出"指定车次多日余票查询"信息,可手动更改查询天数、日期。指定车次多日余票查询界面如图 2-21 所示。

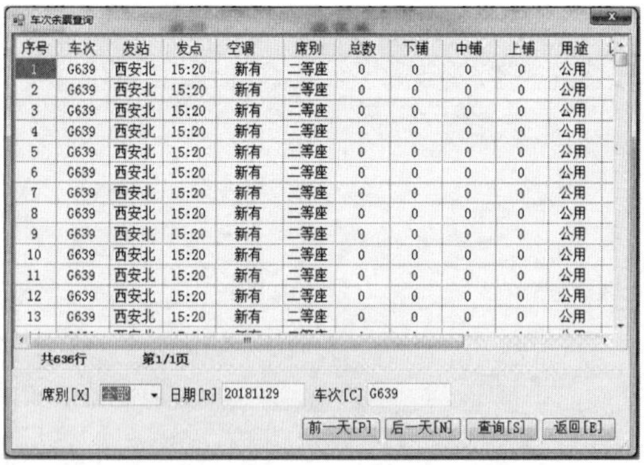

图 2-20　车次余票查询界面

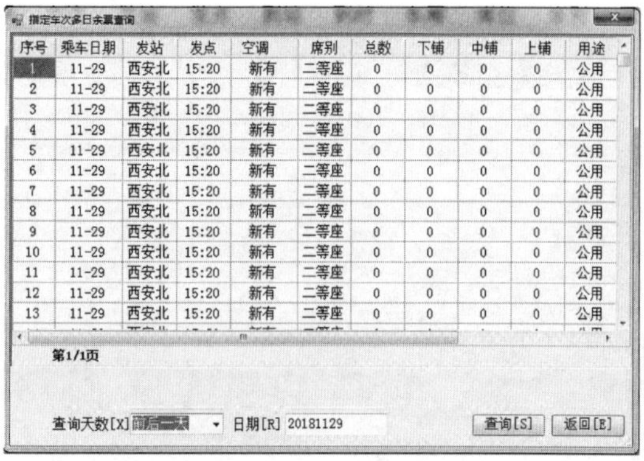

图 2-21　指定车次多日余票查询界面

5. 废票处理

(1)废票处理操作

选择"处理[L]"菜单项,点击【废票处理】,按【Alt + F】快捷键。废票处理界面如图 2-22 所示。

(2)输入票号

在"作废票记账号(下票号)"输入 7 位数有效票号,输入完成后自动显示票面信息。作废车票信息核对界面如图 2-23 所示。

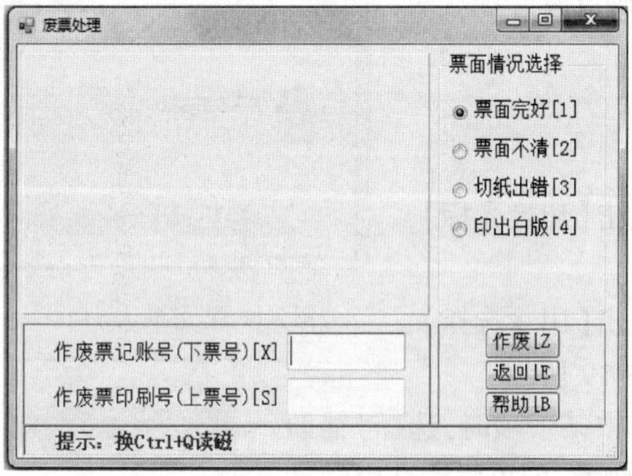

图 2-22　废票处理界面

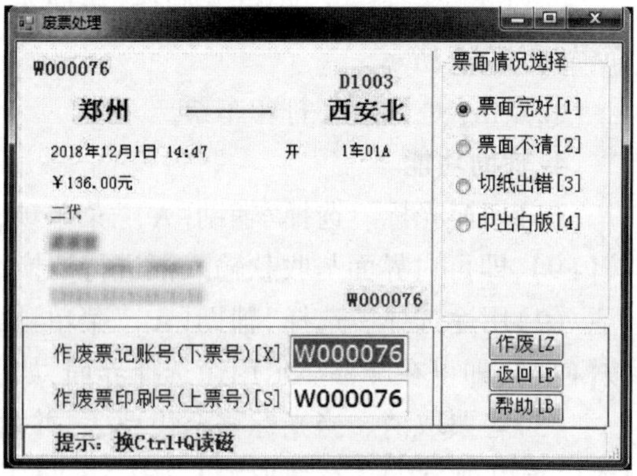

图 2-23　作废车票信息核对界面

(3)作废票

点击【作废】按钮,弹出"是否作废"对话框,选择"是"则作废这张票,选择"否"则取消操作。

（4）结账退出

①结账退出操作

选择"交班[X]"菜单项,点击【结账退出】,打开结账退出界面如图 2-24 所示。

②结账操作

清点当前班次收付款,依次输入到结账窗口中,点击【汇总】自动计算金额,点击【交班】即可退出操作。结账操作界面如图 2-25 所示。

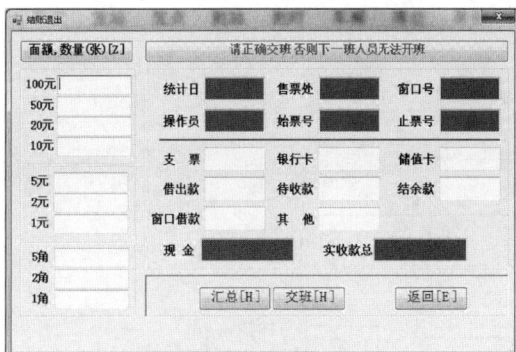

图 2-24　结账界面

图 2-25　结账操作界面

三、应急售票

在系统主界面中点击【应急售票】进入登录界面,输入工号和密码,按回车键进入班次选择界面;选择班次后点击【确定】按钮或按【Alt + Q】快捷键或按回车键进入应急售票界面,如图 2-26 所示。

应急售票模式下只能售本站当日开车时间距当前时间 3h 以内的无座车票。

退票作业办理

四、退票

1.退票操作过程

退票操作流程如图 2-27 所示。

2.退票具体操作过程

（1）售票员开机后或在待机界面,登录退票程序后进入退票界面。

（2）选择退票理由:"正常"——旅客原因退票;"原退"——铁路原因退票。扫描车票票面的二维码或手动输入 21 位码,界面出现原车票信息,如图 2-28 所示;确认车票及退票信息正确后,点击【确认】按钮,界面出现提示信息"确实要退这张票吗?"

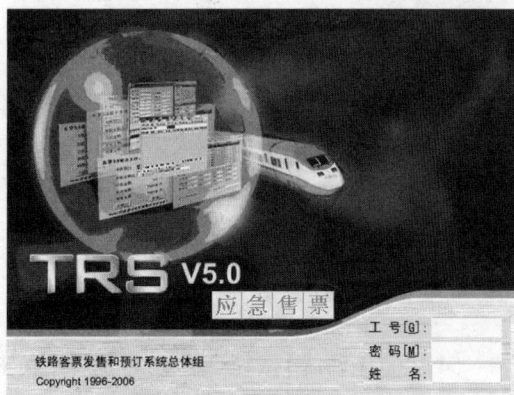

图 2-26　应急售票界面

（3）按【F7】读取身份证号或手动输入身份证号,当该证件所购车票数大于 1 时需选择

51

所要退的票,选择后点击【确定】按钮,退票界面显示该车票信息。若使用扫描二维码或输入
21 位码的方式获取车票信息,则进入录入退票证件界面,如图 2-29 所示;需要输入购买该车
票的居民身份证信息,确认后点击【确认】进入下一步。

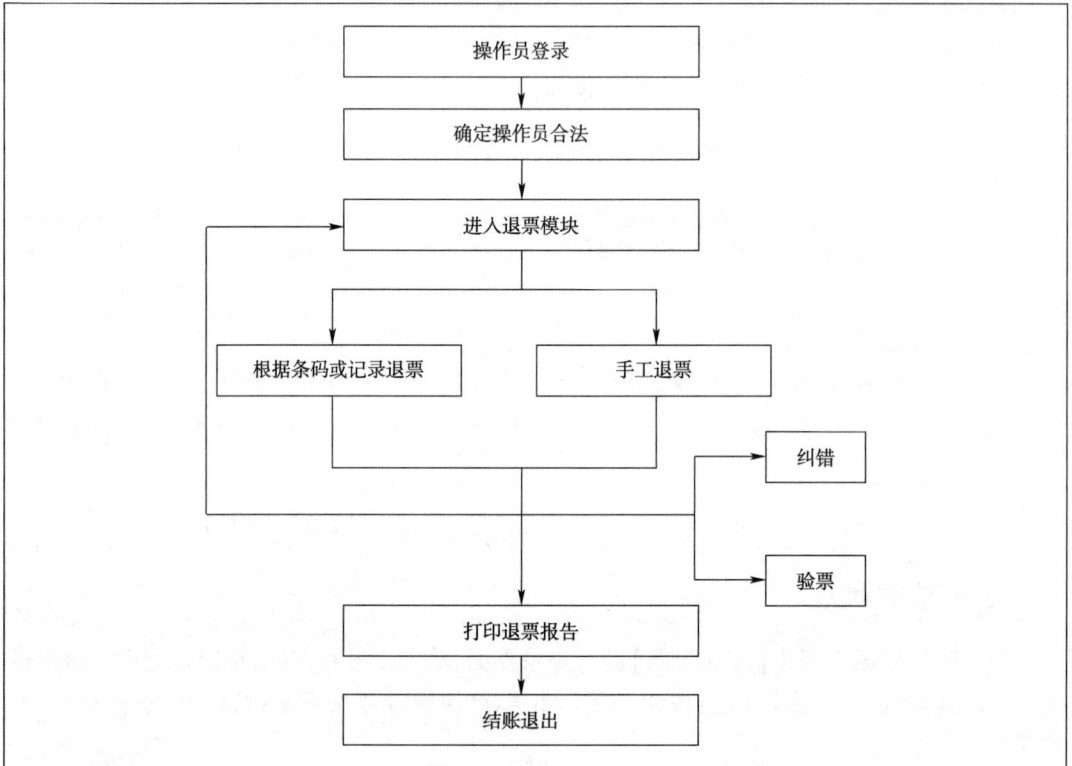

图 2-27　退票操作流程图

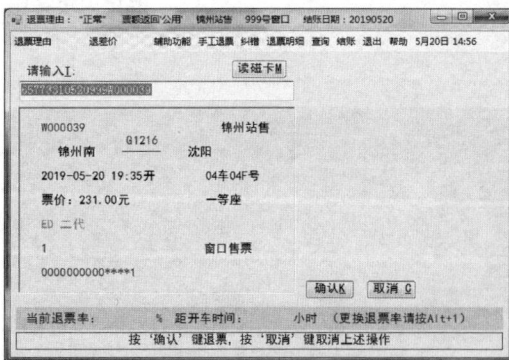

图 2-28　原车票信息

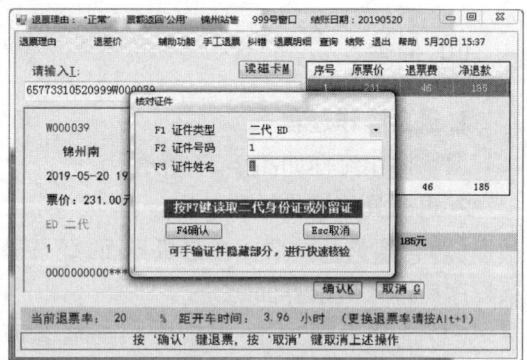

图 2-29　录入退票证件界面

(4)点击【确认】按钮选择是否退票,点击【是】按钮完成退票;点击【否】按钮则回到退
票界面。退票成功后退票界面会显示"退票成功!",如图 2-30 所示,可按【F2】清屏。

(5)铁路责任退票界面,如图 2-31 所示。

(6)退差价,在退票主界面的菜单栏点击【退差价】,打开"退差价"界面。

图 2-30 退票成功界面

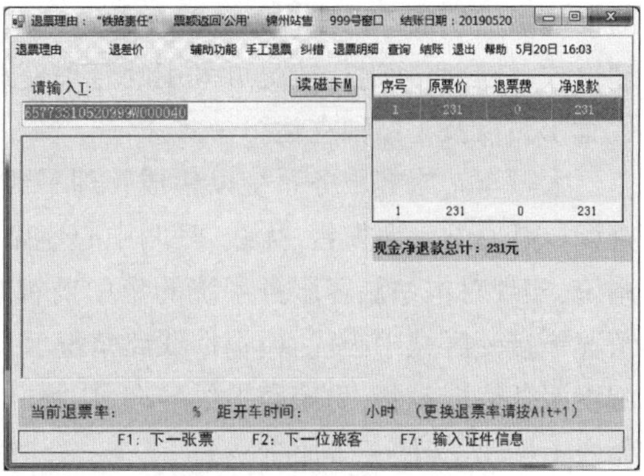

图 2-31 铁路责任退票界面

单元四 高速铁路车站旅客服务系统运用与管理

❀ 单元导入

1. 什么是旅客服务系统?

2. 旅客服务系统有哪些功能?

3. 在旅客服务系统中,如何生成计划?

4. 列车运行信号有哪几种?

5. 调整列车客运计划时,可以调整哪些信息?

6. 什么是广播计划? 广播计划界面包含哪些部分?

7. 内部参数维护界面的主要功能有哪些?

8. 车站基础信息维护包含哪些内容?

9. 列车时刻表的主要功能有哪些?

10. 列车开行规律有哪些?

11. "列车停开"如何操作?

12. 客运组织业务模板的配置内容有哪些?

13. 简述列车大面积晚点时的应急处理。

14. 简述广播系统故障时的应急处理。

旅客服务系统是指采用信息采集、网络传输、广播、显示等设备,与列车调度指挥、客票发售和预订系统等接口,利用信息集成技术,为旅客进出车站、乘车等提供实时信息,并对各子系统设备进行集中监控和管理的信息系统。随着高速铁路的发展,旅客服务管理模式从车站独立运行模式发展到中心站代管小站模式,再到各铁路局集团公司集中管控模式,旅客服务系统集成化程度和自动化水平逐步提高,为旅客服务系统的整体管理水平和服务质量的提高提供了技术手段保障。高速铁路车站旅客服务系统按照各铁路局集团公司不同的管理模式,结合实际运行情况可采用的管理模式包括各铁路局集团公司集中管控模式、中心站代管小站以及车站独立运行模式。

大型车站旅客服务系统以集成管理平台为核心,集成导向揭示、广播、监控、时钟、投诉、查询、求助、站台票发售、无线、呼叫中心座席、寄存子系统,连接火灾报警和楼宇自控等外部系统,实现对本站旅客服务系统的集中监视和控制,完成系统间信息共享和功能联动,紧急情况下接受区域中心代管;根据线路情况,可对邻近中、小车站进行代管,以科学合理的布局配置服务终端设备,为旅客提供导向、广播、时钟、投诉、查询、求助、呼叫、站台票发售、寄存、无线上网、人工服务等服务。

一、旅客服务系统

集成管理平台是旅客服务系统管理的核心,对导向揭示、广播、监控、求助等业务进行集成,与 CTC/TDMS、TRS 连接,实现旅客服务信息共享和功能联动。在正常工作情况下,站内所有的广播、导向揭示、视频监控、求助、信息查询、信息发布、设备监控和业务维护等业务均在集成管理平台上完成,为车站客运组织提供综合信息管理。

1. 客运计划和信息管理

(1)客票系统每次在修改列车基础数据信息后,即向集成管理平台发送车次和列车停靠站信息;列车调度系统实时向集成管理平台发送列车运行阶段计划和列车到发信息。

(2)综控员确认列车到发信息后,由集成管理平台根据客票系统和列车调度系统提供的信息生成客运组织计划,综控员在每日凌晨三点自动生成客运计划后,根据调度命令及电报信息核对、确认生成的客运计划,对发生变化的列车车次进行客运计划的调整。

(3)集成管理平台自动生成检票计划、广播计划、导向计划,并将各计划分别发送给自动检票系统和到发通告终端。综控员负责客运组织计划的确认。

(4)综控员每日接班后,需由专人对本班次的客运计划进行逐一核对,防止发生漏车现象。

2. 旅客服务系统作业内容

(1)广播:预告、开检、停检、站台宣传、出站宣传。

(2)引导:进站屏、检票屏、通道屏、站台屏。

(3)闸机:进站、出站。

(4)统一作业时间:开始、停检时间的设置适应客流量和站场条件,同类型的列车应统一(可根据客流情况进行调整)。

(5)旅客服务系统根据时刻表及模板生成日计划,各系统按照日计划时间统一作业。

接入运输调度管理系统(TDMS)后,旅客服务系统作业模式如图 2-32 所示。

3. 手动生成计划

旅客服务系统是全天候运行的,每日的计划都由系统自动生成,但是在一些特定的情况下需要手动生成计划。

计划生成功能提供手动生成调度、客运、广播、导向等计划(通常用于业务内容发生变更需要立即生效),计划生成功能的级别较高,所以对于列车时刻表中停开、不在有效期的车次都可以生成计划。计划生成界面主要包括计划查询区、计划生成区和计划删除区。

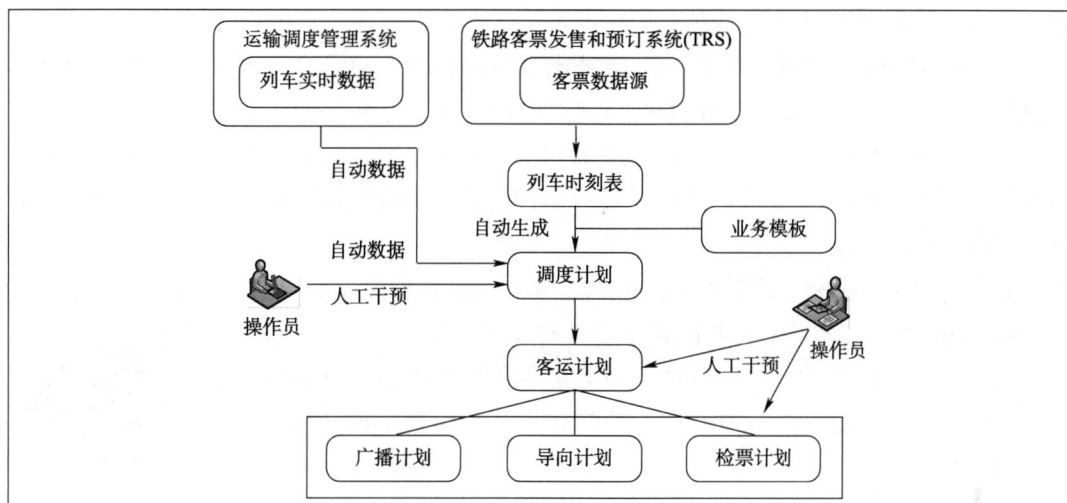

图 2-32 旅客服务系统作业模式

(1)计划生成步骤

①在到发管理—计划生成的下拉菜单中选择【计划生成】。

②在【计划生成区】中勾选要生成计划的车次所在行的【选择列】,如果全部选择可以直接点击【全选】按钮。

③在【计划生成区】的【计划日期】处选择或者输入计划日期。

④点击【生成计划】按钮,提示生成计划成功。

注意:在生成计划中如果没有查询到需要生成计划的车次,可按以下两个步骤查找原因:a. 查询列车时刻表中是否存在该车次;b. 查询客运组织业务模板中该车次是否已经完整配置业务。

(2)计划删除步骤

①在到发管理—计划生成的下拉菜单中选择【计划生成】。

②查找要生成计划的车次,查找方式同计划生成的查询过程。

③在【计划删除区】勾选要删除计划的车次所在行的【选择列】,如果全部选择可以直接点击【全选】按钮。

④点击【删除计划】按钮,执行删除。

⑤点击【是】按钮删除选择车次对应的调动、客运、广播、导向等计划。

⑥点击【否】按钮,取消删除。

4. 列车到发管理

(1)列车到点/发点时间调整

列车运行的实际到点或者发点变化,操作人员需要调整车站系统内列车对应的到点/发点时间,可通过到点/发点时间调整功能进行操作。列车发点时间调整业务主要针对的是始发车和途经车,列车到点时间调整业务主要针对的是途经车和终到车。系统接入 TDMS 信息时,可以手动/自动接收 TDMS 发送的列车到点/发点时间变更信息;系统未接入 TDMS 信息时,操作人员需要手动调整列车到点/发点信息。到点/发点时间调整后,系统界面中列车图标中的实际到点/发点信息用粉色底图展示。

①通过 TDMS 接收列车变更信息,系统默认自动接收变更信息。当列车的实际到发点信息与计划不一致时,系统自动接收并调整对应列车的实际到发点信息。

②通过 TDMS 接收列车变更信息,系统默认手动接收变更信息。当列车的实际到发点信息与计划不一致时,操作人员可以通过点击【TDMS 接收】按钮修改列车的实际到发点信息。操作步骤如下:

a.点击一辆列车图标 黄色部分,界面中弹出悬浮框界面,如图 2-33 所示。

b. TDMS 栏中展示系统接收的列车实际到点/发点。

c.点击【TDMS 接收】按钮,系统自动更新系统内的列车实际到点/发点。

③如果系统不能接收 TDMS 信息,当操作人员收到列车到点/发点变更命令时,操作步骤如下:

a.点击界面中该列车图标中对应的到点/发点位置,或者在列车图标处
单击鼠标右键,点击【到点时间调整】/【发点时间调整】,系统中弹出"到点时间调整"界面,如图 2-34 所示。

列车到发管理

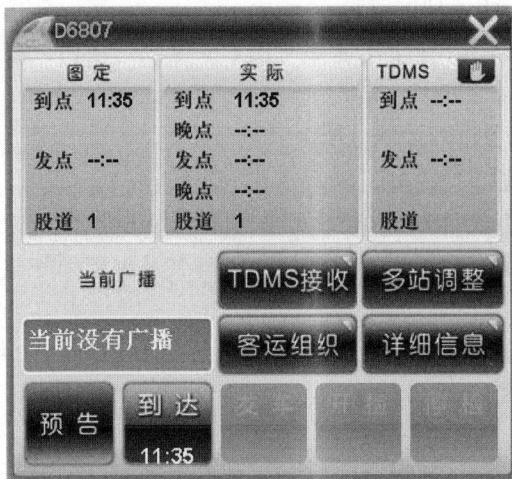

图 2-33　悬浮框界面

图 2-34　"到点时间调整"界面

图 2-35　"下发选项"对话框

b. 调整列车到点/发点后,点击【确定】按钮,系统弹出"下发选项"对话框,如图 2-35 所示。

c. 在下拉选项框中,如果要将列车到点时间调整/发点时间调整信息同步更新到广播计划和闸机计划,则勾选"广播计划、AFC",选择完毕后,点击【确定】按钮,系统自动将列车到点时间调整/发点时间调整信息更新到客运计划以及广播计划和闸机检票计划;点击【取消】按钮,系统将取消发布操作,并自动关闭下拉选项框。列车运行的实际到点或者发点变化,综控员需要调整车站系统内列车对

应的到点/发点时,可通过到点时间调整/发点时间调整功能进行操作。列车发点时间调整业务主要针对的是始发车和途经车,列车到点时间调整业务主要针对的是途经车和终到车。

(2)列车股道变更处理

列车运行过程中,通过本站或者代管站时的实际股道发生变化时,综控员可通过股道变更功能进行操作。

如果系统接入 TDMS 信息,可以手动/自动接收 TDMS 发送的列车股道变更信息;系统未接入 TDMS 信息,综控员需要手动调整列车股道信息。股道调整后,系统界面中列车图标中的实际股道信息用粉色底图展示。

①通过 TDMS 接收列车变更信息,系统默认自动接收变更信息。当列车的实际股道与计划不一致时,系统自动接收并调整对应列车的实际股道信息。

②通过 TDMS 接收列车变更信息,系统默认手动接收变更信息。当列车的实际股道信息与计划不一致时,调度计划员可以通过点击【TDMS 接收】按钮修改列车的实际股道。其操作步骤如下:

a. 点击一辆列车图标 黄色部分,界面中弹出图 2-38 所示的悬浮框。

b. TDMS 栏中展示系统接收的列车实际股道信息。

c. 点击【TDMS 接收】按钮,系统自动更新系统内的列车实际股道,悬浮框中实际栏展示列车实际股道。

③如果系统不能接收 TDMS 信息,当调度计划员收到某次列车股道变更的指令时,其操作步骤如下:

a. 在界面中找到该列车图标,点击图标中股道信息展示处,或者在列车图标处点击鼠标右键,从右键菜单中选择股道变更,系统弹出"股道变更"对话框,如图 2-36 所示。

b. 选择股道后,系统会自动在站台行显示与选择股道对应的站台。

c. 调整股道完毕后,点击【确定】按钮,系统自动弹出"下发选项"对话框,如图 2-37 所示。

d. 在"下发选项"对话框中,如果要将股道变更信息同步更新到广播计划和闸机计划,则勾选【广播计划、AFC】,选择完毕后,点击【确定】按钮,系统自动将列车股道变更信息更新到客运计划以及广播计划和闸机检票计划;点击【取消】按钮,系统将取消发布操作,并自动关闭"下发选项"对话框。如果股道和检票口是一对一的关系,那么股道变更后,检票口、候车区(室)、闸机会发生相应的变化。

(3)列车运行信号调整

列车运行信号包括预告、车底到、到达、发车。

列车运行到达某个位置后,操作人员发布相应的列车运行信号,信号触发后,相关的广播、导向作业会自动执行。

操作人员发布某个列车运行信号后,对应列车悬浮框图标

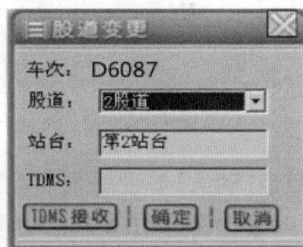

图 2-36 "股道变更"对话框

图 2-37 "下发选项"对话框

中对应的信号底色变为黄色。

操作步骤如下:

①点击一辆列车图标黄色部分,当列车为始发车和途经车时,悬浮框中可操作的信号包括车底到、发车、开检和停检信号;当列车为终到车时,悬浮框中可操作的信号包括预告、到达信号。鼠标划过可操作的信号图片处时,图标变为其他颜色。

②点击相应的触发信号,在下拉选项提示框中,点击【确定】按钮,系统将该信号信息发送给客运调度员,点击【取消】按钮,系统自动取消该操作。

(4)列车客运计划调整

操作人员根据车站客运组织情况,调整列车在该车站时使用的候车区(室)、检票口、出站口和闸机时,可以使用客运组织调整功能进行相关操作。

①对于始发车,可以调整候车区(室)、检票口和进站检票闸机信息。

②对于途经车,可以调整候车区(室)、检票口、出站口和进出站检票闸机信息。

③对于终到车,可以调整出站口和出站检票闸机信息。

图2-38 "信息设置"界面

在对应的列车图标处,点击鼠标右键,点击右键菜单中的候车区(室)检票口变更项;或者点击列车图标车次左侧部位,在弹出的悬浮框中点击【客运组织】按钮,系统弹出客运组织调整的"信息设置"界面,如图2-38所示。

在"信息设置"界面中,客运计划员可以作出相应的候车区(室)、检票口和闸机调整,也可以在运转"信息设置"界面中调整对应的候车区(室)、检票口和闸机信息。

调整完毕后,点击【确认】按钮(如果是从运转"信息设置"界面调整,则点击【调整客运组织】按钮)后,系统弹出"是否要发送?"的提示对话框,点击【确认】按钮,系统自动发布该调整信息,点击【取消】按钮,系统取消客运组织调整操作。

(5)列车进站检票时间调整

列车到点/发点信息发生变化,或者本站列车上车人数过多时,可以通过进站检票时间调整功能,根据需要适当地调整进站检票时间。其中,开检时间不能晚于停检时间。在列车图标处点击鼠标右键,在右键菜单中点击【进站检票时间调整】,或者点击"运转信息"界面中的【进站检票时间调整】按钮,弹出"进站检票时间变更"对话框,如图2-39所示。

图2-39 "进站检票时间变更"对话框

停检时间不能早于开检时间,在进站检票时间变更调整完开检时间和停检时间后,点击【确定】按钮,系统弹出"是否发送?"的提示对话框,点击【确认】按钮,系统自动修改列车检票时间,并发布该检票时间。点击【恢复默认】按钮,系统将进站检票时间恢复为固定值。

(6)列车立即开检/列车立即停检

列车到点/发点信息发生变化,或者本站列车上车人数过多时,可以根据需要执行立即开检/立即停检操作。列车已经开检/停检后,悬浮框中"开检"/"停检"图标显示为黄色。

列车开检时间必须早于列车停检时间,再次执行列车立即开检时,如果列车停检时间已过,则需要先修改列车停检时间后,才能再次执行立即开检操作。

其操作方法如下:

在列车图标处点击鼠标右键,在右键菜单中点击【立即开检】/【立即停检】项,或者在列车对应的悬浮框中,点击【开检】/【停检】按钮。系统发布【立即开检】/【立即停检】信息,并更新列车开检/列车停检时间。

5.广播管理

高速铁路客运广播子系统是铁路客运车站专用的、具有专业品质和多种功能的多语种实时自动广播系统。它主要用于播放列车的动态信息、车站服务信息,同时可提供寻呼通告、背景音乐、紧急广播等服务。客运广播系统设计立足于先进性、实用性、可靠性、扩展性,以数字网络计算机智能化管理应用为主,通过集成管理平台进行深度集成控制、管理。客运广播装置覆盖站区内适当的位置,具有自动广播、人工广播、背景音乐播放、监视与检测、应急广播、消防广播联动、无线小区广播、数字式环境噪声控制等功能。客运广播系统既可以播放背景音乐,又可以发布信息,在紧急情况时还可进行疏散、紧急事故逃生广播,同时广播系统从客运信息系统取得客运信息,在集成管理平台的管理下,通过数字语言合成系统实时自动广播客运信息或根据预置的播音计划自动进行广播。广播信息要求统一、易懂、完整、简洁、准确,保障旅客能够清晰、明确地获取相关音频信息。

广播计划与管理

广播系统自动从集成管理平台获取广播信息,向旅客和工作人员发布。正常情况下进行列车到发信息广播、专题广播、编组广播或其他文字信息语音合成广播,广播系统中消防广播优先级最高。操作人员对每日生成广播计划的自动执行情况进行监控,必要时进行人工广播、专题广播和TTS的选区广播。操作人员可以对广播区进行分组,可以选择人工话筒与其他形式的广播音源进行混音广播。

(1)广播计划

广播计划是指对本客运站的广播业务制订的业务计划,其使用者是广播员。通过广播计划的执行,可以给本站旅客在进站、候车、检票、乘车与下车、出站和接站过程中提供听觉方面的引导。在平台系统页面中,广播计划分为到发广播计划、变更的广播计划、车次广播和专题广播计划4个类别,按3个选项卡加以区分。整个广播计划页面分为上、中、下三部分:提示信息、计划主体和播放内容。其中,提示信息部分用以帮助广播员查看相关变更信息。"提示信息"界面如图2-40所示。

播放内容部分则以列表的形式告诉广播员目前正在执行的广播计划是什么;以广播内容滚动显示,已播字变颜色的方式告诉广播员该条广播业务的播放进度。

点击【停止】按钮即可中断正在执行的广播计划作业。"播放列表"界面如图2-41所示。

图 2-40　"提示信息"界面

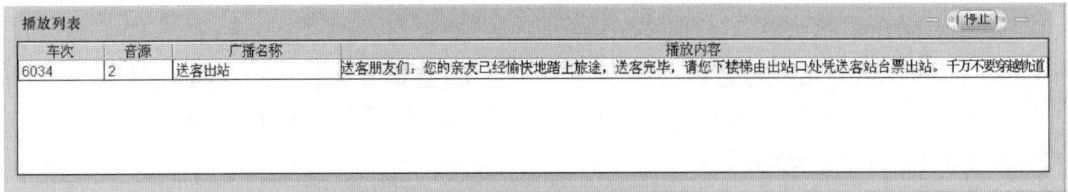

图 2-41　"播放列表"界面

①到发广播计划

"到发广播计划"界面提供车站到发车次广播计划的执行,可以对任一条广播计划进行手动/自动切换、广播区域变更、广播计划的执行和当前执行计划的停止;也可以批量对广播计划作业模式进行切换,如图 2-42 所示。

图 2-42　"到发广播计划"界面

自动是指相关车次的广播计划根据该车次的到发时间自动执行编排好的广播作业,广播员如果临时接收到指定车次的到发时间等变更指令,可以将相应车次的广播计划由自动模式改为手动触发模式,也可以右击指定车次,弹出快捷菜单,选择"手动"。该操作主要针对具体车次而言。

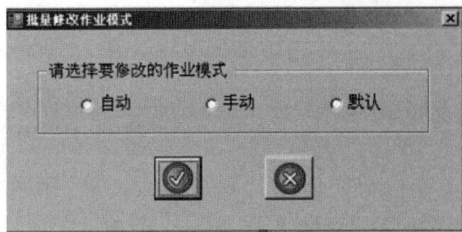

图 2-43　"批量修改作业模式"对话框

当遭遇大面积晚点情况需要将所有未执行的广播作业改为"手动"模式时,可点击列表右下角的【作业模式切换】按钮执行批量模式切换操作。此时,系统会弹出"批量修改作业模式"对话框(图 2-43)供广播员选择执行。其中,"默认"是指原来计划安排的作业模式。点击 ⊘ 确定执行,点

击 ⊗ 取消操作。

②变更的广播计划

如果某车次在调度计划中作了早晚点变更、股道变更,在客运计划中作了候车区(室)变更,在变更广播计划中会自动生成一条作业内容为早晚点变更广播、股道变线广播、候车区(室)变更广播。广播员可以手动执行相应的变更广播。

点击"变更的广播计划"选项卡,列表中会显示所有变更的广播计划内容。鼠标右击选择具体车次信息,在下拉菜单中选择"编辑"选项,如图 2-44 所示。系统会弹出"广播计划作业区域修改"界面(图 2-45),供广播员勾选此条广播业务播放的区域;然后,点击【执行】按钮使该计划生效执行。

③车次广播

通过"车次广播"界面(图 2-46),广播员可以对车站所选类型的广播对所选广播区域进行广播。

当列车晚点需要向旅客致歉时,广播员可在车次编辑区车次号右边的下拉菜单中选择指定的车次,或用键盘直接输入指定车次号,然后在作业区域勾选相应的广播区域,选择相应的广播作业内容类型,如晚点。在作业内容下拉菜单中选择相应的广播内容。确认无误后点击【执行】按钮。播放列表中会显示相应的广播作业执行情况。当点击【停止】按钮时,该条广播作业将被终止。

④专题广播计划

"专题广播计划"界面提供车站专题广播计划的执行,可以对任意一条广播计划进行手动/自动切换、广播区域变更、广播计划的执行和当前执行计划进行停止;可以批量对广播计划作业模式进行切换;可以添加、修改或者删除一条专题广播计划,如图 2-47 所示。

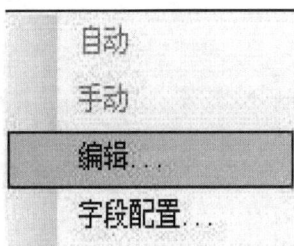

图 2-44　右键菜单界面

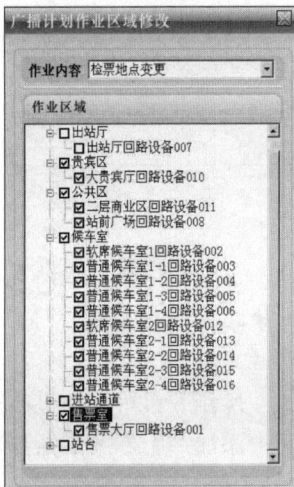

图 2-45　"广播计划作业区域修改"界面

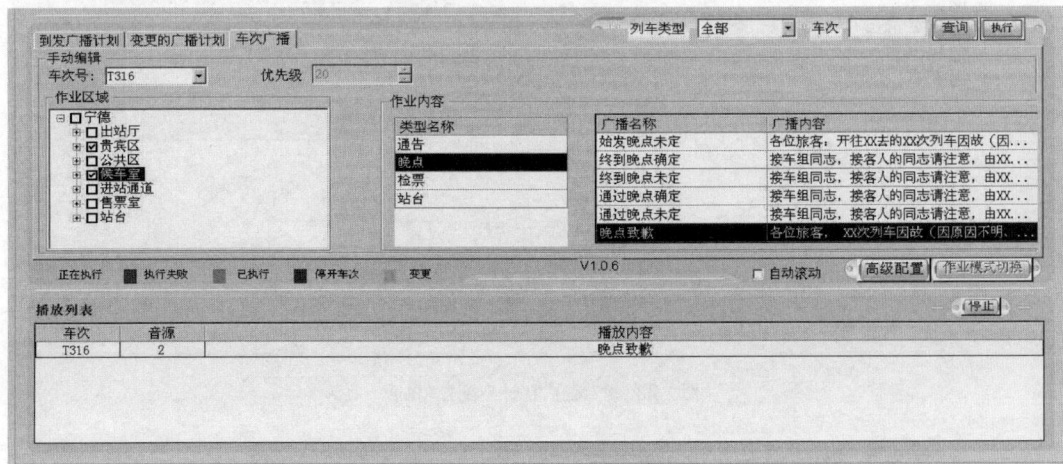

图 2-46　"车次广播"界面

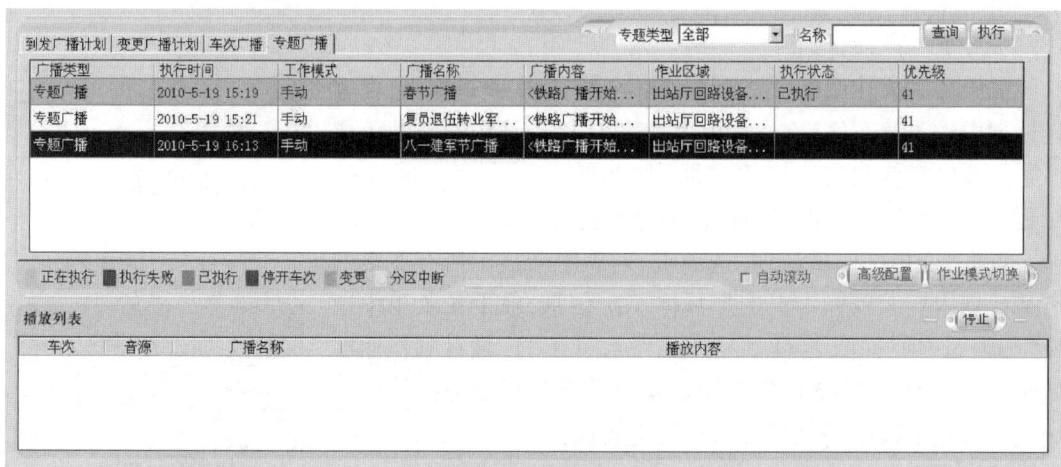

图 2-47 "专题广播计划"界面

　　自动是指系统根据专题广播计划执行时间自动执行编排好的广播作业。手动是指操作人员选择一条专题广播计划,并点击【执行】按钮,将选中的专题广播内容发布到相应的广播区。

　　操作人员可以通过右键菜单中的【添加】选项,打开"专题广播计划配置"界面,在该界面中添加一个专题广播计划;选择【修改】选项,修改一条已经生成的专题广播计划内容;选择【删除】选项,删除一条已生成的专题广播计划。"专题广播计划配置"界面如图 2-48所示。

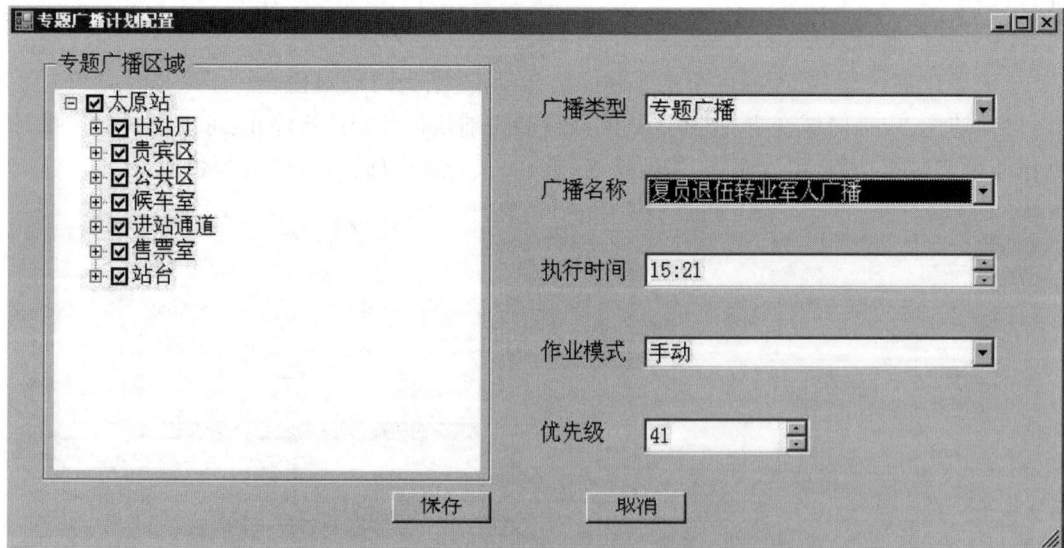

图 2-48 "专题广播计划配置"界面

　　(2)人工广播

　　广播员通过话筒直接对指定的作业区进行人工广播。在进行人工广播时,与人工广播区域相关联的广播区内正在进行的其他广播业务,如果其优先级低于人工广播的优先级,则系统将自动暂停该广播作业,然后进行人工广播作业,等到人工广播作业结束后,再继续播放被暂停的广播作业(其中优先播放的顺序为话筒广播、专题广播、FM收音机、CD播放器、文字广播)。

人工广播作业步骤如下:

①选择【广播管理—人工广播】,打开"人工广播"界面,如图2-49所示;在广播区选择需要广播的区域。

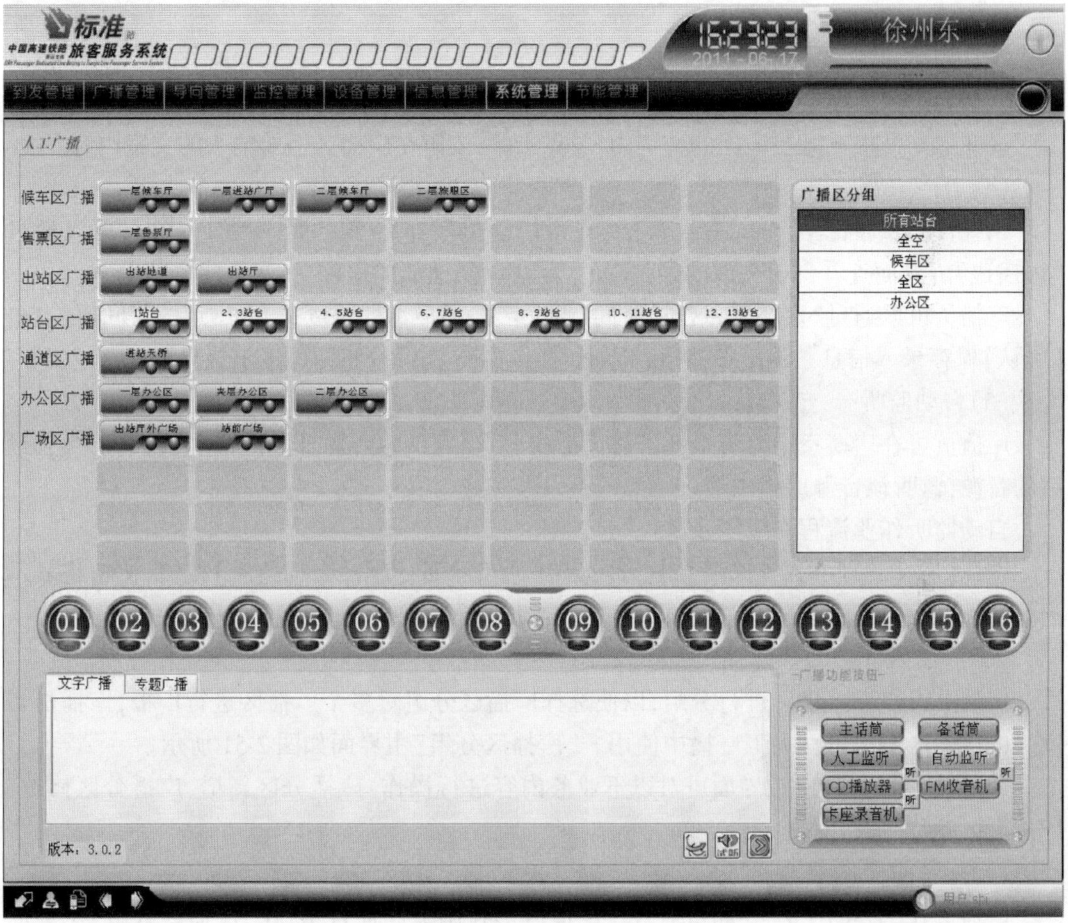

图2-49 "人工广播"界面

②点击【主话筒】按钮,【主话筒】按钮变为绿色,话筒打开,对选中区域开始人工广播。

③再次点击【主话筒】按钮,【主话筒】按钮恢复,话筒关闭,人工广播结束。

(3)文字广播

广播员可直接编辑文字对选定的作业区域进行广播,进行文字广播时,如果相关广播区域内正在进行的广播优先级低于文字广播优先级,系统将自动暂停该广播,播放文字广播,待文字广播结束后,被暂停广播继续广播。

文字广播作业步骤如下:

①选择【广播管理—人工广播】,打开"人工广播"界面;选择文字广播区域,通过点击【广播分组】选择广播的区域;直接在广播区点击选择要播放的区域;点击【文字广播】,"文字广播"界面如图 2-50 所示。

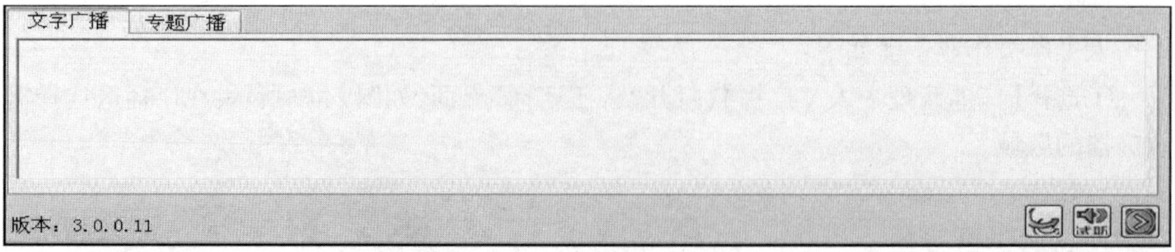

图 2-50　"文字广播"界面

②在文本框中输入要广播的文字内容;点击█按钮在广播区播放输入的文字内容。

(4)边播边看

系统自动发布行车广播、专题广播,或者广播员发布行车广播、专题广播时,可以通过"边播边看"界面查看当前播放内容占用的音源,以及播放的进度。

广播员可以通过"广播设备延迟时间"调整广播词显示的速度,输入延迟的时间后,点击【确认】保存录入信息。退出边播边看界面时,点击【退出】按钮即可退出该界面。

(5)自动监听

广播员可在广播室中监听最新音源广播内容,当有新的音源开始广播时,自动切换到最新的音源,监听该音源广播内容。

自动监听作业流程有以下步骤:

选择【广播管理—人工广播】,打开"人工广播"界面;点击【自动监听】按钮,按钮将显示为绿色,开始自动监听音源广播;再次点击【自动监听】按钮,自动广播监听结束。

(6)广播区分组

广播员可以对广播区进行分组,以便选择广播区分组对多个广播区进行广播,广播员自定义的广播区分组可在人工广播中使用。"广播区分组"主界面如图 2-51 所示。

通过"广播区分组"主界面可对以下业务内容进行操作:广播分区新增、广播分区修改、广播分区删除。

(7)广播音量调节

广播员在"音量调节"界面可对各个广播区单独调节广播音量,在"广播区分组"主界面可对广播区进行广播音量调节。

广播音量调节作业步骤如下:

①选择【广播管理—音量调节】,打开"音量调节"界面,如图 2-52 所示。

②选择要调节的广播区域,点击图标▁▁▁向右点击,该广播区播音设备声音变大,向左点击声音则变小。

6.系统参数设置

(1)内部参数维护

内部参数维护界面包括系统设备信息维护界面和系统模块信息维护界面。

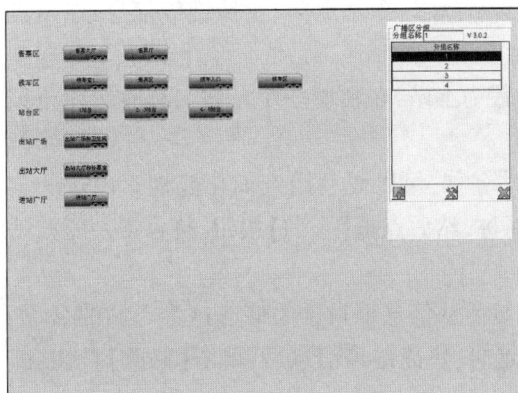

图 2-51 "广播区分组"主界面

图 2-52 "音量调节"界面

内部参数维护界面的主要功能是维护系统设备的基础信息和系统模块的主要信息,包括车站基础设备(如闸机、LED 显示屏、PDP 显示屏、广播等设备)的基础信息和系统中模块(如闸机模块、寄存模块、监控模块、时钟模块、查询模块、求助模块、导向揭示模块、广播模块等模块)的基础信息。

内部参数维护界面的进入方式:选择【系统管理】菜单中的【内部参数维护】选项,打开内部参数维护界面。

①系统设备信息维护界面

系统设备信息维护界面主要有信息查询区、信息编辑区和信息显示区。该界面的功能包括信息的查询、添加、修改、删除和清空。

②系统模块信息维护界面

系统模块信息维护主要用来记录维护旅客服务系统中所有功能模块的信息。

系统模块信息维护界面主要有信息查询区、信息编辑区和接收信息显示区。该界面的功能包括系统模块信息的查询、添加、修改、删除和清空。

(2)车站基础信息管理

车站基础信息维护界面的主要功能是维护车站的基础信息,包括车站的站名、车站的区域信息、车站各个区域和显示屏的对应关系、车站各个区域与广播回路的对应关系、候车区(室)和检票口的对应关系以及股道和站台的对应关系。

车站基础信息维护界面的进入方式:选择【系统管理】菜单中的【车站基础信息管理】选项,打开车站基础信息维护界面。

车站基础信息维护包括车站名称维护、车站区域信息维护、区域与屏维护、区域与广播设备维护、候车区(室)与检票口维护、股道与站台维护。

①车站名称维护

车站名称维护界面的主要功能是对现有车站名称进行添加、修改或者删除操作,每个车站对应的字段有名称、简称、站码、集成开发环境(IDE)对象、IDE 序号、本站标志、车站走向、快捷键等,我们可以在界面中修改其中的任何一个字段。

a.添加一个车站名称。如果要添加一个车站名称,可以在信息编辑区的相应栏位中输入车站的名称、简称、站码、IDE 对象、IDE 序号、本站标志、车站走向、快捷键等信息,然后点击【添加】按钮,即可添加一个新的车站名称。

注意:如果车站名称列表中已经有车站被设置为本站,在新增一个车站名称时只能将该站标志设置为 False。

b. 修改一个车站名称。如果要修改一个车站名称,可以先利用查询功能检索出这个车站。在信息查询区输入要查找的车站名称或者简称,然后点击【查询】按钮,符合条件的车站名称将出现在信息显示区中。

在信息显示区中点击需要修改的车站名称,然后从信息编辑区中修改这个车站的名称、简称、站码、IDE 对象、IDE 序号、本站标志、车站走向、快捷键等信息后,单击【修改】按钮,即可对原有的车站名称信息进行修改。

c. 删除一个车站名称。如果要删除一个车站名称,可以先利用查询功能检索出这个车站。在信息查询区输入要查找的车站名称或者简称,然后单击【查询】按钮,符合条件的车站名称将出现在信息显示区中。在信息显示区中点击需要删除的车站名称,然后在信息编辑区中点击【删除】按钮,即可删除一条原有的车站名称信息。

②车站区域信息维护

车站区域信息维护界面的主要功能是对本站的区域信息进行添加、修改或者删除,以及在添加、修改或者删除之后同步到闸机上。

a. 添加车站区域信息。如果要添加一个车站区域信息,可以在信息操作区中输入需要添加车站区域的名称、区域编号以及区域简称,并且选择相应的区域类型,然后点击【添加】按钮,完成添加车站区域信息的操作。添加完成后,信息显示区中将增加一条相应的车站区域信息。

b. 修改车站区域信息。如果要修改一个车站区域信息,可以先利用查询功能检索出这条区域信息,在信息查询区中输入需要修改车站区域的名称或者区域的简称,然后点击【查询】按钮,符合搜索条件的所有区域信息将被显示在信息显示区内。在信息显示区点击需要修改的车站区域信息,然后在信息操作区内修改区域名称、区域编号、区域简称,或者在区域类型下拉框中修改其区域类型,在修改完成后点击【修改】按钮,即可完成相应的修改车站区域信息的操作。修改完成后,信息显示区的相应车站区域信息将变成修改后的信息。

c. 删除车站区域信息。如果要删除一个车站区域信息,可以先利用查询功能检索出这条区域信息,在信息查询区中输入需要删除车站区域的名称或者区域的简称,然后点击【查询】按钮,符合搜索条件的所有区域信息将被显示在信息显示区内。在信息显示区点击选中需要删除的车站区域信息,然后在信息操作区内点击【删除】按钮,即可完成相应的删除车站区域信息的操作。删除完成后,信息显示区中将不再显示该车站区域信息。

③区域与屏维护

区域与屏维护界面的主要功能是建立车站区域与显示屏的逻辑对应关系。区域与屏维护界面共有 4 个部分,即区域信息区、屏信息区、信息查询区和信息列表区。

a. 查询区域与屏的逻辑对应关系。当要查询一个区域与多个显示屏的逻辑对应关系时,可以在信息查询区的区域名称栏中输入这个区域的名称,然后点击【区域查询】按钮,与这个区域有关的所有的对应关系都将在信息列表区中被检索并显示出来;当要查询车站内一个显示屏与多个车站区域的逻辑对应关系时,可以在信息查询区的屏名称栏中输入这个显示屏的名称,然后点击【屏查询】按钮,与这个屏有关的所有的逻辑对应关系都将在信息列表区中被检索并显示出来。

b. 添加区域与屏的逻辑对应关系。如果要添加区域与屏的逻辑对应关系,首先要选择的是"区域唯一"还是"屏唯一"。如果选择"区域唯一",在区域信息区选择一个车站区域,然后在屏信息区中选择与这个区域有逻辑关系或关联关系的所有的显示屏设备;如果选择"屏唯一",在屏信息区中选择一个屏设备,然后在区域信息区中选择与这个显示屏有逻辑关系或者关联关系的所有的车站区域。选择好区域和显示屏后,单击【保存】按钮,完成区域与屏的逻辑对应关系的添加;添加完成之后,新添加的信息将在信息列表区中显示出来。

c. 删除区域与屏的逻辑对应关系。如果要删除区域与屏的一条逻辑对应关系,首先在信息列表区中点击选中这条对应关系;如果信息列表区中的信息太多,也可以使用查询功能检索出这条对应关系,然后在信息列表区中点击选中这条对应关系;在信息列表区中选中要删除的对应关系之后,点击【删除】按钮,即可删除这一条区域与屏的逻辑对应关系了。

d. 修改区域与屏的逻辑对应关系。如果要修改一个区域所对应的多个显示屏,首先选中"区域唯一",然后在区域信息区勾选相应的区域,这时屏信息区中所有与该区域有逻辑对应关系的显示屏都将被勾选;再在屏信息区勾选或者取消勾选相应的显示屏,然后点击【保存】按钮,即可完成对一个区域所对应的多个显示屏的修改。如果要修改一个显示屏所对应的多个区域,首先选中"屏唯一",然后在屏信息区勾选相应的显示屏,这时区域信息区中所有与该显示屏有逻辑对应关系的区域都将被勾选;再在区域信息区勾选或者取消勾选相应的区域,然后点击【保存】按钮,即可完成对一个显示屏所对应的多个区域的修改。

④区域与广播设备维护

区域与广播设备维护界面的主要功能是建立车站区域与广播回路设备的逻辑对应关系;区域与广播设备维护界面一共有4个部分,即区域信息区、广播设备信息区、信息查询区和信息列表区。

a. 查询区域与广播设备的逻辑对应关系。如果要查询车站中的一个区域与所有广播回路设备的逻辑对应关系,可以在信息查询区的区域名称栏中输入这个区域的名称,然后点击【区域查询】按钮,与这个区域有关的所有的逻辑对应关系都将在信息列表区中被检索并显示出来。如果要查询车站中一个广播回路设备与所有车站区域的逻辑对应关系,可以在信息查询区的广播设备名称栏中输入这个广播回路设备的名称,然后点击【广播设备查询】按钮,与这个广播回路设备有关的所有的逻辑对应关系都将在信息列表区中被检索并显示出来。

b. 添加区域与广播设备的逻辑对应关系。如果要添加区域与广播回路设备的逻辑对应关系,首先要选择的是"区域唯一"还是"广播设备唯一"。如果选择"区域唯一",在区域信息区选择一个车站区域,然后在广播设备信息区中选择与这个区域有逻辑关系或关联关系的所有的广播回路设备;如果选择"广播设备唯一",在广播设备信息区中选择一个广播回路设备,然后在区域信息区中选择与这个广播回路设备有逻辑关系或者关联关系的所有的车站区域。选择好区域和广播回路设备后,单击【保存】按钮,完成区域与广播设备的对应关系的添加;添加完成之后,新添加的信息将在信息列表区中显示出来。

c. 删除区域与广播设备的逻辑对应关系。如果要删除区域与广播设备的一条逻辑对应关系，首先在信息列表区中点击选中这条对应关系；如果信息列表区中的信息太多，也可以使用查询功能检索出这条对应关系，然后在信息列表区中点击选中这条对应关系；在信息列表区中选中要删除的对应关系之后，点击【删除】按钮，即可删除这一条区域与广播设备的逻辑对应关系了。

d. 修改区域与广播设备的逻辑对应关系。如果要修改车站内某一个区域所对应的所有广播回路设备，首先选中"区域唯一"，然后在区域信息区勾选相应的区域，这时广播设备信息区中所有与该区域有对应关系的广播回路设备都将被勾选；再在广播设备信息区勾选或者取消勾选相应的广播回路设备，然后点击【保存】按钮，即可完成对某个区域所对应的所有广播回路设备的修改。如果要修改车站内某一个广播回路设备所对应的所有区域，首先选中"广播设备唯一"，然后在广播设备信息区勾选相应的广播回路设备，这时区域信息区中所有与该广播回路设备有对应关系的区域都将被勾选；再在区域信息区勾选或者取消勾选相应的区域，然后点击【保存】按钮，即可完成对某个广播回路设备所对应的所有区域的修改。

⑤候车区（室）与检票口维护

候车区（室）与检票口维护界面的主要功能是建立候车区（室）与检票口之间的逻辑对应关系；候车区（室）与检票口维护界面一共有4个部分，即候车区（室）信息区、检票口信息区、信息查询区和信息列表区。

a. 查询候车区（室）与检票口的逻辑对应关系。如果要查询某一个候车区（室）与多个检票口之间的逻辑对应关系，可以在信息查询区的候车区（室）名称栏中输入这个候车区（室）的名称，然后点击【候车区（室）查询】按钮，与这个候车区（室）有关的所有的对应关系都将在信息列表区中被检索并显示出来。如果要查询某一个检票口与多个候车区（室）的逻辑对应关系，可以在信息查询区的检票口名称栏中输入这个检票口的名称，然后点击【检票口查询】按钮，与这个检票口有关的所有的对应关系都将在信息列表区中被检索并显示出来。

b. 添加候车区（室）与检票口的逻辑对应关系。如果要添加候车区（室）与检票口之间的逻辑对应关系，首先要选择的是"候车区（室）唯一"还是"检票口唯一"。如果选择"候车区（室）唯一"，在候车区（室）信息区选择一个候车区（室），然后在检票口信息区中选择与这个候车区（室）有逻辑关系或关联关系的所有的检票口；如果选择"检票口唯一"，在检票口信息区中选择一个检票口，然后在候车区（室）信息区中选择与这个检票口有逻辑关系或者关联关系的所有的候车区（室）。选择好候车区（室）和检票口后，单击【保存】按钮，完成候车区（室）和检票口的对应关系的添加；添加完成之后，新添加的信息将在信息列表区中显示出来。

c. 删除候车区（室）与检票口的逻辑对应关系。如果要删除候车区（室）与检票口的一条逻辑对应关系，首先在信息列表区中点击选中这条对应关系；如果信息列表区中的信息太多，也可以使用查询功能检索出这条对应关系，然后在信息列表区中点击选中这条对应关系；在信息列表区中选中要删除的对应关系之后，点击【删除】按钮，即可删除这一条候车区（室）与检票口的对应关系了。

d.修改候车区(室)与检票口的逻辑对应关系。如果要修改某一个候车区(室)所对应的所有检票口,首先选中"候车区(室)唯一",然后在候车区(室)信息区勾选相应的候车区(室),这时检票口信息区中所有与该候车区(室)有对应关系的检票口都将被勾选;再在检票口信息区勾选或者取消勾选相应的检票口,然后点击【保存】按钮,即可完成对某个候车区(室)所对应的所有检票口的修改。如果要修改某一个检票口所对应的所有候车区(室),首先选中"检票口唯一",然后在检票口信息区勾选相应的检票口,这时候车区(室)信息区中所有与该检票口有对应关系的候车区(室)都将被勾选;再在候车区(室)信息区勾选或者取消勾选相应的候车区(室),然后点击【保存】按钮,即可完成对某个检票口所对应的所有候车区(室)的修改。

⑥股道与站台维护

股道与站台维护界面的主要功能是建立股道与站台之间的逻辑对应关系;股道与站台维护界面一共有3个部分,即股道与站台关系编辑区、信息查询区和信息列表区。

a.查询股道与站台的逻辑对应关系。如果要查询某一个站台与所有股道之间的逻辑对应关系,可以在信息查询区的站台栏中输入这个站台的名称,然后点击【站台查询】按钮,与这个站台有关的所有的对应关系都将在信息列表区中被检索并显示出来;如果要查询某一个股道与所有站台之间的逻辑对应关系,可以在信息查询区的股道栏中输入这个股道的名称,然后点击【股道查询】按钮,与这个股道有关的所有的对应关系都将在信息列表区中被检索并显示出来。

b.添加股道与站台的逻辑对应关系。如果要添加股道与站台之间的逻辑对应关系,可以在股道与站台关系编辑区内的股道下拉框中选择相应的股道,然后在站台下拉框中选择相应的站台,然后单击【添加】按钮,即可完成股道与站台的对应关系的添加;添加完成之后,新添加的信息将在信息列表区中显示出来。需要注意的是,一个股道只能对应一个站台,但是一个站台可以对应两个股道。

c.删除股道与站台的逻辑对应关系。如果要删除股道与站台的一条逻辑对应关系,首先在信息列表区中点击选中这条对应关系;如果信息列表区中的信息太多,也可以使用查询功能检索出这条对应关系,然后在信息列表区中点击选中这条对应关系;在信息列表区中选中要删除的对应关系之后,在股道与站台关系编辑区中点击【删除】按钮,即可删除这一条股道与站台的对应关系了。

d.修改股道与站台的逻辑对应关系。如果要修改某个股道和站台的逻辑对应关系,首先在信息列表区选中相应的对应关系,然后在股道与站台关系编辑区中的股道下拉框中修改相应的股道,或者在站台下拉框中修改相应的站台,修改完成后,点击【修改】按钮,即可完成对股道和站台的对应关系的修改。

7.列车时刻表

列车时刻表是集中式客运综合管理平台到发管理最基础的数据,准确的列车时刻表直接关系到客运站相关作业的准确执行。列车时刻表的主要功能有车次查询、车次信息编辑(修改、添加、删除)、开行规律设置及开行规律预览、列车停开等。"列车时刻表"界面如图2-53所示。

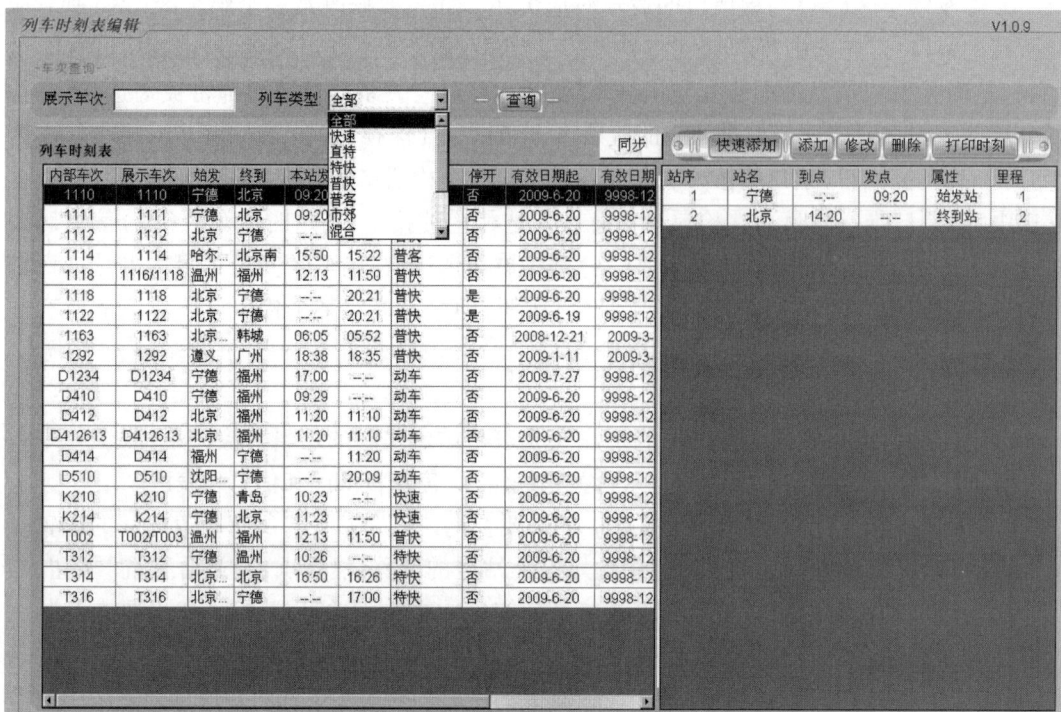

图 2-53　"列车时刻表"界面

（1）车次查询

列车时刻表编辑的第一步是先查询平台中是否有相关车次的信息。操作人员可以直接在"展示车次"框中输入指定车次,然后点击【查询】按钮,如果列表中显示该车次信息,说明平台中已存在相关车次时刻信息;反之则表示平台中没有相关车次信息,可以进行有关添加列车时刻信息的业务。"列车类型"下拉框可供操作人员按列车类型查询相关车次时刻信息,结合"展示车次"的模糊查询,可以进一步缩小查询的范围,如图 2-54 所示。

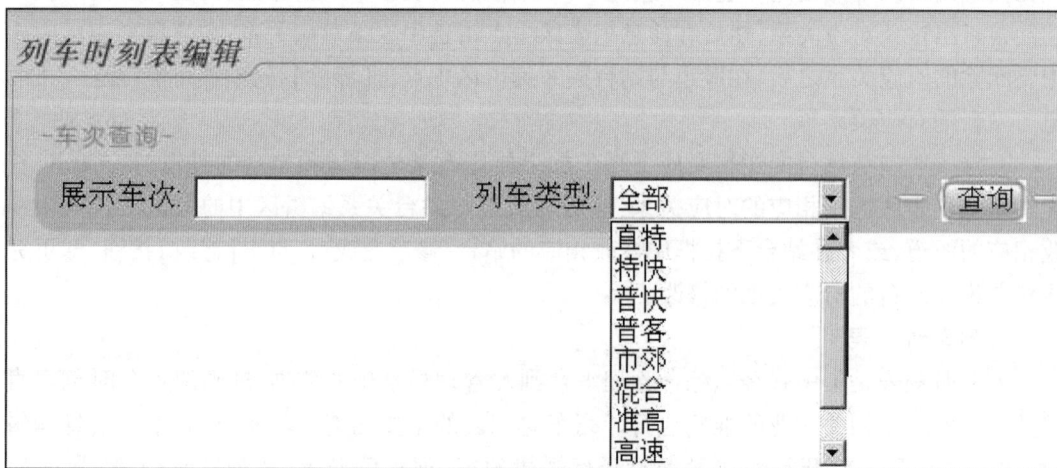

图 2-54　"展示车次"的模糊查询界面

（2）车次信息编辑

点击【修改】按钮，系统弹出"修改列车时刻信息"界面，如图2-55所示。

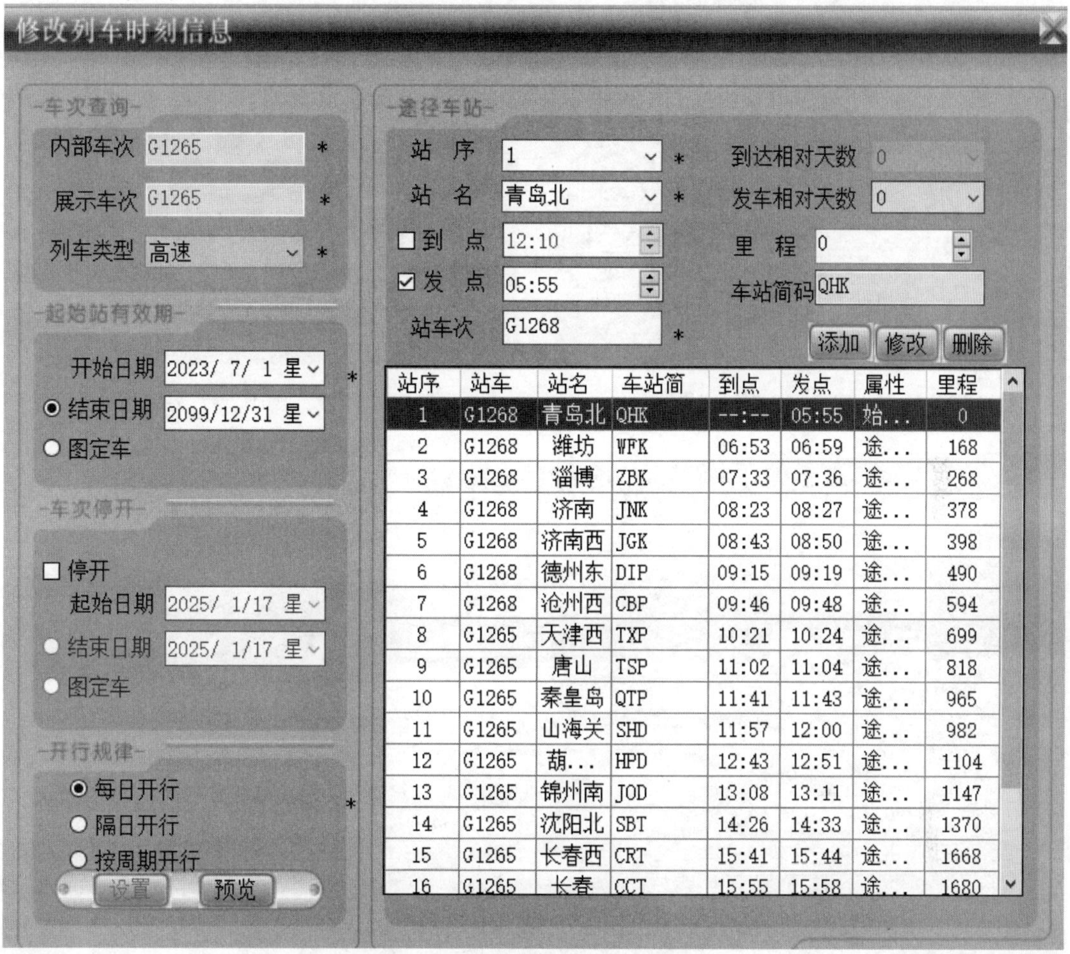

图2-55 "修改列车时刻信息"界面

点击【添加】按钮后，系统弹出"新建列车时刻信息"界面的编辑框中没有任何数据，如图2-56所示。

点击【删除】按钮，可以删除选中的车次时刻信息，包括途经站信息。

（3）开行规律

开行规律为列车不同的开行模式，具体的开行规律如下：

①每日开行。列车在开行有效期内每日都正常开行。

②隔日开行。列车从起始日期开始，隔日开行。"隔日开行"界面如图2-57所示。

③按周期开行。列车从开始日期开始，按照一定的时间周期开行。"设置开行规律"界面如图2-58所示。

列车时刻信息编辑常用操作按钮如下：

①【添加】按钮：添加新的车次途经站信息。

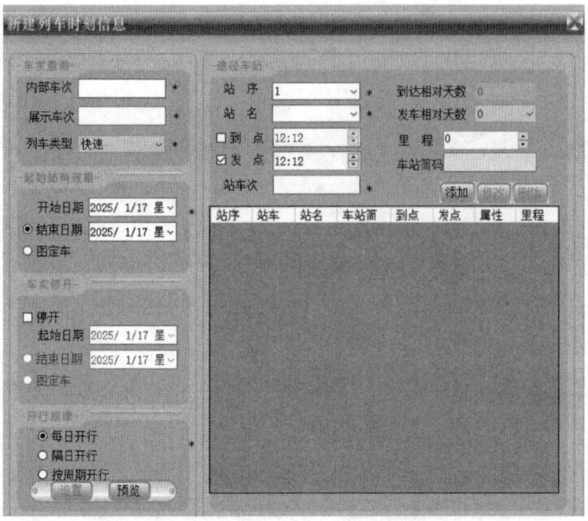

图 2-56 "新建列车时刻信息"界面

图 2-57 "隔日开行"界面

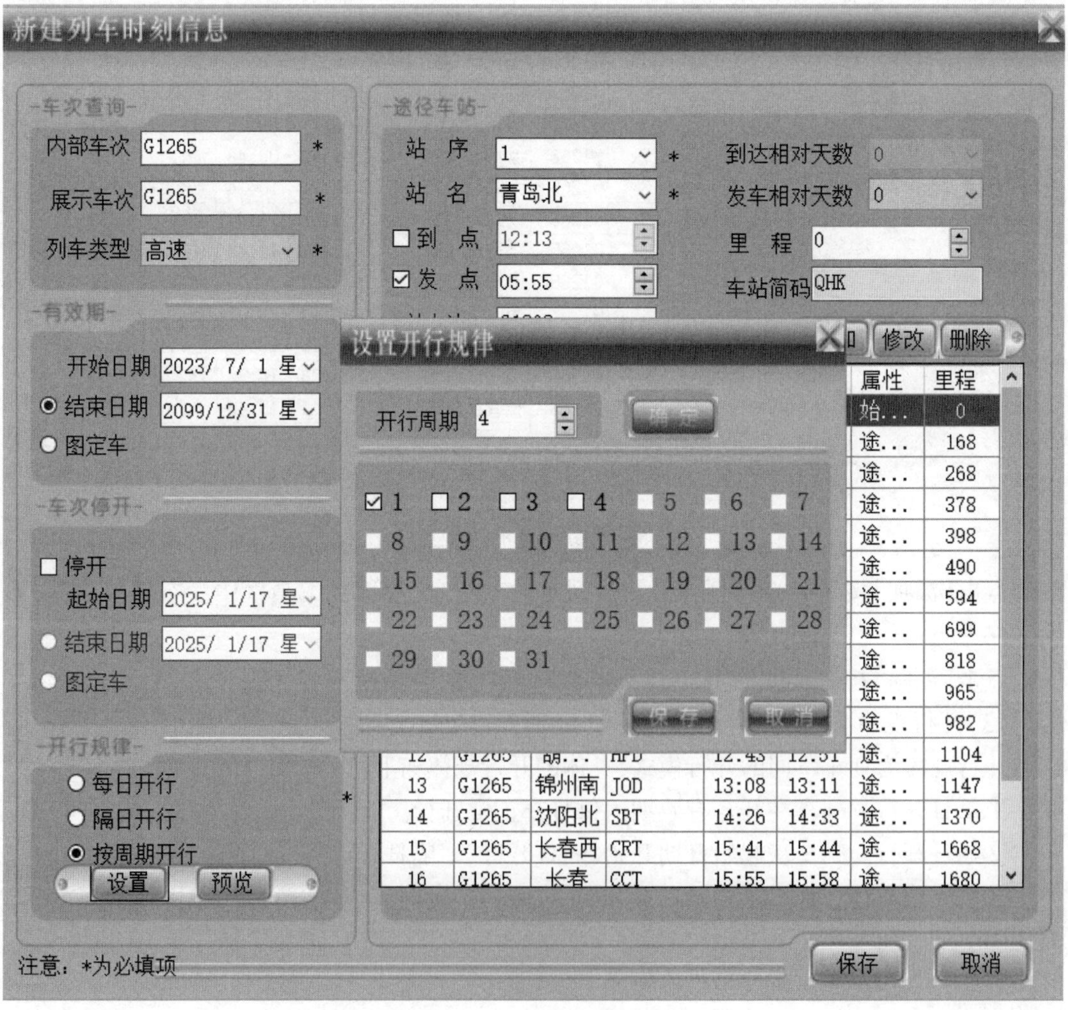

图 2-58 "设置开行规律"界面

②【修改】按钮:对原有车次的途经站信息进行修改。

③【删除】按钮:删除原有车次的途经站信息。

(4)列车停开

列车停开是在某一段时间内停开某车次。

①在"车次显示区"中选中需要停开的车次,点击列车时刻表中【修改】按钮。

②在"车次信息编辑区"中,将"停开"左边的框勾选上,在"停开起始时期"和"停开终止日期"中填入该车次的停开起始日期、停开终止日期。

③确定停开起止日期无误后,打开"车次信息编辑区"界面,单击【保存】按钮。

④停开车次操作完毕。

8.客运组织业务模板

"客运组织业务模板"界面提供了对列车时刻表中本站运营列车进行客运组织的相关配置,配置内容包括股道、广播业务、导向模式等,如图2-59所示。

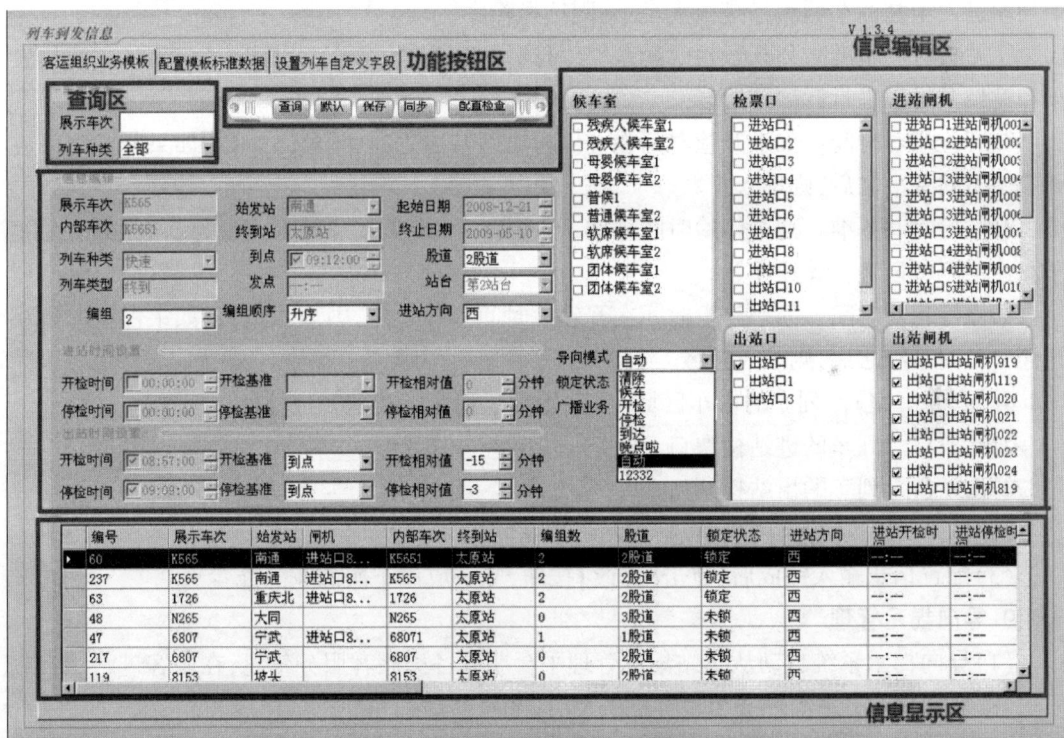

图2-59　"客运组织业务模板"界面

客运组织业务模板主要包括查询区、编辑区、显示区和功能按钮区。有新添加的车次配置业务时,操作人员对"客运组织业务模板"界面操作步骤如下:

(1)选择【到发管理】菜单中的【客运组织业务模板】选项,打开客运组织业务模板维护界面;查找到要配置客运业务的车次的两种方式。

①在"信息查询区"中输入展示车次,点击【查询】按钮则查询到车次信息;点击【配置检查】按钮则筛选出所有未配置业务的车次,未配置业务的车次数据在"信息显示区"中呈红色显

示,业务维护员可在呈红色显示的数据中找到需要配置业务的车次。

②在"信息显示区"中,选中要配置业务的车次;在"信息编辑区"中对该车次配置业务,该车次在列车时刻表添加的信息呈灰色显示,处于不可编辑状态,其车次、列车种类等信息则不能在客运组织业务模板维护界面中进行编辑。

（2）在"客运组织业务模板"界面中,为该车次配置的信息如下：

①股道。列车固定停靠股道,选择股道系统自动输入对应的站台;如果股道和检票口是一对一的关系,那么配好股道,检票口、候车区（室）、闸机会相应的配置完成。

②广播业务。在广播业务模板中配置完成的广播业务类型。

③导向模式。选择列车计划生成时,屏中显示对应的状态显示方式。

④进站方向。列车进入本站的方向。

⑤编组。列车的最大编组数。

⑥编组顺序。升序或降序:如果列车进入本站的车厢编号是由小至大,则选择升序;如果列车进入本站的车厢编号是由大至小,则选择降序。

⑦开检时间基准。列车开检时间基准,可选择以发点为基准或以到点为基准（只有始发车和途经车可以进行此项配置）。

⑧开检相对时间。如果开检时间在开停检时间基准之前,则填入负数;如果开检时间在开停检时间基准之后,则填入正数。

⑨停检时间基准。列车停检时间基准,可选择以发点为基准或以到点为基准（只有始发车和途经车可以进行此项配置）。

⑩停检相对时间。如果停检时间在开停检时间基准之前,则填入负数;如果停检时间在开停检时间基准之后,则填入正数。

⑪候车区（室）。列车的候车区域（只有始发车和途经车需要进行此项配置）。

⑫检票口。列车的进站检票口。

⑬出站口。列车的出站检票口。

⑭闸机。列车的检票闸机,包括进站和出站闸机。

（3）配置信息输入完成后,点击【修改】按钮,则完成该车次的业务配置。

9.导向揭示管理

（1）导向揭示系统自动从车站集成管理平台获取各类旅客服务信息,在旅客进站、购票、候车、检票、乘车、出站等环节为旅客提供及时、准确的动态和静态信息服务。

（2）操作人员对每日生成的导向信息自动执行情况进行监控,必要时进行人工干预。

10.监控管理

（1）监控系统实现对站区内的服务对象和服务设备设施的监控。

（2）操作人员、设备维护人员及相关管理人员可以在监控权限范围内浏览摄像机的实时图像信息。

（3）操作人员可根据监控操作权限,进行视频监控、录像回放和轮巡组配置机配置操作。

（4）按照优先级的高低,具有权限的相关人员可以锁定（解锁）、屏蔽（解除屏蔽）相关摄像机的内容。

11. 求助管理

求助是指旅客在车站内使用求助系统的终端设备远程获得车站操作人员同意,求助系统通过集成管理平台与监控系统有机配合,响应旅客的求助需要,使旅客及时获得车站工作人员的帮助。

当旅客按【求助】按钮后,值班人员进行首接,在条件允许的情况下,通过集成管理平台查看求助现场的视频图像。值班人员对旅客进行帮助,无法自行处理时,根据实际情况通知相关岗位进行处理。

12. 查询管理

查询系统主要以本地数据库和集成管理平台为主要数据源,采用触摸屏、计算机、多媒体、网络、接口等先进技术,为旅客提供列车、票价、席位、服务设施、站区环境等相关信息。

人工查询模块为车站工作人员提供信息查询,相关工作人员根据权限对信息进行编辑或修改。车站设置自助查询设备,用于旅客自助查询。

13. 寄存管理

寄存系统通过集成管理平台实现对旅客以自助的方式存放小件物品的管理。集成管理平台在收到寄存设备发生故障或外力破坏的信号时,自动通知设备维护人员和车站工作人员,并根据实际情况进行处置。

二、综控员作业标准

1. 班前准备

(1)穿着统一制服,佩戴胸卡,淡妆上岗(女),仪容整洁。

(2)按规定时间参加点名会。听取班计划,接收上级的命令和指示,掌握列车运行正/晚点、客流动态、候车区(室)运用情况,明确作业关键和重点事项。

2. 接班作业

(1)严格执行交接制度,做好综控室旅客服务系统设备设施、台账、资料和环境卫生的交接。确认无误后,在"综控室工作日志"上签字。

(2)接清列车运行、候车区(室)运用、客流变化、业务台账资料及重点事项。

(3)与作业现场核对旅客服务系统设备状态,确认登记交接内容准确,设备使用正常。

3. 上岗作业

(1)按照旅客服务系统集成管理平台操作程序和规定,正确使用引导、广播、监控等系统设备设施,确保性能良好。

(2)根据文电、命令的指示要求及时调整旅客服务系统的生成计划。做到调整及时,确保信息准确、完整。

(3)监控引导,及时掌握广播计划自动执行情况及设备的运行状态,核对列车运行计划变更信息执行情况。

(4)监控车站电子引导屏发布的车次,到开点、晚点时间、候车区(室)、站台、检票口、检票时间等内容是否准确,与各岗位人员作业过程进行联控、互控。

(5)监听车站广播计划执行情况,按时预告相关作业内容,确保信息及时、准确。

（6）根据作业要求及时调整广播内容,需要加播临时广播内容时,广播内容符合《铁路客运站车音频视频管理办法》的规定,并经当班值班站长(值班主任)审批。

（7）人工广播时,做到语音亲切、发音准确、吐字清晰、音量适宜,无误播、无错播、无漏播。

（8）实时监控车站现场作业情况,发现客流及站台、候车区(室)、售票厅(区)等部位有异常情况时,应及时报告,通知该岗位作业人员,并在"综控室工作日志"内登记。

（9）及时通告列车运行情况,列车晚点15min以上时,代表值班站长(值班主任)播放致歉词。做到通告及时,播放正确。

（10）根据列车运行和客运作业变化情况,动态调整调度计划和客运计划,保证正常作业。

（11）正确处理旅客求助。做到响应迅速,处理及时。对无法自行处理的情况,及时通知相应岗位作业人员到现场处理,并在"综控室工作日志"内登记。

（12）掌握设备运行状态,发现问题或故障及时报告、报修,确保旅客服务系统运行正常,并在"综控室工作日志"内登记。

（13）对接收的晚点信息和文电命令要做好记录。做到记录准确、字迹清晰。

（14）做好作业区内卫生保洁工作,保持作业区内环境卫生达标。

（15）落实本岗位作业安全风险点和控制措施。

4.交班作业

（1）旅客服务系统设备设施状态良好,台账、资料、备品齐全并在固定位置摆放,环境卫生达标。

（2）列车运行情况及未完成事项要交接清楚。

（3）参加班后小结会,汇报当班工作情况。

三、旅客服务系统故障应急处理

1.铁路局集团公司集成管理平台发生故障的应急处理

（1）当集成管理平台发生故障无法对车站旅客服务系统进行操作和控制时,集成管理平台会向集控调度员、车站综控操作人员发出报警提示,集控调度员和相关车站,将车站综控(应急)操作台切换至站控模式或应急模式,并通知技术维护人员进行抢修。

（2）集控车站在接到铁路局集团公司集成管理平台的故障通知后,立即指定专人负责对本站应急操作台的操作,完成对车站旅客服务系统各功能模块的控制。

（3）当接到集控调度员启动站控模式的命令时,应急操作人员按照各铁路局集团公司《旅客服务系统集成管理平台办理接发列车作业标准》中集控转站控要求办理。

（4）启动车站应急模式后,旅客服务系统即将中心信息接口定向到车站应急操作台,车站的应急操作台自动接收调度信息共享平台、客票系统等相关信息数据,并负责对车站动态导向、广播、查询和自动检票设备的控制。

（5）当铁路局集团公司集成管理平台恢复正常后,由集控调度员将车站应急操作台恢复至正常管理模式,旅客服务系统自动将中心信息接口重新定向为铁路局集团公司集成管理平台,恢复铁路局集团公司集成管理平台对车站旅客服务系统的操作。完成铁路局集团公司集成管理平台正常操作控制后,集控调度员通知车站恢复集控模式。

2.旅客服务系统网络通信故障时的应急处理

(1)当铁路局集团公司集成管理平台与车站综控(应急)操作台发生网络通信故障,造成铁路局集团公司与车站间网络通信无法联系时,集成管理平台会向集控调度员、车站综控员发出报警提示,集控调度员和相关车站及时启动应急模式,并通知技术维护人员进行抢修。

(2)集控车站接到铁路局集团公司集成管理平台有关网络故障的通知后,立即指定专人启动应急模式,并负责对车站旅客服务系统各功能模块的操作和控制。

(3)当车站不能自动接收列车调度阶段计划及到发股道、时间信息时,启动应急模式,立即指定专人负责对本站应急操作台的操作,在"综控室工作日志"或"应急操作台工作日志"内登记,并在行车室与车站值班员签认,车站值班员应根据列车运行调整计划在列车到达前20min将列车到发股道、时间信息通知车站综控(应急)操作台操作人员,遇有列车运行调度计划调整和列车晚点,应一并通知。

(4)车站综控(应急)操作台操作人员应采用人工维护的方式,做好列车开行信息、列车实时运行信息等外部信息的维护,确保车站旅客服务系统各功能模块正常运行。

(5)如遇列车晚点、检票口调整等需对检票计划进行修改时,由车站综控(应急)操作台操作人员登录铁路局集团公司中心的自动检票系统,对自动检票计划进行相关修改、调整。

(6)当铁路局集团公司集成管理平台与车站综控(应急)操作台间网络通信恢复正常后,集控调度员将车站应急操作台恢复至正常模式,恢复集控调度台(简称集控台)对车站旅客服务系统各功能模块的操作和控制,并通知相关车站。车站综控(应急)操作台操作人员及时在"综控室工作日志"或"应急操作台工作日志"内销记,并在行车室与车站值班员签认。

3.客票系统网络通信故障和检票闸机故障时的应急处理

(1)当车站工作人员发现客票系统网络通信故障或自动检票系统通信故障时,应立即向客运部客票管理所、信息技术所和铁路局集团公司集控调度台报告,并指定专人通过车站自动检票系统的应急操作平台,进入车站应急检票系统,将自动检票闸机切换到应急模式,采取人工方式对检票计划进行修改维护。

(2)当铁路局集团公司集控调度员接到车站有关客票系统网络通信故障后,通知车站转为应急模式,车站综控(应急)操作台操作人员要根据列车实际运行信息,做好对车站自动检票计划执行情况的监控,确保旅客检票秩序正常。

(3)当客票系统网络通信恢复正常后,车站工作人员应及时向铁路局集团公司集控调度员报告,由集控调度员登录中心检票系统,将车站自动检票系统切换至正常模式,并将集成管理平台中的车站自动检票闸机状态切换到正常模式。

4.广播系统故障时的应急处理

(1)当广播系统故障时,集控台应立即通知值班主任,集控调度员通知故障车站综控室切换到应急广播,由综控(应急)操作台操作人员手动选择广播区域,按照广播内容进行人工广播,做到不缺项、不遗漏、不错播。

(2)如果应急广播无法启动,综控(应急)操作台操作人员立即通知值班站长、客运值班员,分以下两个区域加强组织:

①候车大厅。通知值班站长(主任),组织人员准备好手提喇叭、小区广播和车次引导牌,在进站大厅、检票口进行宣传,将旅客引导至相应的检票口。综控(应急)操作台操作人员要与值班站长(主任)随时联系,将列车闭塞信息、列车开检和停检信息及时通知检票员,由检票员利用手提喇叭、小区广播对旅客进行宣传引导,防止旅客误乘、漏乘。

②站台及出站通道、出站厅。通知各站台值班员,准备好车次引导牌和手提喇叭,安排人员在进站通道楼梯处、站台地道口、出站地道口和出站大厅进行宣传,引导旅客有序上下车、有序进出站,严禁旅客在站内滞留。

(3)故障排除后,综控(应急)操作台操作人员应及时报告值班站长(值班主任),由值班站长(值班主任)确认各处所广播是否完全恢复,综控(应急)操作台操作人员在得到值班站长(值班主任)确认故障排除的报告后,上报铁路局集团公司集控调度台。

5.发生检票闸机故障时的应急处理

(1)检票员如果发现闸机故障,不能自动检票,要及时打开人工口进行检票作业,不能影响旅客检票进站,并通知综控室,综控(应急)操作台操作人员及时通知设备厂家进行维修。

(2)闸机钥匙必须放在检票员手里,保证发生闸机故障、卡票等问题时检票员能够及时处理。

6.车站旅客服务系统发生设备故障报警时的应急处理

当旅客服务系统发生设备故障时,集成管理平台设备监控系统会向综控(应急)操作台操作人员发出设备故障警示信息,综控(应急)操作台操作人员应及时联系设备维修人员进行抢修。

(1)当车站发现日常广播未执行或执行不完整时,应立即通知集控调度台或通过车站综控(应急)操作台对广播内容进行重新执行处理,确保车站现场广播运行正常。

(2)当车站发现导向屏显示不正确时,应及时通知集控调度台或通过车站综控(应急)操作台进行处理,确保车站导向屏显示正常。

7.列车大面积晚点时的应急处理

(1)当发生列车大面积晚点时,集控调度员应立即报告值班主任,值班主任根据具体情况决定是否转站控模式,并向铁路局集团公司集控管理部门主任(副主任)报告。

(2)集控调度员按照值班主任指示,及时通知相关车站站长转为站控模式操作。

(3)当车站启动站控模式时,应急操作人员应立即通知行车室车站值班员。行车室车站值班员应将列车调度员下达的列车运行计划及时向应急操作台下达,并做到双方复述确认。

(4)应急操作人员根据接到的阶段计划对集成管理平台列车到发信息、接车股道进行调整,确保车站旅客服务系统各功能模块正常运行。

(5)因列车大面积晚点,车站转站控模式操作,广播设手动执行,应急操作人员对广播计划执行情况进行监控,发现广播未执行或执行失败的立即手动执行。当上下行两趟列车交会,广播作业执行时间相同时,按优先级执行,应急操作人员要监控广播计划的执行情况,发现未执行的广播及时手动执行。当列车晚点 15min 以上时，播放晚点致歉广播，做到通告及时、播放正确。

（6）当因特殊情况需临时变更股道时（以收到行车调度命令或行车值班员电话通知为准），应急操作人员要先通知候车区（室）检票员和站台客运调度员，做好变更后的旅客乘降组织工作。

（7）启动站控模式后，集控调度员要对车站现场作业组织情况进行监控，发现问题及时通知车站。

（8）列车运行秩序恢复正常后，集控调度员应及时通知车站恢复集控模式，恢复铁路局集团公司集控台对车站旅客服务系统各功能模块的操作和控制。

8. 遇冰雪天气的应急处理

（1）铁路局集团公司集控管理部门接到铁路局集团公司冰雪预警命令后，由集控调度台值班主任或集控调度员及时通知客运部领导。

（2）集控调度员负责停运、增开列车客运计划的删除、添加和生成工作。

（3）遇列车大面积晚点，列车调度员无法掌握列车运行时刻、不能下达阶段计划时，值班主任应及时通知各集控台转为站控模式。

（4）集控调度员对站控模式下的车站作业进行监督，发现调整信息不准及广播不及时立即通知车站，确保导向、广播信息发布准确。

（5）铁路局集团公司集控管理部门主任、值班主任要掌握重点车站的作业及现场指挥情况。

9. 临时增开列车和列车临时停运的处理

（1）集控台值班主任接到列车调度员列车临时停运的调度命令后，及时传达相关集控台，并监督做好调度计划、客运计划的修改。

（2）集控调度员及时对当日调度计划、客运计划中增开和停运信息进行修改，同时通知管辖车站做好增开和停运列车的后续组织工作。

10. 遇动车组故障需启动热备车体车站换乘时的处理

（1）集控台值班主任接到列车调度员通知××次列车××站×道准备换热备车的调度命令后，立即布置集控调度员。

（2）集控调度员按照调度命令要求，认真核对计划，确认股道，并通知相关车站做好更换热备车的客运组织工作，加强现场监控，保证列车按照调度命令要求开车。

11. 铁路局集团公司集控管理部门信息机房和集控调度台突发停电时的应急处理

（1）当铁路局集团公司集控管理部门信息机房和集控调度台突发停电时，UPS 电源会持续供电 30min 左右。集控调度员要及时向铁路局集团公司集控管理部门主任报告。

（2）铁路局集团公司集控管理部门信息机房停电后 30min 内未恢复供电时，集控调度员通知车站启动应急管理模式，并通知相关单位及时维修。

（3）当铁路局集团公司集控调度台停电后 30min 内未恢复供电时，集控调度员通知车站集控模式车站转为站控模式，并通知相关单位及时维修。

（4）恢复供电后，集控调度员通知车站切换至正常管理模式或恢复集控模式。

四、旅客服务系统的应用和维护

旅客服务系统实行统一的设备技术标准、配置规范和软件版本。旅客服务系统的集成软件由国铁集团统一组织开发和更新,任何单位和个人不得擅自更换和修改。在旅客服务系统开发、升级或改造完成验收时,开发商应提供工程设计文件和操作说明书等资料,并提供必要的培训及售后服务,当使用单位需对系统运行环境进行较大改变时,包括更换关键设备、通信网络改造以及应用软件管理等,按以下程序办理:

(1)使用单位与信息技术处协商后,向所属铁路局集团公司管辖客运部提出书面申请,申请内容包括系统具体变更项目、时间、地点、方案、步骤、参与单位及负责人。

(2)客运部会同信息技术处对方案进行审定,由客运部向国铁集团提出书面申请。

(3)经国铁集团批复后,客运部以文电形式下发变更安排,并会同信息技术处负责组织实施。

(4)当需对旅客服务系统进行停机整修时,维修单位要征求车站意见,确定停机时间后,制订实施方案,在明确替代措施基础上,经客运部和信息技术处备案后方可组织实施。

(5)对影响旅客服务系统稳定运行的调试、测试等工作,应在空闲时段进行。其他单位(部门)因检修设备需中断机房电源或通道时,必须向车站提报详细方案,征得同意后方可实施。

(6)使用单位应明确相关系统操作、设备管理人员的岗位职责,确定相应的管理和使用权限,制定日常工作制度、标准及管理维护制度,建立系统设备管理台账,并严格落实。车站负责集成管理平台用户的增加、删除、修改及权限的设置。人员调整时,应立即变更用户名、权限、口令等相关事项。

五、安全管理

(1)车站应加强计算机病毒防范工作,主动配合信息技术分所对计算机系统及软件进行升级、查杀病毒等工作,并做好相关记录。

(2)车站应确保旅客服务系统封闭运行,相关的计算机设备严禁与互联网等外部网络进行物理连接,不得与其他无关系统共用硬件或者网络设备;U盘、移动硬盘等脱机方式进行信息交换的存储介质只能在本单位系统内部使用,不得外借、存储私人资料或带离单位使用;进入旅客服务系统前,必须查杀病毒。

(3)综控室要按规定配备足够的灭火器材,室内不得存放任何强磁性物品和易燃、易爆、强腐蚀性等危险品,并实行24h值班制度(指定车站除外),值班人员应有高度责任感和良好的业务素质,并明确值班电话,确保信息畅通。

(4)综控室严禁无关人员进入,对因工作需要进入综合控制室的其他人员应做好出入登记。

(5)集成管理平台用户首次登录后必须修改密码,密码长度不能低于6位,须由英文字母和数字混合而成。密码至少每3个月更换一次。各操作人员应使用本人的工号和密码,严禁工号共享。

(6) 车站要制订切实可行的应急预案，定期组织演练，并建立设备故障分析、处理制度和详细的故障处理档案。

(7) 当旅客服务系统发生故障时，相关操作人员、系统管理人员、设备维护人员应迅速处理。不能及时恢复的，必须立即启动应急预案。

六、设备维修保养

各铁路局集团公司客运部是旅客服务系统的归口管理部门，负责组织和监督检查设备维修保养工作；信息技术处是旅客服务系统的技术支持、保障和实施部门，负责旅客服务系统集成平台、网络和软件的日常管理、维护和升级；车站负责旅客服务系统的日常使用、管理和报修。客运部委托具有资质的专业维修单位对旅客服务系统设备进行维修保养，委托车站按照有关规定与维修单位签订设备维修合同。旅客服务系统设备在保修期内，由保修单位负责设备定期巡检、技术支持和应急响应，并负责设备故障的及时修复。

(1) 春运、暑运、黄金周等旅客运输高峰期前，信息技术分所和维修单位应配合车站对旅客服务系统及相关环境设施进行全面检修，及时排除故障隐患。车站工作人员应加强服务区域的巡视检查，实时监控设备运行状态。

(2) 车站要建立日常报修制度，配备专(兼)职设备管理人员，与专业维修单位建立日常联络机制，确保设备发生故障时得到及时维修。

车站应设立设备故障及处理登记台账，按要求在"设备设施报修登记簿"详细记录报修时间、故障情况、处理结果等内容。对无法及时修复的设备故障，车站应指派专人跟进处理，直至修复。

(3) 车站要建立设备维修质量评价考核制度，加强对维修单位维修服务质量的有效监管。维修人员每次进行设备维修作业后，如实填写"设备维修质量考核表"，由车站提出意见并签字确认，车站每月5日前将上月度的"设备维修质量考核表"汇总，提报客运部对维修单位进行考评。

维修单位要加强旅客服务系统的日常维护和检修，保证使用质量。在接到车站报修通知后，维修人员必须在规定时间内赶赴现场，迅速排除故障，恢复设备正常。

(4) 人员培训。旅客服务系统的管理使用和维护人员要经过严格的培训、考试，相关培训内容建立培训考试档案，旅客服务系统管理使用和维护人员应完成以下培训内容：

①旅客服务系统应用软件使用。
②旅客服务系统管理办法及作业流程。
③旅客服务系统的使用操作及日常维护。
④常见故障分析和应急处理。

模块小结

能够快速、准确地发售车票是保障高铁客运站高效率快速作业的先决条件，旅客服务系统的正确运用及非正常情况的处理是高质量服务旅客的重要体现。这就要求客运工作人员能够掌握高铁车站的主要设备的功能和使用方法，能够熟练地操作各种设备完成各种客运组织工作。

在本模块的实施过程中,学生不但要具有一定理论知识,而且要具有较强的实际操作能力。通过对本模块的学习,学生能够完成高铁客运站旅客组织工作;能够熟练操作窗口售票软件办理售票、改签、退票作业;能够办理旅服系统的日常基本操作及后台管理操作,对旅客服务系统发生的非正常情况具备一定的处置能力。

思考与练习

一、填空题

1.高铁客运站信息服务设备主要指车站为向旅客提供信息服务而配备的设备。它主要包括导向揭示系统、_____和_____监控系统设备等。

2.高速铁路客运站的作业包括_____、_____、_____、_____等。

3.客运站技术作业主要包括_____、_____、_____、_____等。

4.进入站台的作业车辆及移动小机具、小推车不影响旅客乘降,不堵塞通道,不侵入安全线;停放时在指定位置,与列车平行,有制动措施;行驶或移动时,不与本站台的列车同时移动,不侵入安全线,速度不超过_____。无非作业车辆_____。

5.持有效上岗证,经过岗前安全、技术业务培训合格。客运值班员、售票值班员、客运计划员、综控员从事客运服务工作满_____年。综控员具备_____资质。

6.站房通风良好,空气质量符合国家规定。空调温度调节适宜,体感舒适,原则上保持冬季_____,夏季_____。高寒地区站房进出口处有门斗和风幕(防寒挡风门帘)。

二、判断题

1.客运组织业务模板界面提供了对列车时刻表中本站运营列车进行客运组织的相关配置,配置内容包括[股道、站台、候车区(室)、检票口、闸机、编组、开停检时间基准、开停检相对时间、广播业务、导向模式],位于到发管理模块中。　　　　　　　　　　　(　　)

2.高铁客运站售票窗口原则上开窗时间不晚于本站首趟列车开车前20min,关窗时间不早于本站最后一趟列车办理客运业务后30min。　　　　　　　　　　　(　　)

3.票额智能预分顺序是按照乘车站站序由小至大、下车站站序由大至小的顺序进行预分。
　　　　　　　　　　　　　　　　　　　　　　　　　　　　　　　　　(　　)

4.动车组列车票额共用规则:每个局最后一个站开车前45min,其他局可以共用;每个局第一个站开车前45min,本局可以共用。　　　　　　　　　　　　　　　(　　)

5.学生、儿童、残疾军人等减价优惠车票,在通过闸机进站时,闸机警示灯显示红色,蜂鸣器提示报警(短促单音),检票机闸门默认打开允许通过,车站工作人员需对特殊票种进行人工查验。　　　　　　　　　　　　　　　　　　　　　　　　　　(　　)

6.站台组织时,列车停靠时,单门车厢实行先下后上、双门车厢实行前上后下。(　　)

7.开车时间前30s打响开车铃,铃声时长10s,铃响时巡视站台,无漏乘。　　(　　)

8.列车晚点30min以上时,根据调度通报,公告列车晚点信息,说明晚点原因、预计晚点时间,广播每次间隔不超过30min。　　　　　　　　　　　　　　　(　　)

三、选择题

1. 列车发点时间调整业务主要针对的是( )。

　A. 始发车　　　　　　　　　　B. 途经车

　C. 终到车和途经车　　　　　　D. 始发车和途经车

2.【售普通票】操作快捷键为( )。

　A.【Alt + S】　　　B.【Alt + D】　　　C.【Alt + F】　　　D.【Alt + P】

3. 始发改签快捷键为( )。

　A.【Alt + K】　　　B.【Alt + F】　　　C.【Alt + C】　　　D.【Alt + Z】

4. 高速铁路旅客服务系统按照各铁路局集团公司不同的管理模式,结合实际运行情况可采用的管理模式包括铁路局集团公司集中管控模式、中心站代管小站以及( )。

　A. 合作运行模式　B. 车站独立运行　C. 小站管理大站　D. 不使用旅服系统模式

四、简答题

1. 高速铁路客运站作业有什么特点?

2. 高速铁路客运站对站区是如何管理的?

3. 售票时,拼音码规则是如何规定的?

4. 什么是旅客服务系统?

5. 旅客服务系统有哪些功能模块?

6. 列车开行规律有哪些?

7. 在调整列车客运计划时,可以调整哪些信息?

动车组设备设施

◎ 学习目标

知识目标

1. 掌握 CRH5A 型动车组列车集控开关塞拉门方法及手动塞拉门开关门方法；
2. 掌握 CRH5A 型动车组列车的安全设备的使用方法；
3. 掌握 CRH380B 型动车组列车正常开门程序；
4. 掌握 CRH380B 型动车组列车备品的定置摆放；
5. 掌握 CR400BF 型动车组列车塞拉门的结构组成；
6. 掌握 CR400BF 型动车组列车塞拉门的系统功能。

技能目标

1. 能够对 CRH5A 型动车组列车集控开关塞拉门及手动塞拉门开关门熟练操作；
2. 能够对 CRH5A 型动车组列车的安全设备熟练操作；
3. 能够对 CRH380B 型动车组列车正常开门熟练操作；
4. 能够对 CRH380B 型动车组列车备品正确定置摆放；
5. 能够对 CR400BF 型动车组列车正常开启塞拉门熟练操作。

素质目标

1. 培养按章生产的责任意识；
2. 培养安全风险意识，提高安全作业的能力。

⊛ 模块描述

本模块主要介绍了动车组列车的主要构成，CRH5A 型动车组、CRH380B 型动车组的车内设备设施，CRH380B 型动车组的定置摆放，CR400BF 型动车组主要设备设施。通过对本模块的学习，学生应能够掌握 CRH5A 型动车组、CRH380B 型动车组、CR400BF 型动车组的主要设备设施的功能，能够按照标准完成 CRH380B 型动车组的定置摆放。

单元一　动车组列车简介

❀ 单元导入

1. 什么是动车组?

2. 动车组列车如何分类? 其命名规则是什么?

所谓动车组,就是由若干动力车和拖车或全部由动力车长期固定连挂在一起组成的车组。动车组编组中的车辆全部为动力车或大部分为动力车,即牵引力分散配置。动车组车体通常采用铝合金和不锈钢材料制造,具有安全、高速、高效、便捷、环保等显著特点。CRH是对中国高速铁路(China Railway Highspeed)的简称。

一、动车组的分类

(1)按动车组动力轮对的分布和驱动设备的设置,动车组可以分为动力分散型和动力集中型。

(2)按动车组车辆转向架布置和车辆之间的连接方式,动车组可以分为独立(转向架)式和铰接(转向架)式。

世界高速动车组向动力分散方式发展。

二、动车组编号规则

(1)动车组编组中的车种代码是汉语拼音缩写,见表3-1。

动车组编组车种代码　　　　　　　　　　　　　表3-1

车种	一等座车	二等座车	软卧车	硬卧车	餐车 (含餐吧车)	二等座车/餐车	餐车卧车 合造车
代码	ZY	ZE	RW	YW	CA	ZEC	CW

(2)各型动车组的技术序列代码分配如下:

①青岛四方庞巴迪铁路运输设备有限公司(简称BSP)动车组定为"1"。

②中车青岛四方机车车辆股份有限公司(简称四方股份)动车组定为"2"。

③中车唐山机车车辆有限公司动车组定为"3"。

④中国北车集团长春轨道客车股份有限公司(简称长客股份)动车组定为"5"。

(3)各型动车组的制造序列代码按不同的技术序列单独编排,顺序由001~999依次排列。

(4)各型动车组的型号系列代码按动车组的速度等级、车种确定。对已有的动车组规定如下:

A——运行速度200km/h、8辆编组、座车。

B——运行速度 275km/h、8 辆编组、座车。

C——运行速度 350km/h、8 辆编组、座车。

（5）动车组编组顺位代码用两位阿拉伯数字表示，位置排列编号自首车起从"01"开始顺序排列，尾车的排列编号为"00"。

（6）动车组编号示例。

①动车组的型号和列车编号构成：

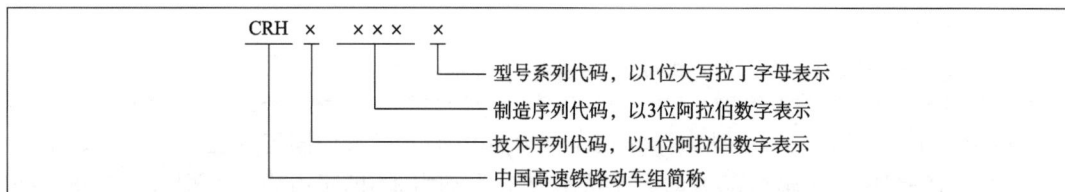

CRH ×　×　×× ×

- 型号系列代码，以1位大写拉丁字母表示
- 制造序列代码，以3位阿拉伯数字表示
- 技术序列代码，以1位阿拉伯数字表示
- 中国高速铁路动车组简称

②动车组中车辆的车种和编号构成：

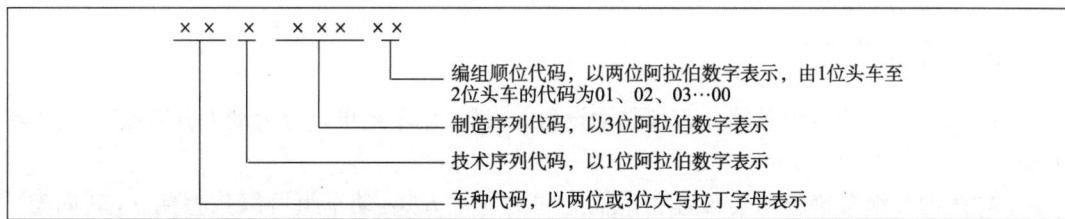

×× × ××× ××

- 编组顺位代码，以两位阿拉伯数字表示，由1位头车至2位头车的代码为01、02、03…00
- 制造序列代码，以3位阿拉伯数字表示
- 技术序列代码，以1位阿拉伯数字表示
- 车种代码，以两位或3位大写拉丁字母表示

【示例 3-1】动车组的型号和列车编号构成如图 3-1 所示。

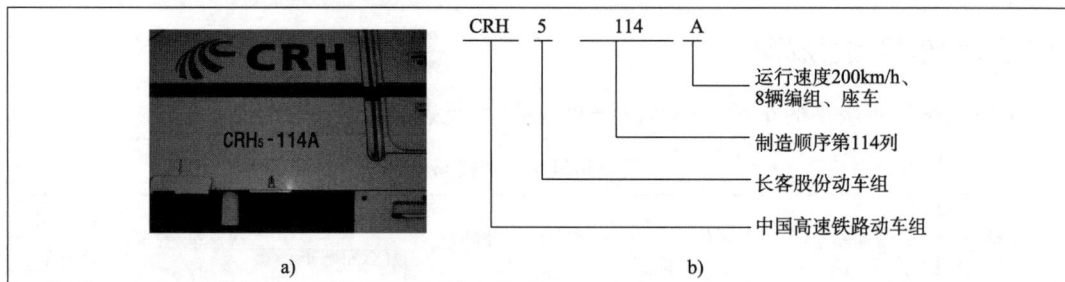

CRH 5 114 A

- 运行速度200km/h、8辆编组、座车
- 制造顺序第114列
- 长客股份动车组
- 中国高速铁路动车组

a)　　　b)

图 3-1　动车组的型号和列车编号构成

【示例 3-2】动车组中车辆的车种和编号构成如图 3-2 所示。

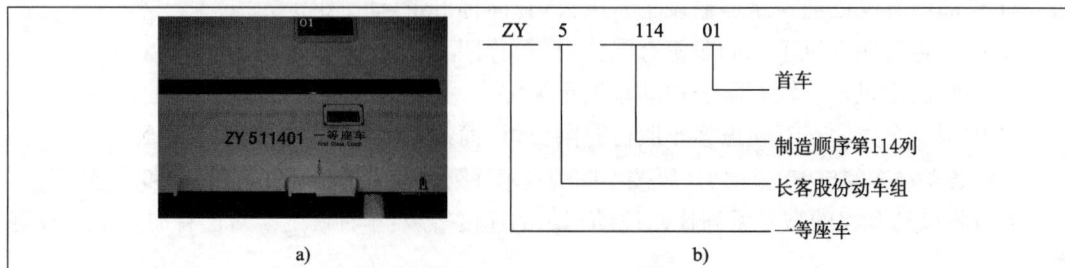

ZY 5 114 01

- 首车
- 制造顺序第114列
- 长客股份动车组
- 一等座车

a)　　　b)

图 3-2　动车组中车辆的车种和编号

三、动车组的构成

国内动车组的构成如图 3-3 所示。

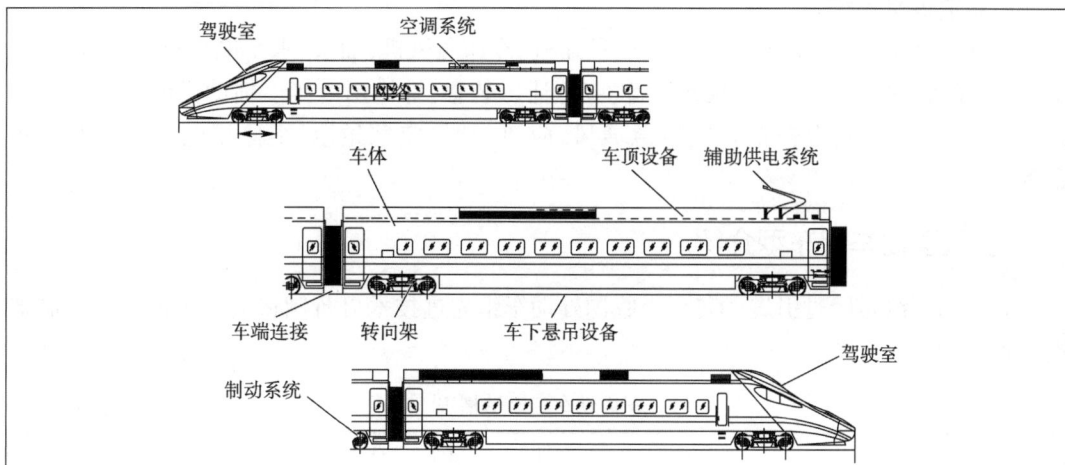

图 3-3 国内动车组的构成

1. 车体

动车组车体可分为带驾驶室车体和不带驾驶室车体两种。它既是容纳旅客和司机驾驶的地方,又是安装与连接其他设备和部件的基础。为使车体轻量化,高速铁路动车组车体通常采用铝合金和不锈钢材料制造,铝合金材料将是今后动车组车体的主要材料。

2. 转向架

动车组转向架置于车体和轨道之间,用来牵引和引导车辆沿轨道行驶,承受和传递来自车体及线路的各种荷载,并缓和其动作用力。转向架是保证列车运行品质和安全的关键部件。转向架一般由轮对轴箱装置、构架、弹性悬挂装置、车体支承装置和制动装置组成。动车组转向架可分为动力转向架和非动力转向架。动力转向架的车轴可以是全动轴,也可以是部分动轴。动力转向架还包括牵引电动机及传动装置。

3. 车辆连接装置

车辆编组成列车运行必须借助于连接装置、连接车钩缓冲装置和风挡等,这种连接又称为机械连接。此外,还有车辆之间的电气和空气管路的连接、高压电器连接、辅助系统和列车供电连接以及控制系统连接等。

4. 制动装置

制动装置是保证列车安全运行所必需的装置。动车组常采用动力制动与摩擦制动的复合制动模式。制动控制系统包括动力制动控制系统(再生制动)、空气制动控制系统、电子防滑器及基础制动装置等。

5. 车辆内部设备

车辆内部设备是指服务于旅客的车内固定附属装置,如车内电气、供水、通风、取暖、空调设备及座椅、车窗、车门、行李架、旅客服务系统等。

6.牵引传动系统

牵引传动系统包括主电路、高压设备、受电弓、主断路器、其他高压设备、主变压器、牵引变流器、牵引电动机、电传动系统的保护等。

7.辅助供电系统

辅助供电系统供电的设备包括空气压缩机、冷却通风机、油泵/水泵电动机、空气调节系统、采暖设备、照明设备、旅客服务设备、应急通风装置、维修用电等。辅助供电系统具备应急供电功能,应急用电包括客室应急通风、应急照明、应急显示、维修用电和通信及其控制等。

四、我国动车组车型介绍

我国动车组是经过引进、消化、吸收国外动车组先进技术自行制造的。国内动车组制造情况见表3-2。

国内动车组制造情况　　　　　　　　　　　　　　　　表3-2

动车组型号	制造商	国外合作伙伴	原型车
CRH1	BSP(四方股份)	庞巴迪	Regina
CRH2	四方股份	川崎重工	E2-1000
CRH3	唐山厂	西门子	Velaro

1.CRH1型动车组

CRH1型动车组由8辆车(5辆动车,3辆拖车)组成,首尾车辆设有驾驶室,可双向驾驶,其编组结构如图3-4所示。

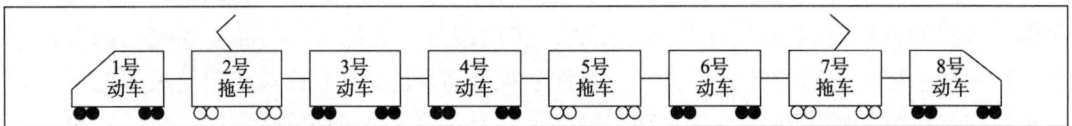

图3-4　CRH1型动车组编组结构

两列动车组可连挂运行。

CRH1型动车组头车长26.95m,中间车长26.6m,总长213.5m,车体宽3.328m,车体高4.04m,编组总重420.4t。

CRH1型动车组全列车在舒适度方面有两个等级(一等和二等),列车两端端车为一等车,其余6辆为二等车。

一等车座椅为2+2布置,二等车座椅为2+3布置。

一等车座椅宽500mm,座间距1000mm,过道宽600mm;二等车座椅宽458mm,座间距900mm,过道宽604mm。

一等车座椅为靠背可调式座椅,二等车座椅为固定式座椅。

全列车定员668人,一等车定员144人,二等车定员524人。CRH1型动车组代码定员表见表3-3。

CRH1 型动车组代码定员表　　　　　　　　表 3-3

车号	1	2	3	4	5	6	7	8
车厢种别	驾驶动车	带弓拖车	中间动车	中间动车	酒吧拖车	中间动车	带弓拖车	驾驶动车
车种代码	ZY	ZE	ZE	ZE	ZEC	ZE	ZE	ZY
定员 (668人)	72	101	101	101	19	101	101	72

注:ZY—一等座车;ZE-二等座车;ZEC-二等座车与餐车合造车。

2. CRH2 型动车组

CRH2 型动车组由 8 辆车(4 辆动车,4 辆拖车)组成,首尾车辆设有驾驶室,可双向驾驶,其编组结构如图 3-5 所示。

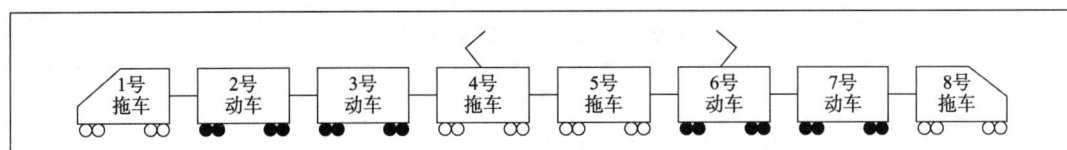

图 3-5　CRH2 型动车组编组结构

两列动车组可连挂运行。

CRH2 型动车组头车长 25.7m,中间车长 25m,总长 201.4m;车体宽 3.38m,车体高 3.7m,编组总重 345t。

CRH2 型动车组全列车有 1 辆一等车和 7 辆二等车。

一等车内座椅为 2 +2 布置,二等车座椅为 2 +3 布置。

一等车座椅宽 475mm,座间距 1160mm,过道宽 600mm;二等车座椅宽 440mm,座间距 980mm,过道宽 600mm。

座椅全部为旋转式可调靠背式;全列车定员 610 人,一等车定员 51 人,二等车定员 559 人 CRH2 型动车组代码定员表见表 3-4。

CRH2 型动车组代码定员表　　　　　　　　表 3-4

车号	1	2	3	4	5	6	7	8
车厢种别	驾驶拖车	中间动车	中间动车	带弓拖车	酒吧拖车	带弓动车	中间动车	驾驶拖车
车种代码	ZE	ZE	ZE	ZE	ZEC	ZE	ZY	ZE
定员 (610人)	55	100	85	100	54	100	51	65

3. CRH3 型动车组

CRH3 型动车组由 8 辆车(4 辆动车,4 辆拖车)组成;动车组的两端端车(又称为控制车)上设驾驶室,列车正常运行时由前端驾驶室操纵(只需一人操作),两列动车组可以连挂在一起运行(只需一人操作),其编组结构如图 3-6 所示。

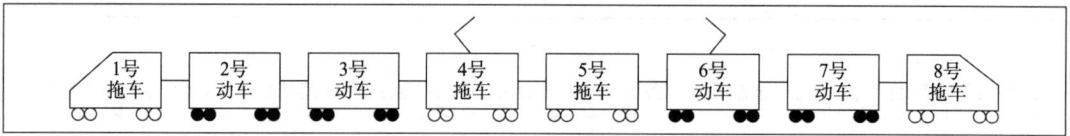

图 3-6　CRH3 型动车组编组结构

CRH3 型动车组车体宽 3.265m；中间车辆车体长 25m；车辆高（车顶距轨面高度，新轮，不含受电弓）3.89m，受电弓落弓时高度为 4.50m。

CRH3 型动车组中设一等座车 1 辆（第 5 辆），二等座车 6 辆，一辆座车与餐车的合造车 1 辆（第 4 辆），总定员 600 人（表 3-5）。一等车座椅为 2+2 布置，较高舒适性的宽体座椅采用丝绒座椅面料，设有脚蹬和可调节座椅靠背，部分一等车厢设高级座椅或包房；二等车座椅采用丝座椅面料，座椅后背可调。

CRH3 型动车组代码定员表　　　　　　　　　　　　　　表 3-5

车号	1	2	3	4	5	6	7	8
车厢种别	驾驶拖车	中间动车	中间动车	酒吧拖车	中间拖车	中间动车	中间动车	驾驶拖车
车种代码	ZE	ZE	ZE	ZEC	ZY	ZE	ZE	ZE
定员（600 人）	73	87	87	50	56	87	87	73

4. CRH5 型动车组

CRH5 型动车组由 8 辆车（5 辆动车，3 辆拖车）组成，首尾车辆设有驾驶室，可双向驾驶，其编组结构如图 3-7 所示。

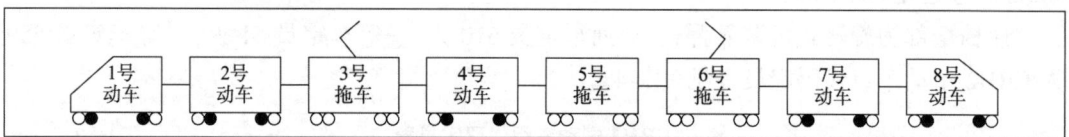

图 3-7　CRH3 型动车组编组结构

CRH5 型动车组头车长 27.6m，中间车长 25m，总长 211.5m；车体宽 3.2m，车体高 4.27m，编组总重 451t。

CRH5 型动车组全列车有 1 辆一等车和 7 辆二等车。

一等车座椅为 2+2 布置，二等车为 2+3 布置。

一等车座椅宽 480mm，座间距 960mm，过道宽 600mm；二等车座椅宽 430mm，座间距 960mm，过道宽 570mm。

座椅全部为旋转式可调靠背式。

CRH5 型动车组全列车定员有 621 人和 586 人两种情况。CRH5 型动车组代码定员表见表 3-6。

CRH5 型动车组代码定员表　　　　　　　　表 3-6

车号	1	2	3	4	5	6	7	8
车种代码	ZE	ZE	ZE	ZE	ZE	ZEC	ZE	ZY
定员 (621 人)	74	93	93	93	93	42	73	60
车号	1	2	3	4	5	6	7	8
车种代码	ZY	ZE	ZE	ZE	ZE	ZEC	ZE	ZY
定员 (586 人)	56	90	90	90	90	40	74	56

5.中国标准动车组

中国标准动车组(简称标动)由 8 辆车(4 辆动车,4 辆拖车)组成,最高运营速度400km/h;有 CR400AF、CR400BF 等型号。

中国标准动车组,指中国标准体系占主导地位的动车组,在 254 项重要标准中,各种中国标准占84%,其功能标准和配套轨道的施工标准都高于欧洲标准和日本标准,具有鲜明而全面的中国特色;它也指在面对多样化 CRH 的环境里(四大引进类型和中国自主设计的 CRH6),对中国动车组实行标准化(统一化)设计以实现互联互通。

CR400AF智能动车组

以前的 CRH 是引进提高的产物,其标准体系以欧洲标准或日标标准为主,在中国国情和路情环境产生一些中国特征,而研制的新型动车组又增加了兼容性、不脱轨等特点,因而形成了鲜明而全面的中国特征,被冠名动车组中国标准(华标),代表目前世界动车组技术的先进标准体系。

"复兴号"中国标准动车组首次实现了动车组牵引、制动、网络控制系统的全面自主化,标志着我国已全面掌握高速铁路核心技术,高速动车组技术实现全面自主化。"复兴号"中国标准动车组不仅设有强大的安全监测系统,全车部署了 2500 余项监测点,能够对走行部状态、轴承温度、冷却系统温度、制动系统状态、客室环境进行全方位实时监测,还增设了碰撞吸能装置,以提高动车组的被动防护能力。

"复兴号"中国标准动车组在运行时采集各种车辆状态信息多达 1500 余项,能够全面地监测列车运行状况,实时感知列车状态,包括安全性能、环境信息(如温度)等,并记录各部件运用工况,为全方位、多维度的故障诊断和维修提供支持。当出现异常时,列车可自动报警或预警,并能根据安全策略自动采取限速或停车措施。

早期中国标准动车组的两个型号是红神龙 CR400AF 和金凤凰 CR400BF。红神龙 CR400AF 头部玻璃平、侧面有一条凸尖线,最前部尖出如"▶",如图 3-8 所示。金凤凰 CR400BF 头部玻璃凸、侧面比较平缓,最前部如"◣",如图 3-9 所示。

中国标准动车组由 8 辆车(4 辆动车,4 辆拖车)组成,首尾车辆设有驾驶室,可双向驾驶。头车 27.3m,中间车长 25m,总长约 210m;车体宽 3.36m,车体高 4.05m。

中国标准动车组定员为 576 人。中国标准动车组代码定员表见表 3-7。

图 3-8　红神龙 CR400AF 型中国标准动车组

图 3-9　金凤凰 CR400BF 型中国标准动车组

中国标准动车组代码定员表　　　　　　　　　　　表 3-7

车厢号	1	2	3	4	5	6	7	8
车厢种别	驾驶拖车	中间动车	中间拖车	中间动车	中间动车	中间拖车	中间动车	驾驶拖车
车种代码	ZYS	ZE	ZE	ZE	ZEC	ZE	ZE	ZES
定员 (576 人)	28 + 5	90	90	75	63	90	90	40 + 5

　　中国标准动车组采用 CR(中国铁路)代号,3 个级别为 CR400/CR300/CR200,数字表示最高速度,其持续运行速度分别为 350km/h、250km/h 和 160km/h,适用于高速铁路(高铁)、快速铁路(快铁)、城际铁路(城铁)。"复兴号"CR400 是上档速度 400km/h、标准速度 350km/h。其型号中的"400"为速度等级代码,代表该型动车组试验速度可达 400km/h 及以上,持续运行速度为 350km/h;"A"和"B"为企业标识代码,代表生产厂家;"F"为技术类型代码,代表动力分散电动车组。红色车头是中车青岛四方机车车辆股份有限公司的 AF,黄色车头是中车长春轨道客车股份有限公司的 BF。

　　2017 年 6 月 25 日中国标准动车组被正式命名为"复兴号",2017 年 7 月 26 日在京沪高速铁路正式双向首发。以 350km/h 的速度运行,北京到上海的时间约为 4.5h。2024 年,全球最快高铁列车 CR450 动车组样车发布。

单元二　CRH5A 型动车组列车主要设备设施

🍀 单元导入

　　1.CRH5A 型动车组列车的基础设备有哪些?

　　2.简述 CRH5A 型动车组列车集控开关塞拉门方法及手动塞拉门开关门方法。

　　3.简述 CRH5A 型动车组列车一等座椅、二等座椅调向方法。

　　4.CRH5A 型动车组列车的服务设备有哪些?

　　5.CRH5A 型动车组列车的安全设备有哪些?如何使用?

CRH5A 型动车组是由中车长春轨道客车股份有限公司与法国阿尔斯通(Alstom)公司合作生产的适合中国北方气候的 200km/h 高速动车组,其车体结构采用芬兰 SM3 列车结构,外形采用意大利 ETR600(Pendolino)流线型设计。CRH5A 型动车组由于生产批次不同,车内结构及设置不完全相同。

一、CRH5A 型动车组概况

1. CRH5A 型动车组编组

CRH5A 型动车组为 8 辆编组,采用车顶单元空调系统,适用环境温度为 ±40℃。采用 5 动 3 拖动力结构,1 号、2 号、4 号、7 号、8 号车为动车,3 号、5 号、6 号车为拖车,1 号、8 号车设有驾驶室,受电弓在 3 号、6 号车顶部,如图 3-10 所示。两列动车组可连挂运行,最高运行速度为 250km/h。

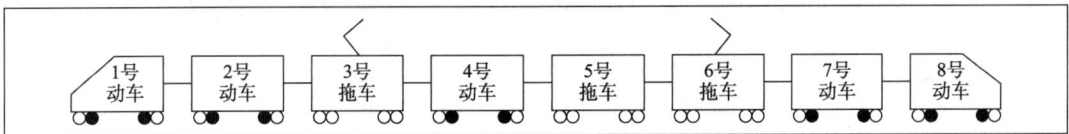

图 3-10　CRH5A 型动车组车体分布图

2. CRH5A 型动车组车体基本参数

CRH5A 型动车组头车长 27.6m,中间车长 25m,总长 211.5m;车体宽 3.2m,车体高 3.73m;适应站台高度 0.5~1.25m,编组总重 451t。

一等车座椅为 2+2 布置,二等车为 2+3 布置。

3. CRH5A 型动车组定员

CRH5A 型动车组定员为 621 人。该车型另一种定员 586 人,可两列重联运行,定员布置见表 3-8。

CRH5A 型动车组代码定员表　　　　　　　　　　　　　　　　　　表 3-8

车号	1	2	3	4	5	6	7	8
车厢代号	驾驶动车	中间动车	带弓拖车	中间动车	中间拖车	酒吧拖车	中间动车	驾驶动车
车种代码	ZE	ZE	ZE	ZE	ZE	ZEC	ZE	ZY
定员 (621 人)	74	93	93	93	93	42	73	60
车号	1	2	3	4	5	6	7	8
车厢代号	驾驶动车	中间动车	带弓拖车	中间动车	中间拖车	酒吧拖车	中间动车	驾驶动车
车种代码	ZY	ZE	ZE	ZE	ZE	ZEC	ZE	ZY
定员 (586 人)	56	90	90	90	90	40	74	56

二、车体外部结构

CRH5A 动车组是以座号区分车厢一位端和二位端,以 5 车为例,1A~1F 为一位连接处,15A~15F 为二位连接处,相对应的车门 1A 为 1 位车门,1F 对应 2 位车门,15A 对应 3 位车门,15F 对应 4 位车门,卫生间识别方法同上。CRH5A 型动车组车体外部结构如图 3-11 所示。

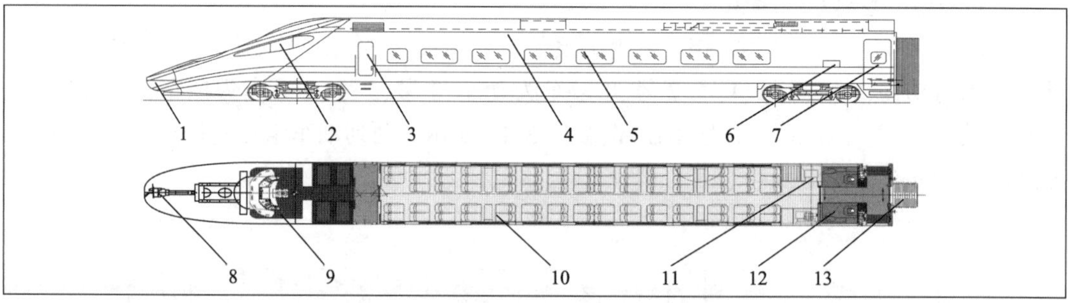

图 3-11 CRH5A 型动车组车体外部结构图

1-开闭头罩;2-驾驶室车窗;3-司机登乘门;4-导流罩;5-客室车窗;6-外部显示屏;7-旅客乘降门;8-车钩;9-驾驶室;10-客室座椅;11-电茶炉;12-卫生间;13-连接处

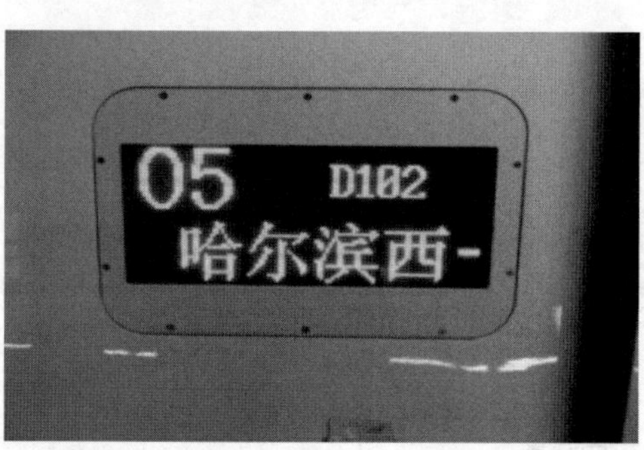

图 3-12 CRH5A 型动车组车体外部显示屏

动车组的车型和车体号涂打在动车组首、尾车驾驶室外两侧墙上。每节车厢外部设有显示屏,显示车厢号、车次、到发站名等。每节车厢设置 4 块显示屏,位于塞拉门旁边,1 号车、8 号车、6 号车只有 2 个塞拉门,仅设置 2 块外部显示屏。有 3 个单独的区域分别显示车厢顺号、运行车次和运行区间,运行区间为中、英文交替滚动显示。CRH5A 型动车组车体外部显示屏如图 3-12 所示。

三、基础设备

1. 塞拉门

CRH5A 型动车组共设置有 3 种外部门,分别是供旅客乘降的塞拉门、供司机乘降的登乘门和供餐售人员搬运货物的上货门,如图 3-13 所示。外部门系统与牵引传动系统具有联锁控制功能,当外部门未正常关闭或外部门安全环路出现故障时,司机无法正常施加牵引开车。

CRH5A 型动车组塞拉门为电控电动气动锁闭机械二级锁闭结构,当列车运行速度大于 5km/h 时,具备自动关门功能;当列车运行速度大于 15km/h 时自动锁闭,列车速度信号和门控器同时控制塞拉门的锁闭,以满足动车组高速运行的安全要求。

(1)塞拉门外部设施

塞拉门外部设施有高站台开门按钮、低站台开门按钮和带外盖的隔离锁外紧急解锁手柄和低站台滑动踏板等。CRH5A型动车组塞拉门外部设施实物图如图3-14所示。

①高站台开门按钮：高站台时，在车外打开车门。

②低站台开门按钮：低站台时，在车外打开车门。

③低站台滑动踏板：低站台模式下伸出，便于旅客在低站台乘降。

④带外盖的隔离锁：用于在车外对塞拉门进行隔离解锁操作。

⑤外紧急解锁手柄：非正常情况下，在车外解锁塞拉门。

（2）塞拉门内部设施

塞拉门内部设施有车门状态指示灯、红色紧急解锁手柄、蜂鸣器、旅客紧急解锁按钮、列车长集控开关、隔离锁、向下锁闭限位开关、翻板锁闭三角锁、自动踏板隔离锁、翻板、向上锁闭限位开关、关门按钮、开门按钮、防挤压胶条等。其中，防挤压胶条具有防挤压及障碍物检测功能，安装在门扇关门侧边框上，内外双层敏感胶条，在关门过程中遇有障碍物，敏感胶条轻微变形就会触发车门反向动作打开车门。若有旅客站在低站台踏板（黄踏板）上或有行李放在车门处，关门过程中门控器检测到关门阻力，车门反向动作打开车门，可以避免意外伤害旅客。在非常情况下，可通过紧急装置实现对塞拉门的解锁，为救援工作争取时间，减轻人员伤害。当塞拉门翻板锁逐个按规定位置锁闭后，司机可以进行高低站台集控转换。CRH5A型动车组塞拉门内侧实物图如图3-15所示。

a) 塞拉门

b) 登乘门

c) 上货门

图 3-13　CRH5A 型动车组的 3 种外部车门实物图

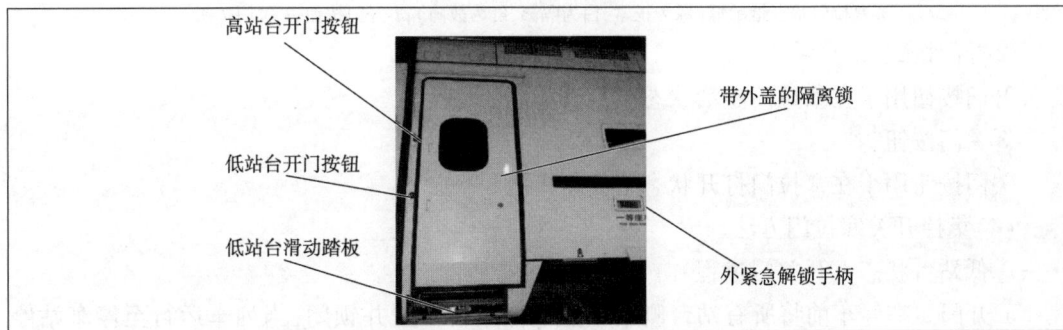

图 3-14　CRH5A 型动车组塞拉门外部设施实物图

（3）塞拉门指示灯

CRH5A型动车组塞拉门指示灯实物图如图3-16所示。

①塞拉门状态指示灯

塞拉门状态指示灯能够显示当前塞拉门的状态，如白灯表示车门处于隔离状态，绿灯表示车门正常关闭，红灯表示车门打开或关闭故障，红灯闪烁表示翻板未锁闭。

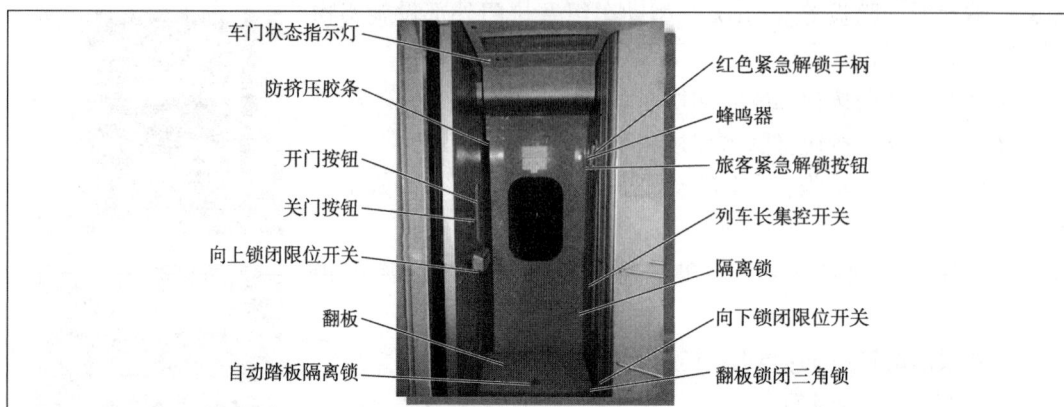

图 3-15　CRH5A 型动车组塞拉门内侧实物图

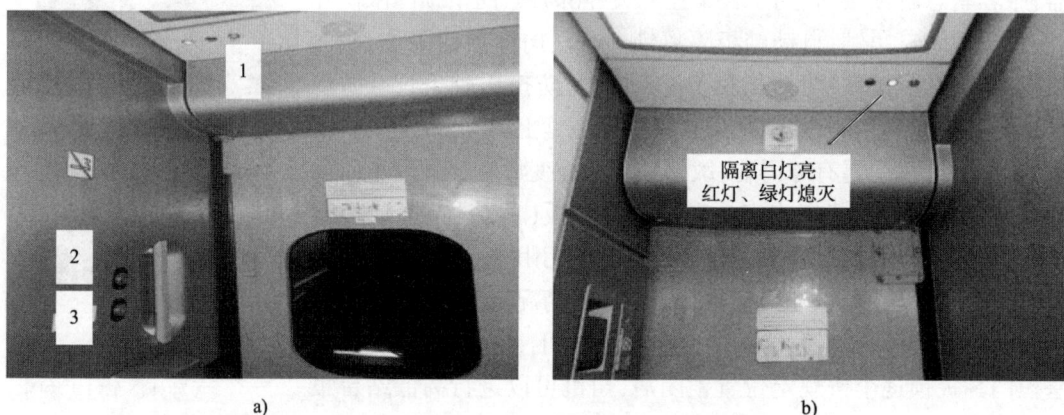

a)　　　　　　　　　　　　b)

图 3-16　CRH5A 型动车组塞拉门指示灯实物图

1-塞拉门状态指示灯(绿为正常,白为隔离,红为故障);2-开门按钮;3-关门按钮

②开门按钮

开门按钮用于在塞拉门激活状态下打开车门。

③关门按钮

关门按钮用于在塞拉门打开状态下关闭车门。

(4)集控开关塞拉门方法

①低站台状态下开关门过程

a. 开门。在停车前将所有站台侧踏板至于低站台位置并锁闭,当列车运行至停车站停车时,司机在主控端驾驶室按压低站台侧集控开门按钮,开门及激活按钮同时点亮,塞拉门绿色开门按钮点亮,低站台踏板自动伸出,塞拉门状态指示灯显示绿灯熄灭、红灯点亮。在低站台踏板完全伸出后,蜂鸣器间歇蜂鸣报警,塞拉门执行开门程序,在塞拉门完全打开后蜂鸣停止。

b. 关门。旅客乘降完毕,司机按压站台侧集控关门按钮,开门及激活按钮熄灭,塞拉门绿色开门按钮熄灭,同时蜂鸣器间歇蜂鸣报警,塞拉门执行关门程序。在塞拉门完全关闭并锁闭后蜂鸣停止,低站台踏板自动收回。在踏板完全收回后,塞拉门状态指示灯显示红灯熄灭、绿灯点亮。低站台开门图解实物图如图 3-17 所示。

②高站台状态下开关门过程

a. 开门。当列车运行至停车站停车时，司机在主控端驾驶室按压高站台侧集控开门按钮，开门及激活按钮同时点亮，塞拉门绿色开门按钮点亮，塞拉门状态指示灯显示绿灯熄灭、红灯点亮。蜂鸣器间歇蜂鸣报警，低站台踏板自动伸出，塞拉门执行开门程序。

图 3-17 低站台开门图解实物图

1-向上锁闭限位开关：激活塞拉门的低站台模式；2-翻板锁闭三角锁：固定翻板以及触发翻板锁闭限位开关

b. 关门。旅客乘降完毕，司机按压站台侧集控关门按钮，开门及激活按钮熄灭，塞拉门绿色开门按钮熄灭，同时蜂鸣器间歇蜂鸣报警，低站台踏板自动收回。在低站台踏板完全收回后，蜂鸣停止，塞拉门执行关门程序。在塞拉门完全关闭并锁闭后，塞拉门状态指示灯显示红灯熄灭、绿灯点亮，如图 3-18 所示。

(5) 手动塞拉门开关门方法

①正常状态下手动开启塞拉门两种状态：a. "转 1 拉 3 推 5"，b. "摁 2 拉 3 推 5"，这两种状态下 4 均处于报警状态。其具体部位如图 3-19 所示。

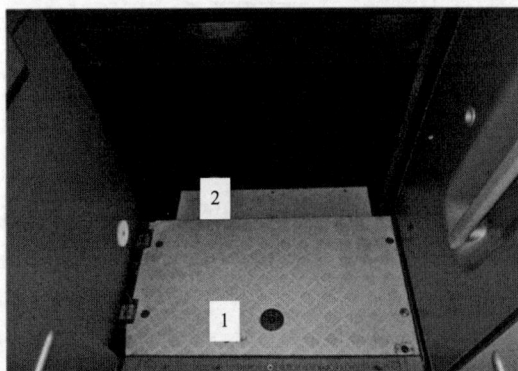

图 3-18 高站台开门状态实物图

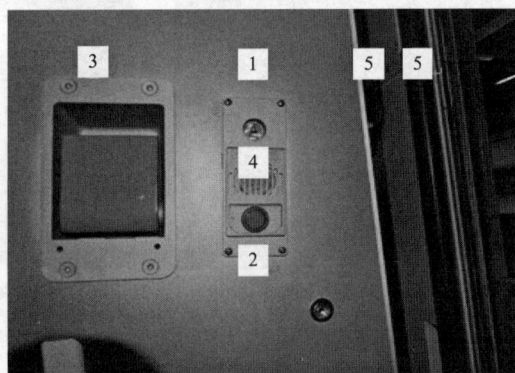

图 3-19 塞拉门解锁实物图

1-紧急解锁三角锁，用于非正常情况下激活塞拉门紧急模式，解除气动锁锁闭；2-紧急解锁按钮，用于突发情况下激活塞拉门紧急模式；3-红色紧急解锁手柄，非正常情况下解锁塞拉门的机械锁闭机构；4-蜂鸣器，车门故障或非正常情况报警提醒；5-防挤压胶条，检测关门过程中是否有旅客阻挡

②非正常状态下手动开启塞拉门。

a. 使用车长集控开关开门过程，如图 3-20 所示。

司机在主控端驾驶室无法激活车门时，列车长逆时针旋转车长集控开关以激活站台侧车门，手动解锁本地车门引导旅客乘降。其他乘务员按照分工按压开门按钮，手动打开车门引导旅客乘降。

a) 集控开关

b) 开门按钮

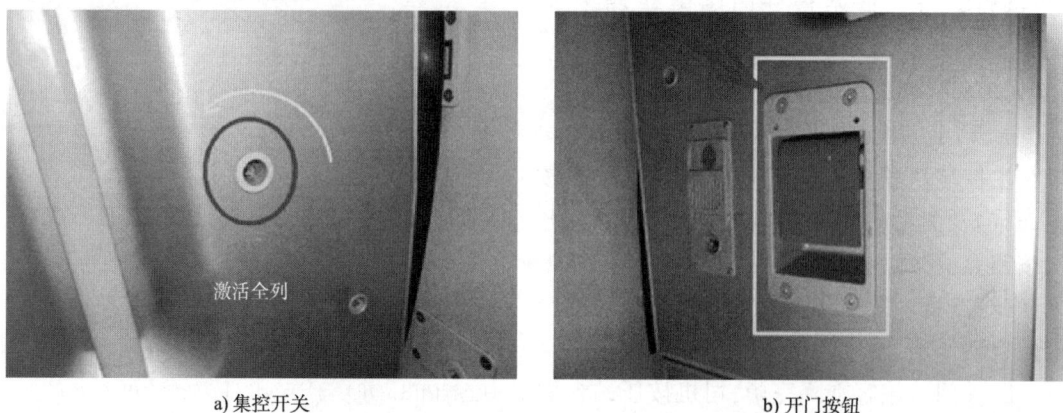

图 3-20 非正常状态下手动开启塞拉门——使用车长集控开关开门过程

b. 使用解锁把手开门过程,如图 3-21 所示。

在列车长集控开关不作用的情况下,所有乘务员按照分工顺时针转动紧急解锁三角锁,塞拉门气动锁解锁,蜂鸣器持续蜂鸣,手动拉下紧急解锁把手,接触车门机械锁闭,手动推开车门引导旅客乘降。反向旋转紧急解锁三角锁,蜂鸣停止,车门自动关闭。在列车外可直接手拉紧急解锁手柄以解锁车门。

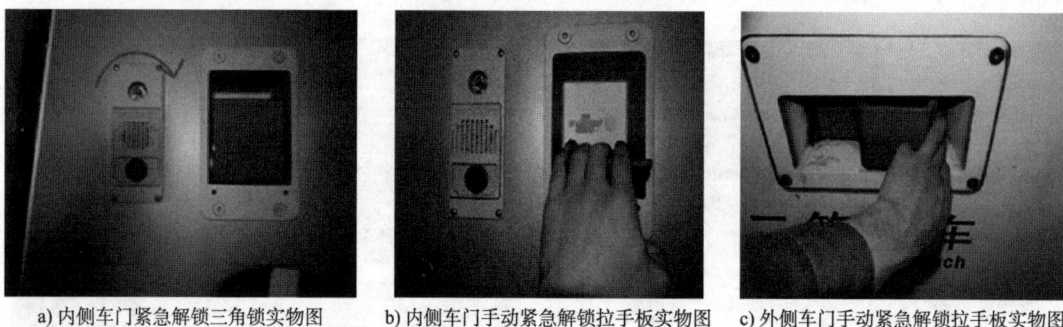

a) 内侧车门紧急解锁三角锁实物图

b) 内侧车门手动紧急解锁拉手板实物图

c) 外侧车门手动紧急解锁拉手板实物图

图 3-21 非正常状态下手动开启塞拉门——使用解锁把手开门过程

③非正常状态下手动关闭塞拉门。

司机在主控端驾驶室无法集控关门时,列车长顺时针旋转车长集控开关,切断站台侧车门的激活状态以集控关闭其他车门并激活本地车门,按压关门按钮以关闭本地车门。非正常状态下手动关闭塞拉门,如图 3-22 所示。

2. 内端门

内端门安装于客室的两端,用于降低来自车门通过台处的噪声以及保持车内环境温度,内端门为电控电动结构,并具有防挤压功能。遇有障碍物阻挡时,内端门可自行弹开。CRH5A 型动车组内端门实物图如图 3-23 所示。

按压门扇上点亮的开门按钮,内端门自动打开,内显外罩上的红色电隔离按钮可切断供电,便于手动操作内端门。按标识方向操作位于门框上的机械隔离锁可将内端门隔离在打开或关闭位置。CRH5A 型动车组内端门状态实物图如图 3-24 所示。

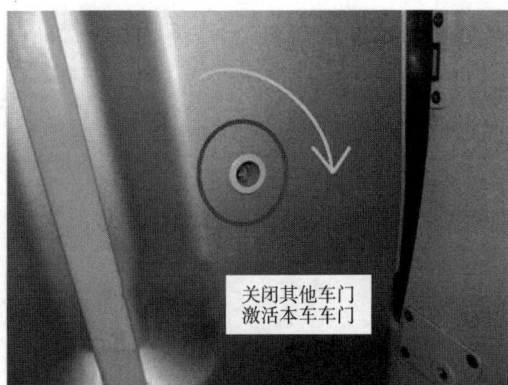

图 3-22　非正常状态下手动关闭塞拉门实物图

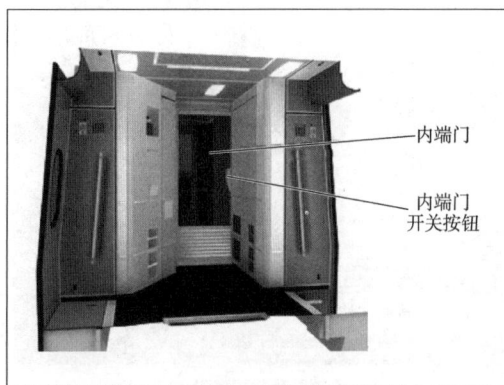

图 3-23　CRH5A 型动车组内端门实物图

a) 内端门实物图　　　　　　　b) 红色电隔离按钮实物图　　　　　　　c) 机械隔离锁实物图

图 3-24　CRH5A 型动车组内端门状态实物图

3. 防火门

CRH5A 型动车组防火门(图 3-25)安装于车辆两端,用于隔绝车端连接处的噪声,保持车厢温度,在非常情况下延缓烟、火的蔓延速度。

4. 座椅

(1)座椅分布

CRH5A 型动车组有固定座椅及旋转座椅两种样式,每种座椅又可分为一等、二等两种形式。CRH5A 型动车组座椅实物图如图 3-26 所示。

(2)座椅使用

①二等座椅调向方法

图 3-25　CRH5A 型动车组
防火门实物图

a. 角度调整。定员 586 人车体二等旋转座椅为气弹簧定位的调整机构,按压位于扶手下部的调节按钮,靠身体带动靠背在 0°～24°倾斜角范围内进行调整,松开按钮后对调节位置固定。定员 621 人车体座椅调节时,搬动座椅下部调节拉手,座椅可上下滑动,松开拉手后固定。

b. 座椅转向。脚踏转向脚蹬,同时转动转向扶手,可调整座椅方向。CRH5A 型动车组座椅调节实物图如图 3-27 所示。

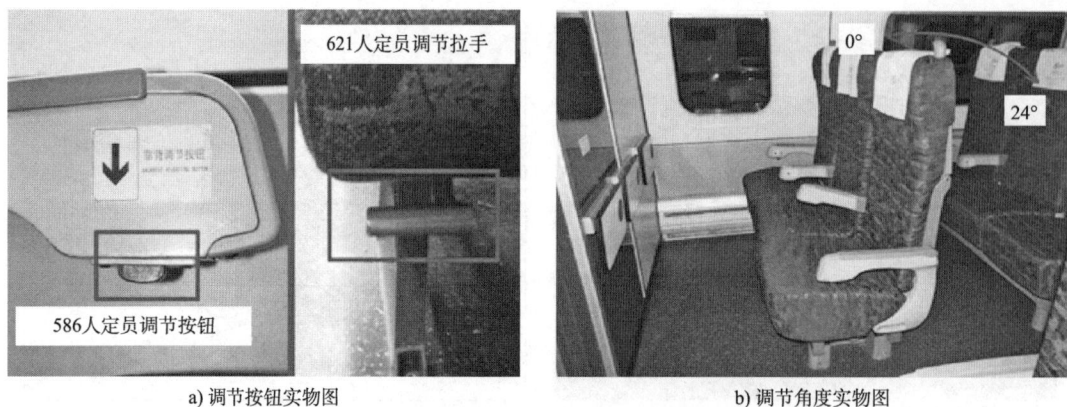

a) 调节按钮实物图

b) 调节角度实物图

图 3-26　CRH5A 型动车组座椅实物图

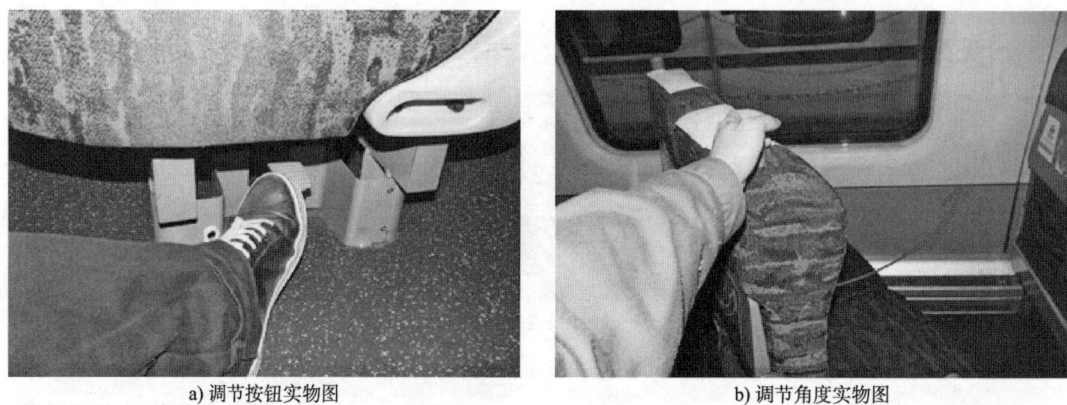

a) 调节按钮实物图

b) 调节角度实物图

图 3-27　CRH5A 型动车组座椅调节实物图

②一等座椅调向方法一等旋转座椅为气弹簧定位的调整机构,按压位于扶手侧面的调节按钮,靠身体带动靠背在 0°~25°倾斜角范围内进行调整,松开按钮后对调节位置固定。CRH5A 型动车组一等座椅调节实物图如图 3-28 所示。

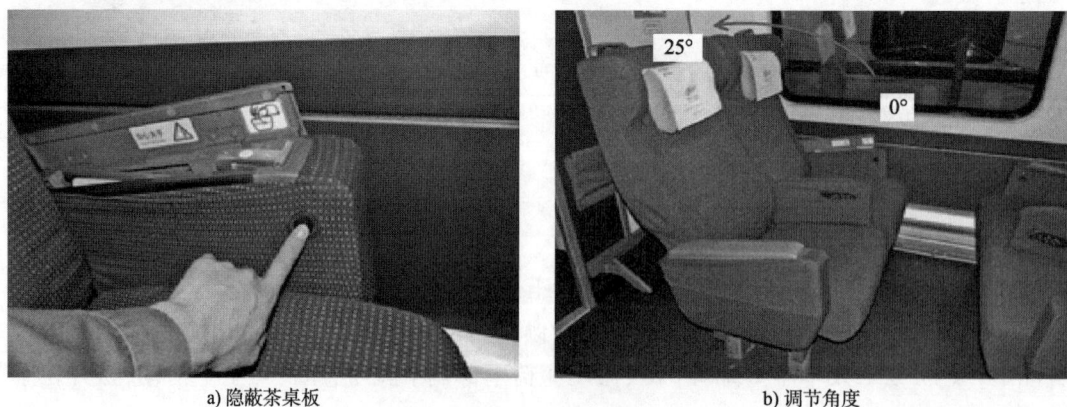

a) 隐蔽茶桌板

b) 调节角度

图 3-28　CRH5A 型动车组一等座椅调节实物图

5.茶桌板及脚踏

（1）一等座茶桌板

在两侧扶手中隐蔽存放折叠茶桌板。翻转打开茶桌板后平放于两扶手之间,茶桌板表面带有杯托。CRH5A 型动车组一等座茶桌板如图 3-29 所示。

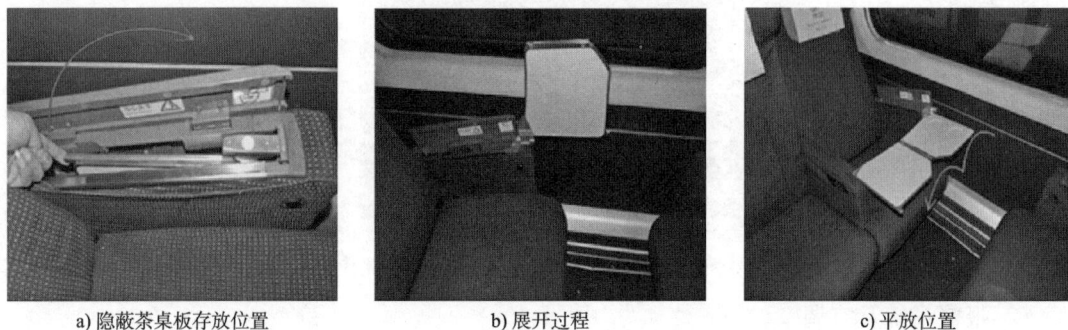

a）隐蔽茶桌板存放位置　　　b）展开过程　　　c）平放位置

图 3-29　CRH5A 型动车组一等座茶桌板

（2）二等座茶桌板

在二等座靠背后部设置可翻转的桌板,新出厂的部分 4 单动车组还保留着墙壁茶桌,最大可承重 10kg,超过重量或用力向下压时可将茶桌收翻转至垂直状态。CRH5A 型动车组二等座茶桌板如图 3-30 所示。

a）墙壁茶桌　　　b）翻转至垂直位置　　　c）靠背后桌板

图 3-30　CRH5A 型动车组二等座茶桌板

（3）脚踏

定员 621 人车型座椅底架处设置有棘轮控制的脚踏,可在打开与完全收回间 4 点调整。其他车体一等座设置脚踏,脚踏可以翻转两次,分为布艺踏面及皮制踏面。一等座采用调向座椅的车体,并且配置有墙壁固定脚踏,以便旅客使用。CRH5A 型动车组脚踏如图 3-31 所示。

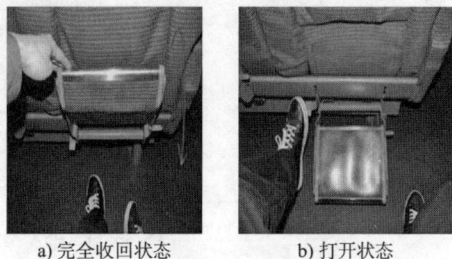

a）完全收回状态　　　b）打开状态

图 3-31　CRH5A 型动车组脚踏

四、服务设备

1.照明

试验开关,按下后按钮黄灯点亮,本车应急照明点亮,如果是一等车,则点亮阅读灯。

3min 后，被试验的照明灯自动熄灭。试验灯按钮按下后本车处于试验状态的按钮灯点亮。CRH5A 型动车组照明控制开关如图 3-32 所示。

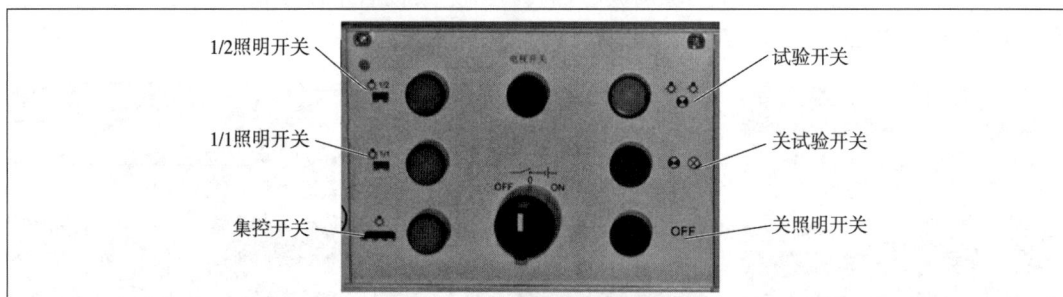

图 3-32　CRH5A 型动车组照明控制开关

2. 报警系统及空调

CRH5A 型动车组在每辆车的配电柜、客室、卫生间各设置 2 个，共 6 个烟雾报警器以预防火灾事故的发生。当列车发生火灾事故时，烟雾报警启动，在驾驶室声光报警，在客室的 QRK 柜的烟雾报警状态指令板上声光报警。

CRH5A 型动车组空调操作，由工况调节旋钮、温度调节旋钮和应急通风按钮组成。工况调节分为通风（VENT）、自动（AUTO）、停止（OFF）、半暖（HEAT50%）、全暖（HEAT100%）、半冷（COOL50%）、全冷（COOL100%）。通常情况下，乘务人员在进行空调调节时只能调节到通风、自动或停止位置，半冷、全冷、半暖和全暖需由随车机械师来调节。温度调节旋钮显示的 −2、−1、0、+1、+2 只有在工况为自动（AUTO）时调节才有效。红色应急通风按钮客运人员不能使用。CRH5A 型动车组烟雾报警系统及空调控制调节如图 3-33 所示。

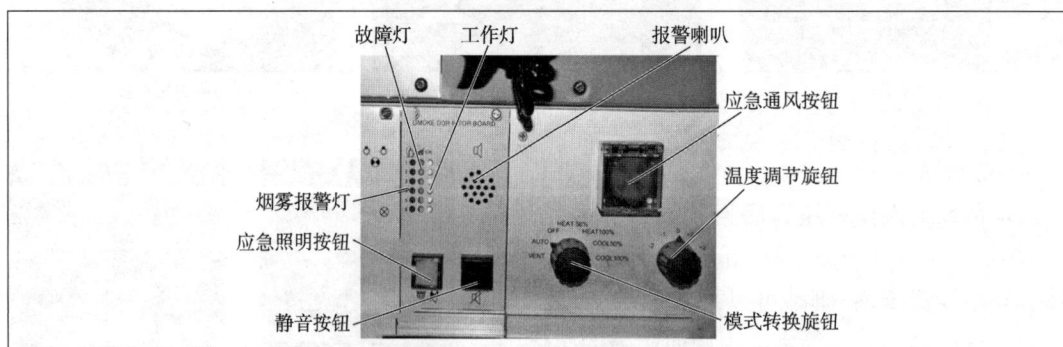

图 3-33　CRH5A 型动车组烟雾报警系统及空调控制调节

3. 餐吧车

CRH5A 型动车组列车的餐吧车位于每组动车组的中部。餐吧车设厨房区、酒吧服务区，有餐桌（立式）、倚靠栏、吧台、冷藏冰箱、冷冻冰箱、储藏柜、照面镜、电茶炉、微波炉等。CRH5A 型动车组餐吧车实物图如图 3-34 所示。

4.电茶炉

电茶炉可以为旅客提供热开水。动车组电茶炉表面有加热、热水、电源 3 个指示灯,正常工作时热水与电源灯点亮,当储水箱内没有足够的热水时,加热灯点亮证明正在加热过程中。CRH5A 型动车组电茶炉实物图如图 3-35 所示。

图 3-34 CRH5A 型动车组餐吧车实物图

图 3-35 CRH5A 型动车组电茶炉实物图

5.卫生间

CRH5A 型动车组每辆车设置 2 个卫生间,一般为蹲式卫生间,6 号车不设置卫生间,7 号车设置带有坐便器的残疾人卫生间,8 号车 1 位侧设置坐便式卫生间。自 2 单动车组之后,在每辆车的 1 位侧均设置坐便式卫生间,2 位侧为蹲式卫生间。CRH5A 型动车组卫生间实物图如图 3-36 所示。

a) 卫生间洗手池

b) 坐便式卫生间

c) 蹲式卫生间

图 3-36 CRH5A 型动车组卫生间实物图

6.PIS 系统

(1)PIS 系统功能

PIS 系统具有旅行信息显示、广播通告、内部通信以及娱乐服务等功能,如图 3-37 所示。

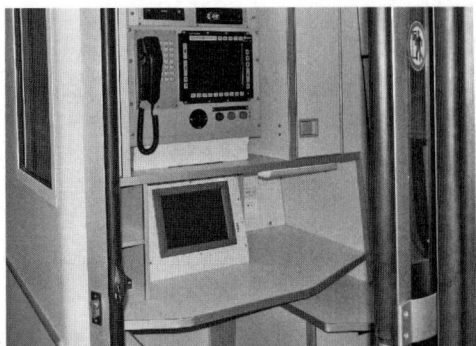

图3-37 CRH5A型动车组PIS系统实物图

其具体功能如下:

①旅行信息显示。旅行信息可分为车内信息显示和车外信息显示。其中,车内信息显示主要显示车内外温度、当前速度、当前时间等信息;车外信息显示主要显示车次、车厢号、起点站和终点站。

②广播通告。广播通告可分为自动广播通告,或手动触发式预录广播通告、全列人工广播通告。

③内部通信。内部通信用于实现驾驶室之间、驾驶室和监控室、列车长和列车员、列车员之间的通信。

④娱乐服务。娱乐服务可分为一等车音视频娱乐、二等车背景音乐和餐吧车音视频娱乐。

(2)车载广播机

车载广播机可实现列车员之间的内部通信,也可通过扬声器和座席接收器进行公共广播。人工广播为第一优先广播,覆盖所有广播设备;手动广播为第二优先广播,均优先选择于自动广播。话筒下红色方键为"OK"键。CRH5A型动车组车载广播机实物图如图3-38所示。

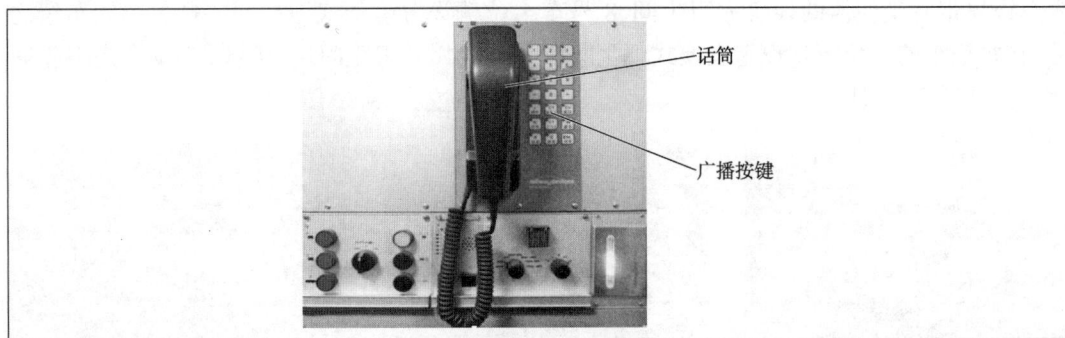

话筒

广播按键

图3-38 CRH5A型动车组车载广播机实物图

五、安全设备

1.紧急呼叫系统

CRH5A型动车组设置了3个紧急呼叫报警设施,分别在残疾旅客专用区域、残疾人卫生间内侧开门按钮旁和便器冲洗按钮旁,各设1个SOS紧急呼叫按钮。按下紧急呼叫按钮后,车内、驾驶室、监控室声光报警。乘务员立即到报警区域进行查看(监控室内设置蜂鸣切除按钮,可停止蜂鸣声)。按下呼叫按钮后,报警解除,监控室报警灯自动熄灭。CRH5A型动车组紧急呼叫系统实物图如图3-39所示。

2.灭火器

CRH5A型动车组列车全列共配备32个灭火器。其中,16个水雾灭火器,放置在车厢1

位端;16 个 ABC 干粉灭火器,放置在车厢 2 位端;1 号、8 号车驾驶室内分别放置 2 个水雾灭火器,如图 3-40 所示。

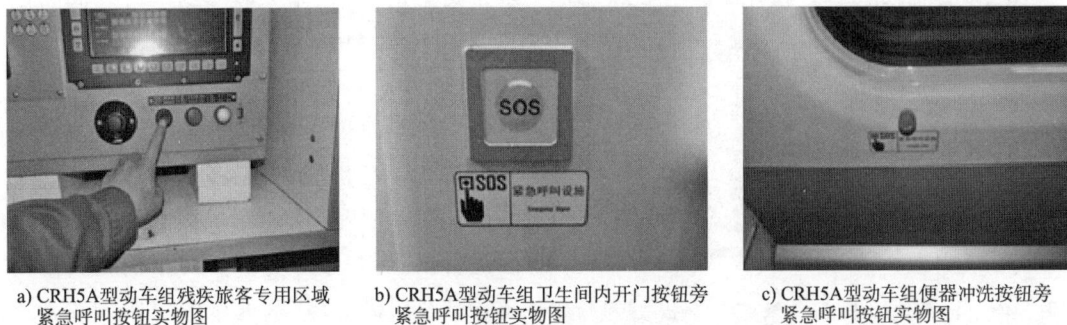

a) CRH5A型动车组残疾旅客专用区域
紧急呼叫按钮实物图

b) CRH5A型动车组卫生间内开门按钮旁
紧急呼叫按钮实物图

c) CRH5A型动车组便器冲洗按钮旁
紧急呼叫按钮实物图

图 3-39 CRH5A 型动车组紧急呼叫系统实物图

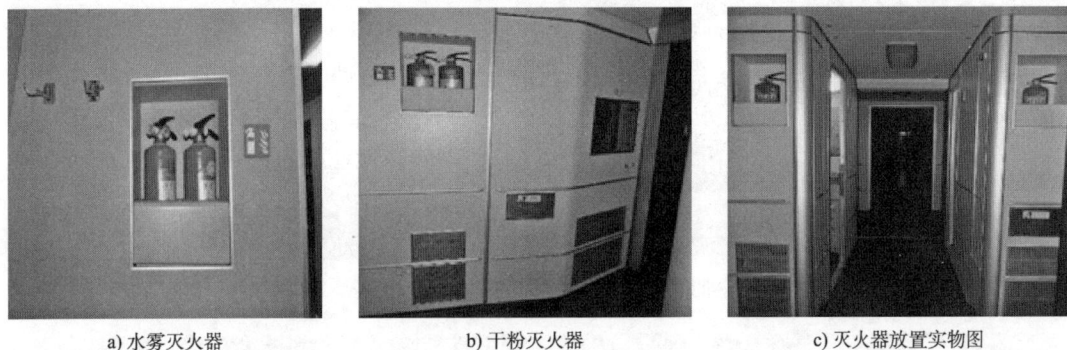

a) 水雾灭火器

b) 干粉灭火器

c) 灭火器放置实物图

图 3-40 CRH5A 型动车组灭火器

3. 紧急制动阀

CRH5A 型动车组列车全列共设有紧急制动阀 17 个。每节车辆的两端均设置 2 个紧急制动手柄,监控室内有 1 个紧急制动手柄。使用紧急制动时向下扳动手柄,驾驶室有声光报警,司机通过联控判断是否真实存在非常情况或是否需要减速停车,如果不危及行车安全,司机可取消报警。使用后用三角钥匙复位。CRH5A 型动车组紧急制动阀实物图如图 3-41 所示。

4. 安全锤、窗及万向轴

CRH5A 型动车组列车全列共设置 32 个安全锤和 32 面逃生窗,每个车厢行李架底面有 4 个安全锤和 4 面逃生窗。每个安全锤保险绳长为 2m 左右,使用安全锤的尖部击打玻璃红色区,平面用于清理玻璃碎片。万向轴在车厢内"万向轴标志贴"相对应的下板车下,行走经过时停顿 3s,感到振动或有异音时立即报告随车机械师。CRH5A 型动车组安全锤及万向轴标志贴实物图如图 3-42 所示。

图 3-41 CRH5A 型动车组
紧急制动阀实物图

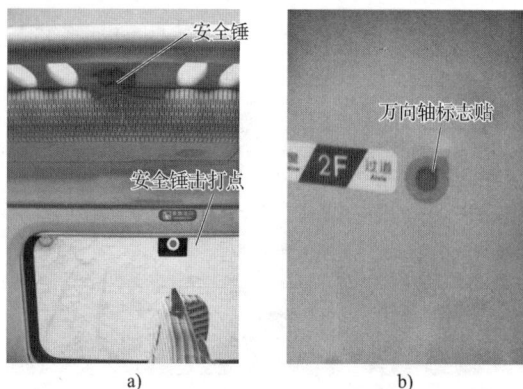

图 3-42 CRH5A 型动车组安全锤及万向轴标志贴实物图

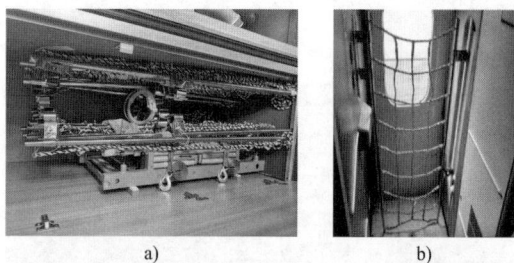

图 3-43 CRH5A 型动车组防护网实物图

5.防护网

CRH5A 型动车组防护网分别放在 1(9) 号车备品柜内,每组车体 8 个,当空调故障 20min 后仍无法修复,需要打开车门通风时使用,如图 3-43 所示。安装数量由列车长根据实际情况安装 4~8 个,由随车机械师负责发给客运人员进行安装,通常安装在非会车一侧,安装完毕后由随车机械师负责检查安装是否牢固,并做好防护。列车调度员向沿途各站及司机下达"××次因空调失效开放部分车门运行,限速 60km/h(通过高站台时限速 40km/h 运行)"的调度命令。

6.登顶梯

CRH5A 型动车组登顶梯(图 3-44)放在 7(15)号车工具室内,随车机械师登顶作业时使用,在登顶作业时客运人员负责防护。

7.接地杆

CRH5A 型动车组接地杆(图 3-45)放在 8(16)号车备品柜内,随车机械师登顶作业前由随车机械师安装,客运人员负责防护。

图 3-44 CRH5A 型动车组登顶梯实物图

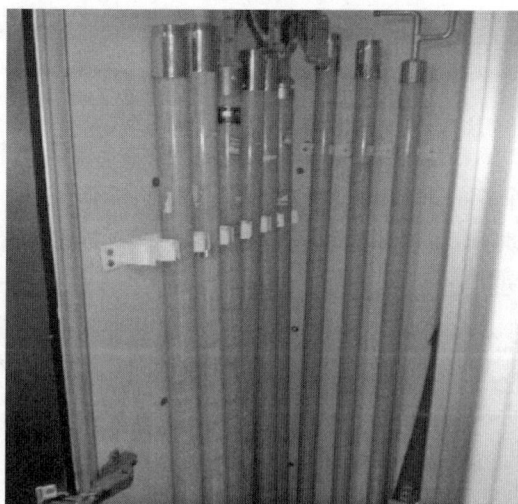

图 3-45 CRH5A 型动车组接地杆实物图

8.列控车载系统

(1)ATP

列车自动防护控制系统(ATP,简称列控系统)。其作用是防超速、防冒进,导向列车运行安全的目的,同时记录司机操作过程,为事故分析提供依据;列车运行高于 160km/h 必须使用。

（2）LKJ

列车运行监控装置（LKJ）。其作用是防超速、防冒进，导向列车运行安全的目的，同时记录司机操作过程，为事故分析提供依据；最高控车速度为165km/h。

单元三　CRH380B型动车组列车主要设备设施

✿ 单元导入

1.CRH380B型动车组列车的基础设备有哪些？

2.CRH380B型动车组列车塞拉门正常开门程序如何？

3.CRH380B型动车组列车塞拉门非正常开门程序如何？

4.CRH380B型动车组列车一等座椅、二等座椅调向方法如何？

5.CRH380B型动车组列车的服务设备有哪些？

6.CRH380B型动车组列车的安全设备有哪些？

一、CRH380B型动车组概况

1.CRH380B型动车组编组

CRH380B型动车组是长客股份在CRH380BL的基础上自主开发的适合东北地区气候条件的高速动车组列车，动车组为8辆编组，适用环境温度为±40℃；采用4辆动车4辆拖车动力结构，采用交—直—交传动方式，由2个牵引单元组成。CRH380B型动车组具有良好的气动外形，两端为驾驶室，列车正常运行时由前端驾驶室操控。CRH380B型动车组车体分布图如图3-46所示。

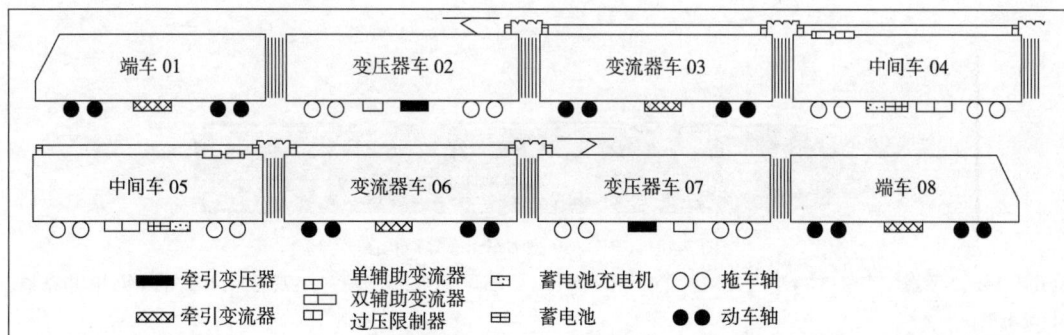

图3-46　CRH380B型动车组车体分布图

2.CRH380B型动车组车体基本参数

CRH380B型动车组长约200m，车体宽3257mm，车体高3890mm。CRH380B型动车组仅适用于新建车站或改建车站的高站台。

3. CRH380B 型动车组定员

CRH380B 型动车组定员为 551 人。CRH380B 型动车组列车由 1 辆一等头车（观光车）、1 辆二等头车（观光区为一等座）、5 辆二等座车（其中 4 车设有残疾人卫生间）和 1 辆餐车组成，其定员分布图如图 3-47 所示。

车种代码是汉语拼音缩写，分别为一等/特等座车 ZYT、二等/特等座车 ZET、二等座车 ZE、二等座车/餐车 ZEC。

二、车体外部结构

CRH380B 以座号区分车厢一位端和二位端，以 2 号车为例：1A-1F 为一位连接处，16A-16F 为二位连接处，相对应的车门为 1-1 车门、1-2 车门，16A 对应 2-1 车门、2-2 车门，卫生间识别为靠近门口为主卫、车内为辅卫。CRH380B 型动车组车体结构图如图 3-48 所示。

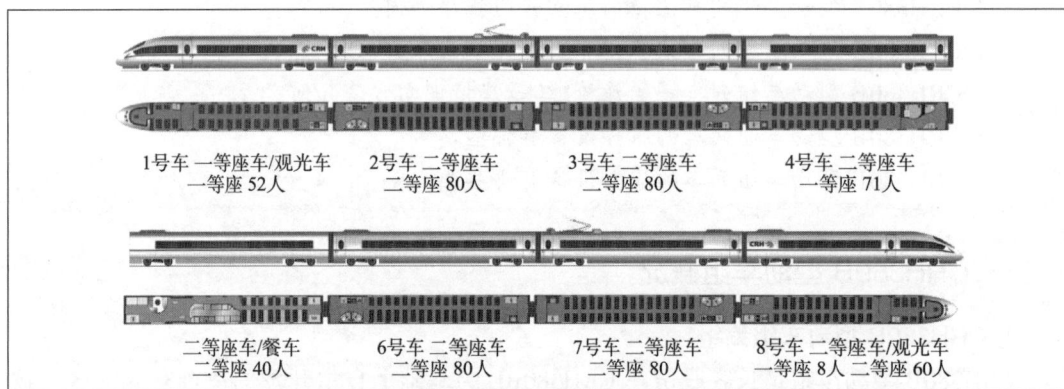

1号车 一等座车/观光车 一等座 52人　2号车 二等座车 二等座 80人　3号车 二等座车 二等座 80人　4号车 二等座车 一等座 71人

二等座车/餐车 二等座 40人　6号车 二等座车 二等座 80人　7号车 二等座车 二等座 80人　8号车 二等座车/观光车 一等座 8人 二等座 60人

图 3-47　CRH380B 型动车组定员分布图

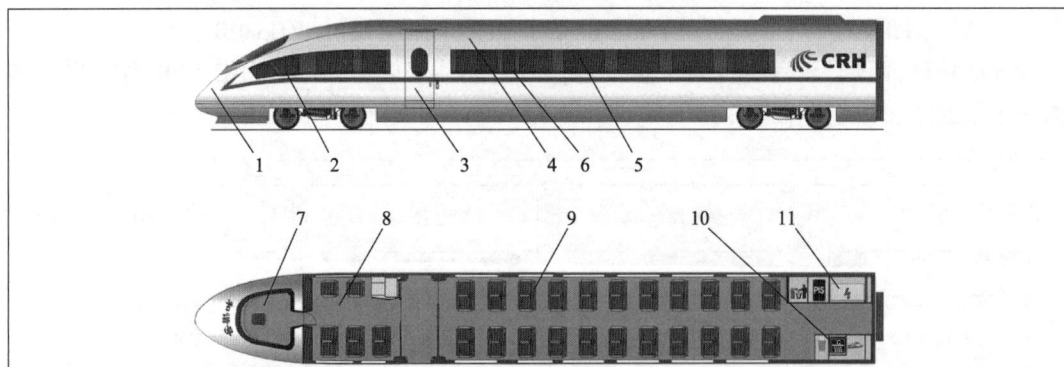

图 3-48　CRH380B 型动车组车体结构图

1-开闭头罩；2-驾驶室车窗；3-乘降门；4-导流罩；5-客室车窗；6-外部显示屏；7-驾驶室；8-观光区；9-一等座车；10-电茶炉；11-配电柜

CRH380B 型动车组车体外显示内容车体标记图如图 3-49 所示。

三、基础设备

1. 塞拉门

CRH380B 型动车组车门可分为外部门和内部门两大类。外部门为塞拉门，是供旅客乘降的通道,全列共22扇塞拉门;内部门是车厢内各部分之间的通道,根据安装位置及作用又可分为防火门(风挡门)和内端门。CRH380B型动车组车门种类实物图如图3-50所示。

图3-49 CRH380B型动车组车体标记图

a) 对开式内端门　　b) 单开式内端门　　c) 防火门　　d) 塞拉门

图3-50 CRH380B型动车组车门种类实物图

　　CRH380B型动车组塞拉门为电控电动机驱动、电控气动锁闭结构,正常状态下由驾驶室集中控制,非正常状态下可由1号、8号车塞拉门处通过车长集控开关进行控制。当列车运行速度高于5km/h时,塞拉门具有自动关闭功能;当列车运行速度高于10km/h时,塞拉门自动锁闭。

　　塞拉门内侧主要包括开门按钮、关门按钮、紧急解锁按钮、蜂鸣器、紧急解锁手柄、紧急解锁四角锁、车长集控四角锁、塞拉门隔离锁、站台补偿器、补偿器隔离锁,如图3-51所示。

(1)塞拉门正常开门程序

　　塞拉门开门按钮点亮,同时蜂鸣器间歇蜂鸣,塞拉门执行开启动作,在门扇打开约150mm时站台补偿器自动翻转至水平位置,塞拉门完全打开后蜂鸣停止。CRH380B型动车组正常开门图解如图 3-52 所示。

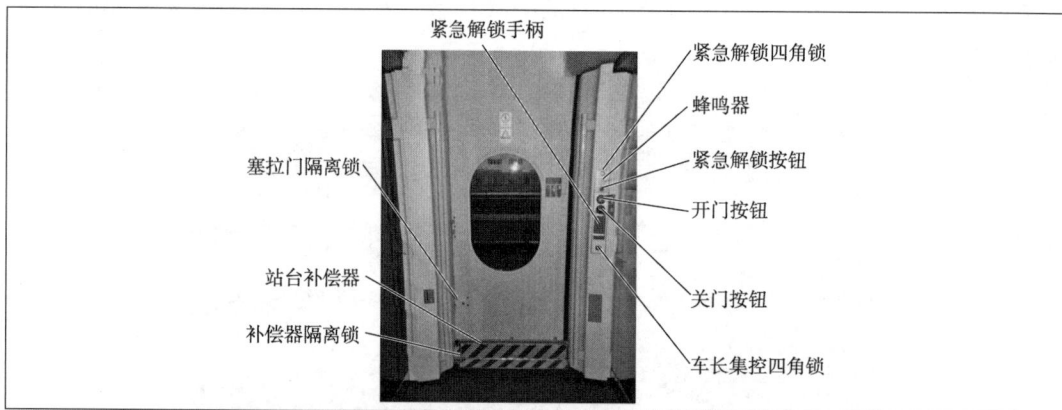

图 3-51　CRH380B 型动车组塞拉门内侧实物图

（2）塞拉门非正常开门程序

①列车长在 1 号、8 号车塞拉门处旋转车长集控开关,该侧全列塞拉门处于激活状态,绿色开门按钮点亮,手动按压开门按钮以打开车门引导旅客乘降。CRH380B 型动车组塞拉门非正常开门图解(一)如图 3-53 所示。

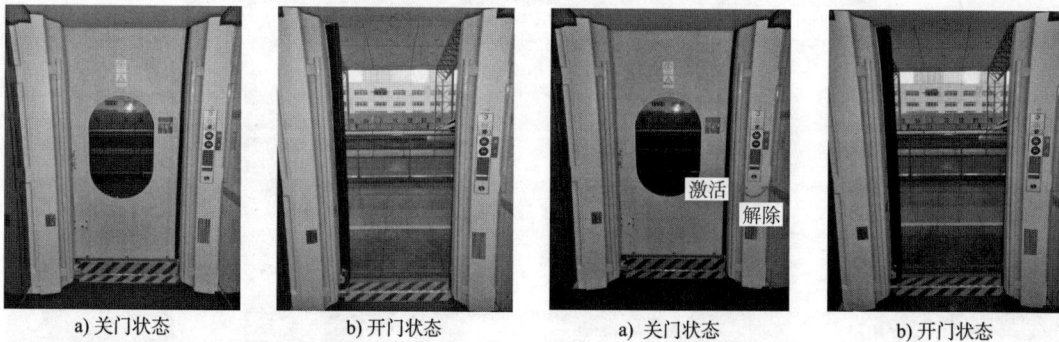

图 3-52　CRH380B 型动车组正常开门图解　　图 3-53　CRH380B 型动车组塞拉门非正常开门图解(一)

②使用四角钥匙旋转紧急解锁四角锁(左右均可),塞拉门气动锁解锁,蜂鸣器长鸣,用力向上拉起紧急解锁手柄,解除机械锁闭,手动推开车门引导旅客上下。CRH380B 型动车组塞拉门非正常开门图解(二)如图 3-54 所示。

2. 内端门

内端门由感应器、电隔离按钮、防火门隔离锁、机械隔离锁等组成。内端门实物图如图 3-55 所示。

3. 防火门

CRH380B 型动车组防火门设置于车厢连接处风挡位置,又称为风挡门,其实物图如图 3-56 所示。1 号、5 号、8 号车防火门为电控电动结构,兼有内端门功能,在断电状态下具有自动关闭功能;其他防火门为机械手动结构,平时处于最大打开位置,隐藏于车端间壁夹层内。

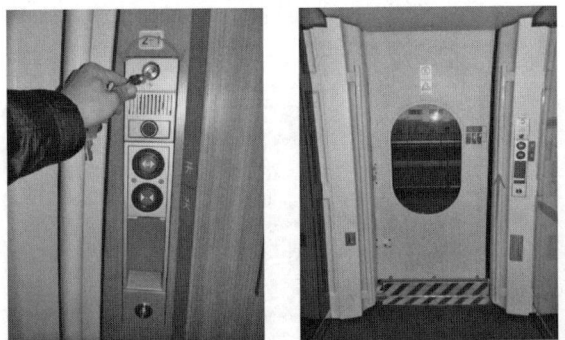

a) 四角钥匙旋转紧急解锁四角锁近景图　　b) 四角钥匙旋转紧急解锁四角锁远景图

图 3-54　CRH380B 型动车组塞拉门非正常开门图解（二）

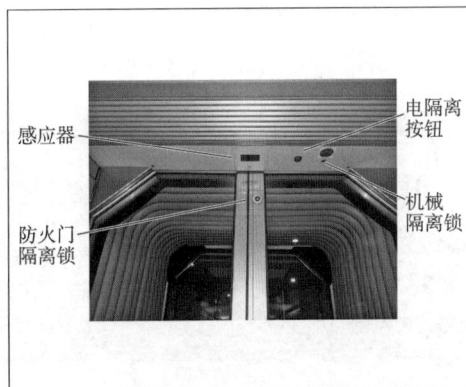

图 3-55　CRH380B 型动车组内端门实物图

4.座椅

（1）座椅的分布

一等客室采用红色基调 2＋2 布置的旋转座椅，二等客室采用蓝色基调 2＋3 布置的旋转座椅；客室区域宽敞明亮，并设置有固定液晶电视，2 位端间壁设置有墙壁固定电视。CRH380B 型动车组座椅实物图如图 3-57 所示。

（2）座椅的使用

CRH380B 型动车组一等、二等座椅调向方法：脚踏转向脚蹬，同时转动转向扶手，全列除 5 车外，其余座椅都可以调整方向。其实物图如图 3-58 所示。

5.茶桌板及脚踏

（1）一等座茶桌板

在两侧扶手中隐蔽存放折叠茶桌板；翻转打开茶桌板后平放于两扶手之间，桌板表面带有杯托。CRH380B 型动车组一等座茶桌板实物图如图 3-59 所示。

（2）二等座茶桌板

CRH380B 型动车组二等座在靠背后部设置可翻转的桌板，其实物图如图 3-60 所示。

（3）脚踏

CRH380B 型动车组一等座设置脚踏，脚踏可以翻转两次，可分为布艺踏面及皮制踏面。CRH380B 型动车组脚踏实物图如图 3-61 所示。

6.电源

一等座席、二等座席均提供电源插座，供笔记本电脑等小型电器使用。CRH380B 型动车组座椅下电源实物图如图 3-62 所示。

7.车窗及窗帘

客室侧窗是由夹层中空玻璃和铝型材外框，通过胶黏结成一体，中空部分充惰性气体，

a) 打开位置

b) 关门位置

图 3-56　CRH380B 型动车组防火隔离门实物图

并在侧窗外覆一层薄膜。车窗与内衬板间隐藏着窗帘,轻轻下拉即可。CRH380B 型动车组车窗及窗帘实物图如图 3-63 所示。

a) 一等座座椅

b) 二等座座椅

图 3-57　CRH380B 型动车组座椅实物图

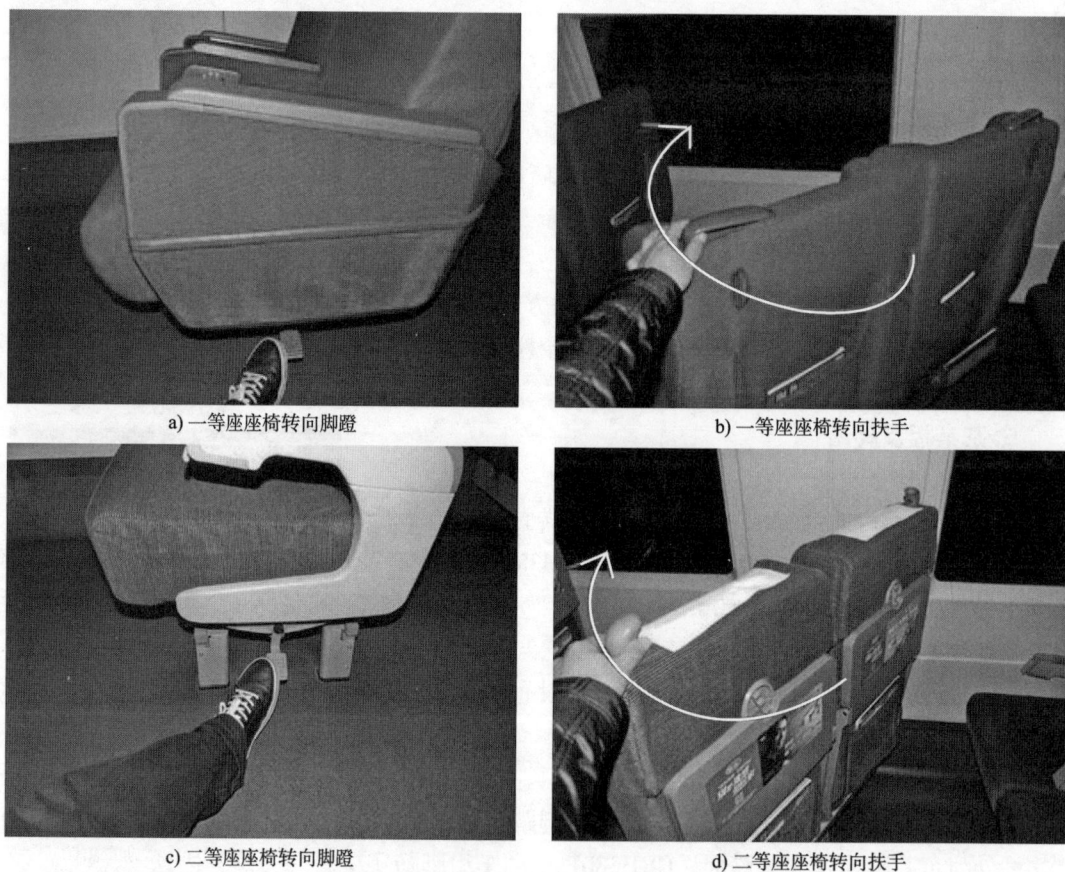

a) 一等座座椅转向脚蹬

b) 一等座座椅转向扶手

c) 二等座座椅转向脚蹬

d) 二等座座椅转向扶手

图 3-58　CRH380B 型动车组一等、二等座椅调向实物图

四、服务设备

1. 餐吧车布局

CRH380B 型动车组餐吧车内设有微波炉、冷藏箱、冷冻箱、展示柜、保温箱、开水炉、消毒柜、电气柜等电气设备,为旅客提供服务。CRH380B 型动车组餐吧车前厅实物图如

图 3-64 所示。

a) 一等座隐蔽茶桌板存放位置实物图　　b) 一等座茶桌板展开过程实物图　　c) 一等座茶桌板平放位置实物图

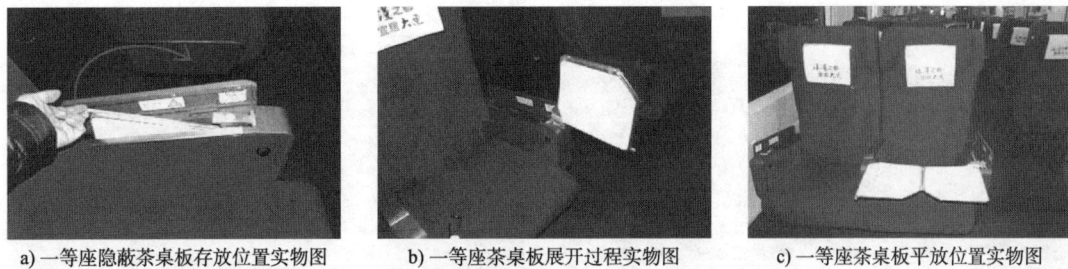

图 3-59　CRH380B 型动车组一等座茶桌板实物图

a) 二等座茶桌板折叠位置实物图　　b) 二等座茶桌板平放位置实物图　　c) 二等座墙壁式茶桌板平放位置实物图

图 3-60　CRH380B 型动车组二等座茶桌板实物图

a) 一等座脚踏打开过程实物图　　b) 一等座布艺脚踏实物图　　c) 一等座皮制脚踏实物图

图 3-61　CRH380B 型动车组脚踏实物图

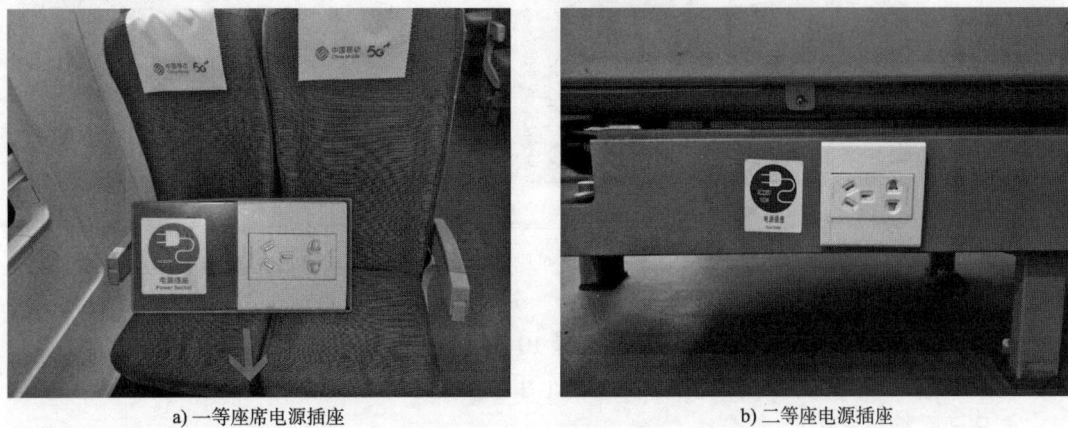

a) 一等座席电源插座　　　　　　b) 二等座电源插座

图 3-62　CRH380B 型动车组座椅下电源实物图

a) 车窗及窗帘打开状态实物图 b) 车窗及窗帘关闭过程实物图

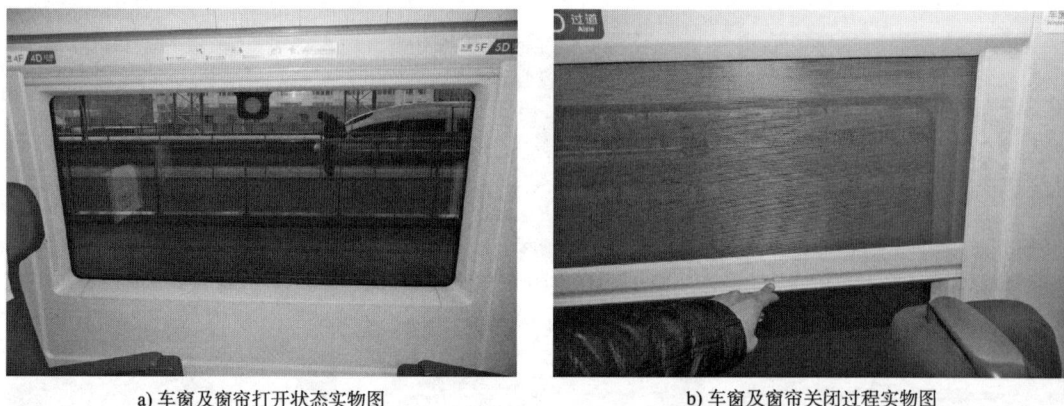

图 3-63 CRH380B 型动车组车窗及窗帘实物图

2. 电茶炉

CRH380B 型动车组全列共设置 8 个电茶炉,其实物图如图 3-65 所示。CRH380B 型动车组电茶炉采用按压式出水方式。它具有缺水保护功能,开水器在列车运行过程中,所有控制自动进行,当机器出现故障或列车供水水箱缺水时,干烧信号灯闪烁,开水器会自动停止烧水。烧水箱和储水箱分开,生水与开水绝无混合,提供纯正开水。当电热开水器环境温度低于 5℃或高于 50℃,开水器自动处于保护状态,并停止工作。饮水机加装了除垢装置,延长了电热管及水箱的维修保养周期。开水器设置排水按钮,在列车到达终点后,按压按钮能自动打开排水电磁阀,水经底部管子流出。开水炉下部设置废水收集箱,总容积约 20L。它具有如下排水功能:当列车运行速度低于 5km/h 时,电磁阀打开,开始排水;当列车运行速度高于 5km/h 时,电磁阀关闭,停止排水。

图 3-64 CRH380B 型动车组餐吧车前厅实物图　图 3-65 CRH380B 型动车组电茶炉实物图

3. 卫生间

CRH380B 型动车组只在普通二等车设置 10 个卫生间,其中残疾人卫生间 1 个,标准卫生间 9 个,均采用坐式便器。CRH380B 型动车组卫生间示意图如图 3-66 所示。

4. PIS 系统

CRH380B 型动车组的 PIS 系统主要设在乘务室内,由系统控制器(STC)、信息系统操作面板(ISOP)、音视频娱乐系统(VES)、娱乐系统操作面板(AVR)、内部通信站(HAS)、扬声器(SLS)、内部显示器(ICD)、外部显示器(ESD)、视频显示器、座椅音频娱乐单元(AEU MMI)等组成。CRH380B 型动车组乘务室实物图如图 3-67 所示。

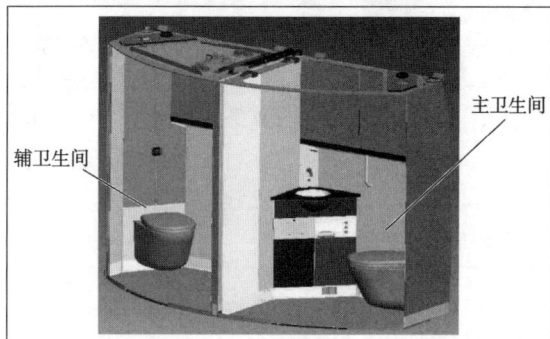

图 3-66　CRH380B 型动车组卫生间示意图

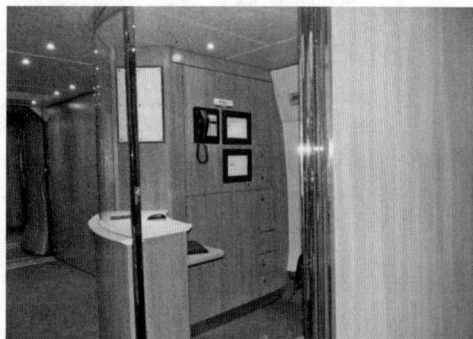

图 3-67　CRH380B 型动车组乘务室实物图

CRH380B 型动车组的 PIS 系统具有旅行信息显示、广播通告、内部通信以及娱乐服务等功能。

（1）旅行信息显示

旅行信息分为车内信息显示和车外信息显示。其中,车内信息显示主要显示车内外温度、当前速度、当前时间等信息,如图 3-68 所示;车外信息显示主要显示车次、车厢号、起点站和终点站,如图 3-69 所示。

图 3-68　CRH380B 型动车组车内信息显示

图 3-69　CRH380B 型动车组车外信息显示

（2）广播通告

广播通告可分为自动或手动触发式预录广播通告、全列人工广播通告。

（3）内部通信

内部通信方式包括:司机-司机,司机-列车长,司机-列车员,列车长-列车员,列车员-列车员。CRH380B 型动车组驾驶室、车端、乘务室的通信设备分别如图 3-70、图 3-71、图 3-72 所示。

CRH380B 型动车组内部通信优先等级说明,见表 3-9。

图3-70　CRH380B型动车组驾驶室内通信设备　　图3-71　CRH380B型动车组车端内通信设备　　图3-72　CRH380B型动车组乘务室内通信设备

CRH380B型动车组内部通信优先等级说明　　　　　　表3-9

优先级	通信方式	备注
1(高)	司机-司机	任何时刻只能两部电话之间进行通信;优先级高的通信可以将正在进行通信的优先级低的电话强行挂机。
2	司机-列车长	例如,司机与列车长正在通话时,若此时另一端的驾驶室电话呼叫该司机,就能把正在通话的两部电话强制挂机,被呼叫的驾驶室电话振铃响起,被呼叫的司机按接听键建立与另一司机之间的通信
3	司机-列车员	
4	列车长-列车员	
5(低)	列车员-列车员	

（4）娱乐服务

CRH380B型动车组娱乐服务可分为一等车音视频娱乐（VER-视频界面,图3-73）、二等车背景音乐和餐吧车音视频娱乐（VER-MP3界面,图3-74）。

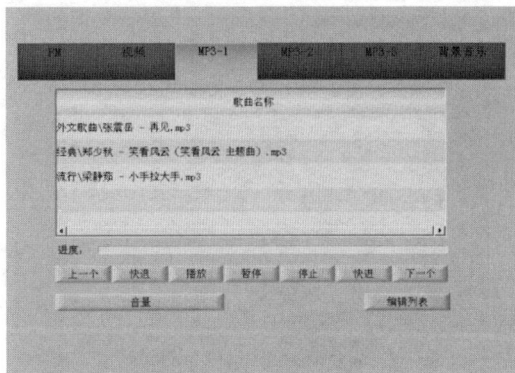

图3-73　VER-视频界面　　　　　　图3-74　VER-MP3界面

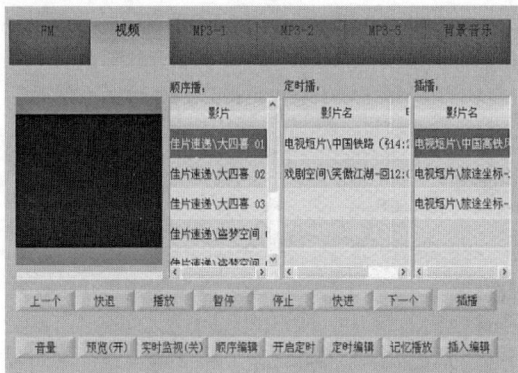

五、安全设备

1.紧急呼叫系统

CRH380B型动车组残疾人卫生间便器冲洗按钮旁设置1个SOS紧急呼叫按钮。按下紧急呼叫按钮,车内、驾驶室、监控室声光报警。列车员立即到场查看,按下呼叫按钮后报警解除,驾驶室、监控室声光报警显示停止。CRH380B型动车组紧急呼叫按钮实物图如图3-75所示。

2.灭火器

CRH380B型动车组列车全列共配备34具灭火器,1~8号车每个车厢各设置4具(2具干粉、2 具水雾)灭火器。两端驾驶室各 1 个 5kg 灭火器。CRH380B 型动车组灭火器实物图如图 3-76 所示。

3. 紧急制动阀

CRH380B 型动车组列车全列共设有紧急制动阀(图 3-77)19 个。每节车辆的两端均设置有 2 个紧急制动手柄,乘务室内设有 1 个紧急制动手柄,两端观光区内各设有 1 个紧急制动阀。使用紧急制动时向下扳动紧急制动手柄,驾驶室有声光报警,司机通过联控判断是否真实存在非常情况或是否需要减速停车,如果不危及行车安全,可在驾驶室取消报警。

4. 安全锤及万向轴

CRH380B 型动车组列车全列共有 42 个安全锤、逃生窗,1 号、5 号、8 号车每个车厢行李架底面有 4 个安全锤和 4 面逃生窗,其他车厢各有 6 个安全锤、逃生窗。紧急情况下使用安全锤的尖部击打玻璃红色区,平面用于清理玻璃碎片。万向轴在车厢内"万向轴标志贴"相对应位置的下地板车下,行走经过时停顿 3s,感到振动或有异音要立即报告随车机械师。CRH380B 型动车组的逃生窗、安全锤及万向轴标志贴如图 3-78 所示。

5. 应急梯

CRH380B 型动车组列车全列共 4 组应急梯,存放在 5 号车备品柜内,可组成 2 个应急渡板或逃生梯。应急梯可用于平向转移或地面疏散,通过应急渡板重量不能超过 500kg。CRH380B 型动车组应急渡板实物图如图 3-79 所示。

6. 防护网

CRH380B 型动车组防护网放在 2 号车备品柜内,每组车体 8 个,当空调故障 20min 后仍无法修复,需要打开车门通风时使用,如图 3-80 所示。防护网的安装数量由列车长根据实际情况确定,一般安装 4~8 个,由随车机械师负责发给客运人员进行安装,通常安装在非会车一侧,安装完毕后由随车机械师负责检查安装是否牢固,并做好防护。列车调度员向沿途各站及司机下达" ××次因空调失效开放部分车门运行,限速 60km/h(通过高站台时限速 40km/h 运行)"的调度命令。

7. 登顶梯

CRH380B 型动车组登顶梯放在 5 号车工具室内,随车机械师登顶作业时使用,在登顶作业时客运人员负责防护。CRH380B 型动车组登顶梯实物图如图 3-81 所示。

8. 接地杆

CRH380B 型动车组接地杆放在 7 号车备品柜内,随车机械师

a) 紧急呼叫按钮远景图

b) 紧急呼叫按钮近景图

图 3-75　CRH380B 型动车组
紧急呼叫按钮
实物图

a) 1位端灭火器实物图

b) 2位端灭火器实物图

图 3-76　CRH380B 型动车组
灭火器实物图

登顶作业前由其安装,客运人员负责防护。CRH380B 型动车组接地杆实物图如图 3-82 所示。

图 3-77 CRH380B 型动车组紧急
制动阀实物图

a) 逃生窗

b) 安全锤

c) 万向轴标志贴

图 3-78 CRH380B 型动车组逃生窗、安全锤及万向轴标志贴实物图

a) 存放位置

b) 平向转移

c) 打开过程

图 3-79 CRH380B 型动车组应急渡板实物图

a) 存放位置

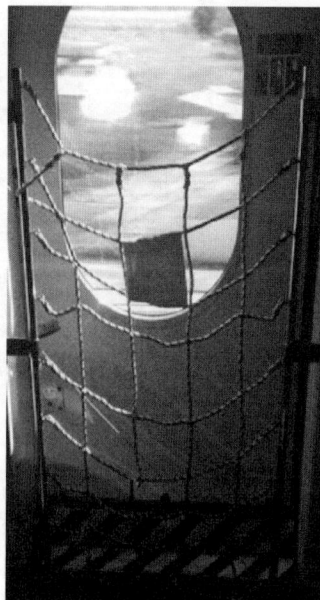

b) 安装后的远景图

c) 安装后的近景图

图 3-80 CRH380B 型动车组防护网实物图

图 3-81 CRH380B 型动车组登顶梯实物图

图 3-82 CRH380B 型动车组接地杆实物图

9. 列控车载系统

（1）ATP

列车超速防护系统，简称列控系统。其作用是防超速、防冒进，导向列车运行安全的目的，同时记录司机操作过程，为事故分析提供依据；列车运行高于 160km/h 必须使用。

（2）LKJ

列车运行监控记录装置。其作用是防超速、防冒进，导向列车运行安全的目的，同时记录司机操作过程，为事故分析提供依据；最高控车速度为 165km/h。

单元四　CRH380B 型动车组定置摆放

✿ 单元导入

1. 如何定置摆放 CRH380B 型动车组列车的服务备品？

2. 如何定置摆放 CRH380B 型动车组列车的易耗品？

3. 如何定置摆放 CRH380B 型动车组列车的乘务备品？

4. 如何定置摆放 CRH380B 型动车组列车的固定备品？

5. 如何定置摆放 CRH380B 型动车组列车的车容设施？

6. 如何定置摆放 CRH380B 型动车组车长（员）备品？

一、服务备品

1. 头枕片

全列头枕片款式一致,洁净平整,子母扣齐全,粘贴定型统一。一、二等车头枕片实物图

图3-83 一、二等车头枕片实物图

如图3-83所示。折返站使用的头枕片放于3号车备品柜中格;班组临时备用20个头枕片途中放于5号车3号柜下格易耗品箱中,终到后与客运质检员交接。

2. 头枕套

一等座、特等座的头枕均配有头枕套,要求套放平稳,大小与头枕合体,颜色、质地与座椅套相同,上部有子母扣,方便于头枕片粘贴。

3. 座椅套、靠背网兜

座椅套下角掖进座席横梁内,边角不外露;座椅靠背网兜平整,除规定的杂志和清洁袋外,其余的杂物及时清理。

4. 杂志

CRH380B型动车组列车的每个书报袋只准放置一本符合摆放要求的杂志。运行中列车员加强巡视,随时整理,如发现杂志破损、污染,应及时与相关部门联系更换,做好更新。

5. 广告帖和冠名贴

广告帖和冠名贴应粘贴平整,同位处所宣传内容一致,无卷边、褪色,当发现不符要求时应及时揭除,终到后补粘。

6. 爱心凳

"D"字头动车组配备爱心凳(图3-84)5个(组),放于5车3号柜下格易耗品箱内,随车体使用,终到后交接,损坏及时更换。

7. 赠品/托盘

在8号车储物柜中,分别放置10瓶水、10份休闲食品。托盘放于左侧底部,正面朝上,内铺隔水垫。休闲食品放于托盘上,矿泉水三瓶一排,放于右侧。备品柜实物图如图3-85所示。

图3-84 爱心凳实物图

图3-85 备品柜实物图

二、易耗品

1. 清洁袋

（1）座椅靠背网兜内清洁袋：放置 1 个，正向，不外漏，如图 3-86 所示。

（2）餐车餐桌上清洁袋：按同一餐桌座位数摆成一沓，靠窗边摆放，如图 3-87 所示。

图 3-86　网兜内清洁袋实物图

图 3-87　餐桌上清洁袋实物图

（3）端墙茶桌上清洁袋：按座位数横向摆放于茶桌上，背对运行方向的茶桌不予摆放。

2. 擦手纸

始发前，擦手纸整包放入抽纸盒，底端折成三角形，保证抽取方便。

3. 卫生纸

卫生纸放入手纸盒内，外露部分折成三角形，整体美观、抽取方便，如图 3-88 所示。

4. 一次性坐便垫

正向摆放于坐便垫盒内，便于旅客取用，每个卫生间不少于 5 个，如图 3-88 所示。

5. 消毒条

始发、折返消毒结束后，坐便盖要安放"已消毒"标志，正向放置于卫生间坐便盖正中，两端折放于坐便盖下。消毒条实物图如图 3-89 所示。

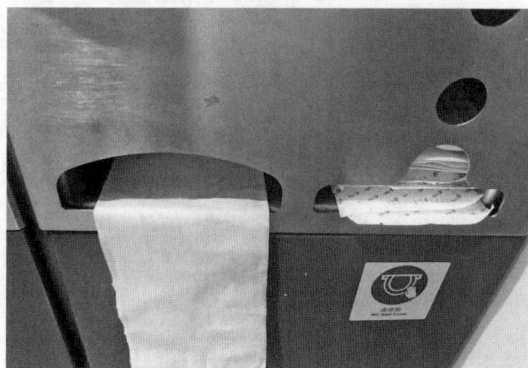

图 3-88　卫生纸、坐便垫实物图

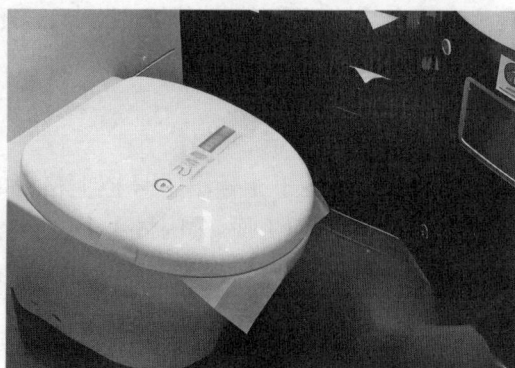

图 3-89　消毒条实物图

6.垃圾袋

根据垃圾箱大小不同选择合适的垃圾袋,套放垃圾袋时紧贴垃圾箱内壁固定套放,使用自带皮筋固定,边缘不外露。卫生间内垃圾箱投掷门挡板挂钩挂起,保持垃圾箱盖板呈开启状态。撤出的垃圾袋放于非乘降车门侧,不得放在车厢连接处或靠站台补偿器过近。在垃圾投放站指定位置投放。

7.一次性纸杯

一次性纸杯在始发出库时即摆放,纸杯下部略露出,便于取拿,运行途中缺少时及时补充。

三、乘务备品

1.急救药箱

急救药箱定置放于 5 号车乘务员室门后角柜内左侧,箱体顺放,侧面朝外。"药品登记簿"放于药箱上层,药箱内内服药与外用药(器械)分开存放,上层放口服内用药,下层放外用药及器械等,"一次性产包""连体防护服"放于列车长箱包内。

2.金属探测仪

金属探测仪放于 3 号车 1 号柜上格,备用蓄电池 1 块,随班组使用,终到不交接。

3.列车长手包

列车长手包内定置下列物品:G 网电话、站车无线交互系统、1 频对讲机、列车长工作手册、风险卡、记事本、笔、各类交接单等。

4.班组资料

"电报""客运记录""动车组上部服务设施故障交接单""动车组保洁质量验收单"全部放入班组票据防抢箱夹层内。

5.平板电脑

平板电脑定置于班组票据防抢箱内。

6.座充/电源插排

需在异地住宿的班组还需配备对讲机座充及电源插排,放于列车长箱包内,以备在公寓使用,终到后及时收回。

7.烟火回收袋

烟火回收袋放于列车长箱包内,用于班组接车后列车长及时收回餐售人员、保洁员、押运人员烟火,做好登记,加锁保管,终到后返还。

四、固定备品

1.应急备品

应急备品箱放于 5 号车 1 号柜上格,如图 3-90 所示。箱外贴有应急物品名称及数量,箱内装有引导旗 1 面、爆闪灯 4 个、便携式扩音器 4 个,性能良好,电量充足,共需 5 号电池 28 节,终到后交接,接班时检查应急备品状态。各班组自备 5 号电池 4 节,防止电池电量不足。

2.防寒备品

防寒备品通常放于 5 号车 1 号、2 号柜内,如图 3-91 所示。防寒服 80 件,分别放于 2 号柜上一、二、三格和 1 号柜上二、三格,每格 16 件,防寒被 26 床,分别放于 1 号、2 号柜最下格,每格 13 床(遇有数量变化时适当分配),分别使用专用包,包外悬挂备品名称及数量,便于识别,包拉链处使用塑料扣锁闭。

3. 金柜

金柜放于 5 车乘务室办公桌下,四角平稳,如图 3-92 所示。严禁将金柜与列车运行方向同向停放。备用应急电源盒 1 个,放于列车长箱包内。

图 3-90 应急备品箱实物图

图 3-91 防寒备品实物图

图 3-92 金柜实物图

4. 手推车

全列配备手推车 4 辆。

(1)餐车售货车 2 辆,1 辆停于吧台前侧,1 辆停放在餐厅餐桌与端墙间(遇有"G"字头列车时放于 1 车 3 位端墙旁),严禁与列车运行方向同向停放,离人制动,距墙面 10cm 以上。手推车实物图如图 3-93 所示。

(2)客运班组清洁车 2 辆,分别放于 5 号车 5 号、6 号备品柜下格,如图 3-94a)所示。投放口拉板及垃圾袋扣罩齐全好用,柜内上防滑挡放下,如图 3-94b)所示。

图 3-93 手推车实物图

a) 清洁车实物图　　b) 柜内上防滑挡实物图
图 3-94 清洁车及柜内上防滑挡

五、车容设施

1. 一等座、特等座头枕

头枕扣扣紧,头枕不倾斜,自然垂到头枕绑带下部,定型统一。一等座、特等座头枕实物图如图 3-95 所示。

2. 一等座、特等座脚蹬

将光面向上,弹起归位,便于后续旅客使用时直接踩到光面上。一等座、特等座脚蹬实物图如图 3-96 所示。

3. 一等座、特等座茶桌板

折叠前检查茶桌板状态,未见异常时折叠后放于扶手盒内。一等座、特等座茶桌板实物

123

图如图 3-97 所示。

图 3-95　一等座、特等座头枕实物图　　图 3-96　一等座、特等座脚蹬实物图　　图 3-97　一等座、特等座茶桌板实物图

4. 大件行李存放处

大件行李存放处行李支架全部放平,下角螺钉拧紧固定,如图 3-98 所示。

5. 婴儿护理台/折叠扶手

婴儿护理台折起,卡住卡锁;折叠扶手扶起,平向贴于护理台,如图 3-99 所示。

6. 遮光幕(帘)

遮光幕(帘)收起,缩放于窗帘盒内,如图 3-100 所示。

图 3-98　大件行李存放处实物图　　图 3-99　婴儿护理台、折叠扶手实物图　　图 3-100　遮光幕(帘)实物图

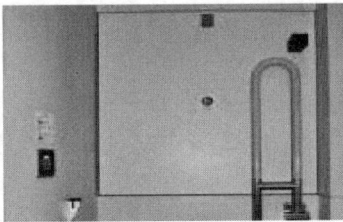

7. 茶桌板

折起归位,卡住茶桌板扣,折返站进行座椅转向作业时茶桌板要处于归位状态,防止划伤墙板。二等座茶桌板实物图如图 3-101 所示。

8. 座椅/扶手

全列座椅转向相同,座椅靠背恢复原始状态;检查扶手扣状态是否良好,压下放平,如图 3-102 所示。

9. 各柜门

镜柜门、备品柜门、内部通信柜门均应性能良好,离人加锁,如图 3-103 所示。

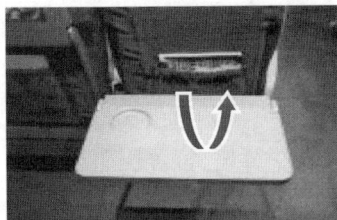

图 3-101　二等座茶桌板实物图　　图 3-102　座椅/扶手实物图　　图 3-103　内部通信柜门实物图

六、列车长(员)备品

1. 制帽

(1)列车长立岗、交接时戴制帽。运行中列车长制帽放在 5 号车乘务员室内办公桌内

侧,帽徽朝外,如图 3-104 所示。

(2)1 号车列车员始发、终到站立岗时戴制帽。运行中 1 车列车员制帽放在观光区衣帽柜内侧,帽徽朝外,如图 3-105 所示。

(3)其他车列车员接车后,其制帽放在 5 号车备品柜各自的箱包上(冬季着大衣时,放于大衣上),如图 3-106 所示。

图 3-104　列车长制帽实物图　　　图 3-105　1 车列车员制帽实物图　　　图 3-106　其他车列车员制帽实物图

2.箱包

箱包放于 5 号车备品柜内。列车长(正班、副班)箱包放在 4 号柜上格;1 号车列车乘务员箱包放在 6 号柜中格;8 号车列车乘务员箱包放在 5 号柜中格;"一长三员"时 6 号车列车乘务员箱包放在 5 号柜上格;"两长四员"时 3 号车列车乘务员箱包放在 6 号柜上格。

3.大衣、衣挂

1 号车列车乘务员大衣使用衣挂放于储物柜内(新造车体无法使用衣挂时,叠放平整摆于柜内),衣挂随班组使用,终到后收回,如图 3-107 所示;其他车列车乘务员大衣放于 5 号车备品柜各自的乘务箱上。"两长四员"时列车长大衣放于 5 号车 6 号中格 1 车列车乘务员箱包上。

4.水杯

8 号车列车乘务员水杯放于储物柜内,列车长及 6(3)号车列车乘务员水杯与餐售服务员水杯统一定置摆放,如图 3-108 所示。

图 3-107　大衣、衣挂实物图　　　　　　图 3-108　水杯实物图

七、各车厢备品柜具体定置汇总

(1)1号车备品柜:放1号车列车乘务员水杯、制帽,冬季挂1号车列车乘务员大衣(新改造车体下柜放过渡车钩)。

(2)2号车备品柜:放置8套防护网。

(3)3号车备品柜:保洁员箱包分别定位在备品柜上下两格,拉杆端朝外;折返站使用头枕片装包放置于中层格。

注意:当为"两长四员"时,自上而下,上柜放途中消耗品,摆放整齐随时使用,下柜放600个备用头枕片。

(4)5号车备品柜摆放规定,如图3-109所示。

6号	5号	4号	3号	2号	1号
3号车列车乘务员箱包	6号车列车乘务员箱包	正班列车长箱包 副班列车长箱包 手持金属探测仪	服务员箱甲	防寒服	应急备品箱
1号车列车乘务员箱包	8号车列车乘务员箱包	乘警箱包 票据防抢箱	服务员箱乙	防寒服	防寒服
清洁车	清洁车	消耗品纸箱	服务员箱丙 服务员箱丁	防寒服 防寒服	防寒服 防寒服

图3-109 5号车备品柜定置图

①1号柜(共四层):最上层放置应急备品箱,中间两层放置防寒服,最下层放置防寒被。

②2号柜(共四层):上三层放防寒服,最下层放防寒被。

③3号柜(共四层):上三层放置餐饮服务员箱包,拉杆端朝外;最下层放置易碎品整理箱。

④4号柜(共三层):上层放列车长箱包、手持金属探测仪;中层左侧放置票据防抢箱,右侧放置铁路公安乘警箱包;下层放置消耗品纸箱、爱心凳。

⑤5号柜(共三层):上层放置6号车列车乘务员箱包,制帽放于箱包上,帽徽正向;中层放置8号车列车乘务员箱包;下层放清洁车。

⑥6号柜(共三层):上层放置3号车列车乘务员箱包,中层放置1号车列车乘务员箱包,下层放清洁车。

注意:本定置图适用于CRH380B、CRH380B型新造车体、夏季列车运行图、冬季列车运行图、一长二员、一长三员、两长四员等,没有上述某项品名时相应柜格空出,严禁其他格中物品向空格转移。

(5)6号车备品柜:自上而下,上格放连接器及穿销,中格放ARR车钩,下格放10号车钩适配器。

(6)7号车备品柜:左侧为连接杆及链(带开口销),右侧自上而下,格1放安全帽,格2放绝缘手套,格3放绝缘靴,格4放接地铜线,格5放安全带、防浸鞋套、防护马甲,格6放止轮器。

(7)8号车备品柜:放8号车列车乘务员水杯,夏季放置赠品(新改造车体下柜放过渡车钩)。

(8)列车长箱包内:对讲机座充、电源插排、应急电源盒、烟火回收袋、列车乘务员手机、一次性产包、连体防护服、备用子母扣。

单元五　CR400BF 型动车组列车主要设备设施

🔆 单元导入

1. CR400BF 型动车组列车如何非正常开启塞拉门?
2. CR400BF 型动车组列车外端门的基本使用操作方法是什么?
3. CR400BF 型动车组列车内端门的基本使用操作方法是什么?
4. 如何操作 CR400BF 型动车组列车一等座椅?
5. 如何操作 CR400BF 型动车组列车二等座椅?
6. 如何操作 CR400BF 型动车组列车商务座椅?
7. 如何使用 CR400BF 型动车组列车紧急报警系统?

CR400BF 型动车组是由长客股份生产的车型,适用于在中国的 350km/h 速度等级客运专线(如京沪客运专线)上运营,并能在 200km/h 速度等级及以上的客运专线上以 200km/h 速度级正常运行。运行海拔高度不大于 1500m,列车年运用里程不超过 80 万 km;年运用天数不超过 330d,每天运用时间不超过 17h;可在最低温度为 −40℃、最高温度为 +70℃ 环境下运行。

一、CR400BF 型动车组概况

1. CR400BF 型动车组编组

CR400BF 型动车组为 8 辆编组,采用 4 动 4 拖动力结构,由 2 个牵引单元组成。动车组具有良好的气动外形,两端为驾驶室,列车正常运行时由前端驾驶室操控。CR400BF 型动车组车体分布图如图 3-110 所示。

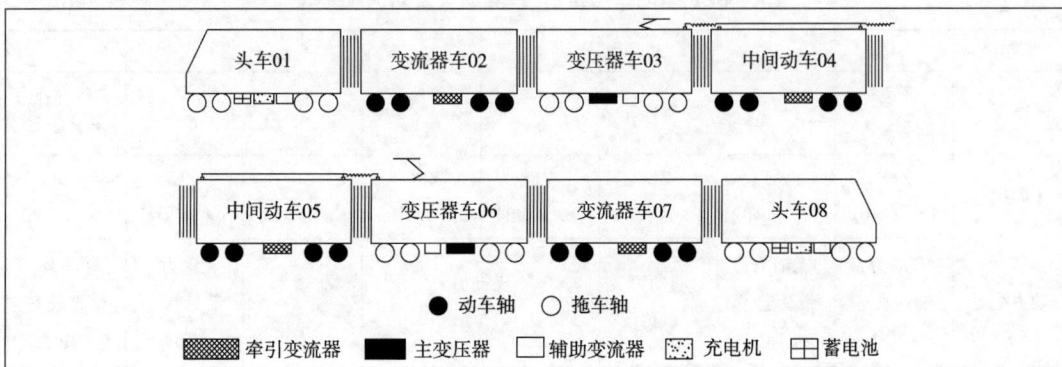

图 3-110　CR400BF 型动车组车体分布图

2. CR400BF 型动车组车体基本参数

CR400BF 型动车组车体长约 210m;车体宽 3360mm,车体高 4050mm。CR400BF 型动车组仅适用于新建或改建车站的高站台。

3. CR400BF 型动车组定员

CR400BF 型动车组定员为 576 人。CR400BF 型动车组列车由 1 辆一等头车(观光车)、1 辆二等头车(观光区为一等座)、5 辆二等座车(其中 4 车设残疾人卫生间)和 1 辆餐车组成,其定员分布图如图 3-111 所示。

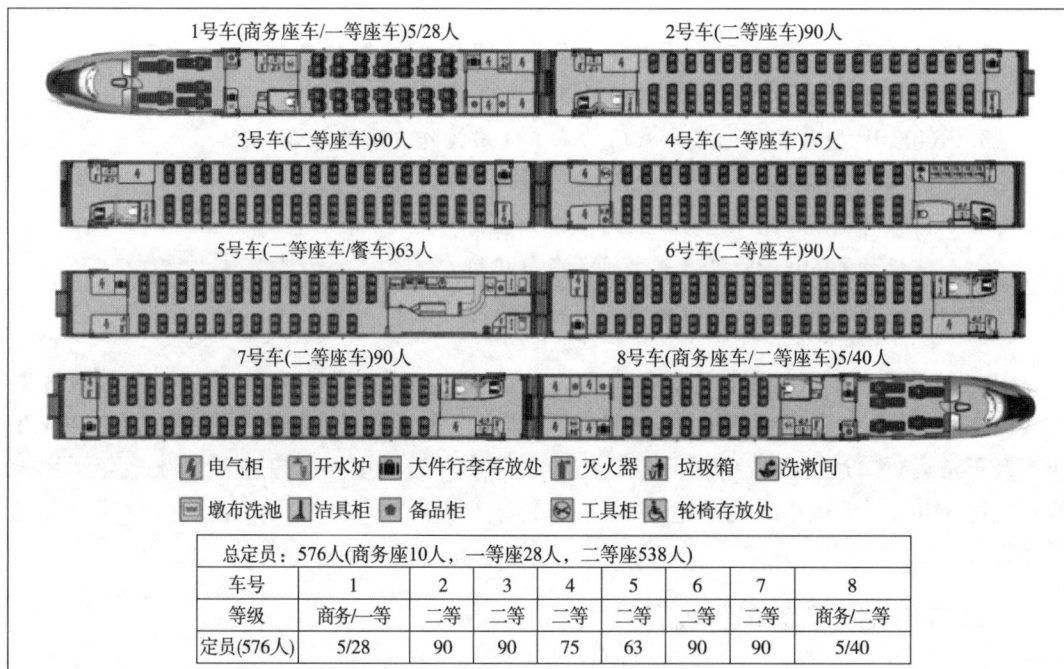

图 3-111　CR400BF 型动车组定员分布图

车种代码为汉语拼音缩写:一等、商务座车 ZYS,二等座车 ZE,二等座车、餐车 ZEC,二等、商务座车,CR400BF 型动车组定员、车厢编号及动力配置等见表 3-10。

CR400BF 型动车组定员、车厢编号及动力配置表　　表 3-10

车厢号	1	2	3	4	5	6	7	8
车型	一等座车、商务座车	二等座车			二等座车、餐车	二等座车		二等座车、商务座车
车厢编号	ZYS 5××01	ZE 5×××02	ZE 5×××03	ZE 5×××04	ZEC 5×××05	ZE 5×××06	ZE 5×××07	5×××ZES 5×××00
动力配置	有动力,带驾驶室(Mc)	无动力,带受电弓(Tp)	有动力(M)	无动力(T)	有动力(M)	无动力,带受电弓(Tp)	有动力,带驾驶室(Mc)
定员	28+5	90	90	75	63	90	90	40+5
动力单元	单元1				单元2			

二、车体结构组成

1.车体组成

根据车窗及车内设施不同,CR400BF型动车组车体分为6种车型,分别为Tc01型、M02/07型、Tp03/06型、Mh04型、Mb05型、Tc08型车,其中4辆是动车。

该动车组的车体承载结构由车体全长的大型中空铝合金型材组焊而成,为筒形整体承载结构。车体具有很好的防振、隔音效果(尤其是侧墙)。车体所使用的材料为可焊接铝合金,具有良好的防腐性。

车体承载结构是由底架、侧墙、车顶、端墙以及设备舱组成的一个整体。头车还设有驾驶室,头车的车体结构设计能够为司机提供一个安全空间。

2.车体其他功能结构

(1)车顶设有受电弓车顶导流罩(车顶导流罩由两个侧罩和圆顶罩组成)。导流罩采用玻璃钢材料制作,通过螺栓与车顶连接。车顶导流罩的作用是保护车顶设备,改进动车组的空气动力学性能。

(2)车体端部和设备舱中部设有注水口盖板和排污口盖板,注水口盖板的功能是保护注水装置,防止被飞石破坏和灰尘进入影响水的质量;同时优化车体空气动力学性能,使车体外形保持流线型,减少空气阻力。盖板采用内置滑道上翻式和内塞拉式结构。CR400BF型动车组内塞拉注水口盖板如图3-112所示。

(3)排污口盖板的功能是方便职工进行排污作业。每辆车的两侧各设置一个排污口盖板,盖板采用内塞拉或内推拉结构,在裙板上设有滑道。CR400BF型动车组内推拉排污口盖板如图3-113所示。

3.车窗

(1)驾驶室前窗及其加热装置

驾驶室前窗作为车头车窗,具有相应的前车窗所具有的光学和物理特性;具有曲面三维形状,能减低噪声并使车体外板平滑过渡。驾驶室前窗采用夹层玻璃经气封和压力密封制作而成,线束加热最长可连续运行2h,仅在需要加热时才启动加热。

(2)客室侧窗

客室侧窗玻璃采用双层安全中空玻璃,侧窗设计达到所要求的压力气密性。玻璃的外层和内层均为夹层玻璃,颜色为灰色。两层玻璃之间进行密封并填充氩气,以提高侧窗玻璃的隔音和隔热性能。外侧玻璃的内部

a) 关闭状态

b) 打开状态

图 3-112 CR400BF 型动车组内塞拉注水口盖板

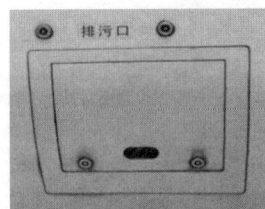

a) 关闭状态

b) 打开状态

图 3-113 CR400BF 型动车组内推拉排污口盖板

边缘有一圈黑色丝网印刷,能有效地阻挡紫外线对黏结剂的加速老化。侧窗最外侧的玻璃与侧墙外表平面平齐,玻璃周边与侧墙窗口周围留有间隙,该间隙用密封胶填充后刮平,既达到车辆空气动力学的要求,又达到外形美观效果。

在紧急情况下,用客室内的安全锤能够迅速打碎应急窗玻璃并拆掉,以保证旅客从窗口逃生。

(3)驾驶室侧窗

驾驶室侧窗,即前端窗(左1)、(右1)是固定的,在紧急情况下,用客室内的安全锤能迅速打碎应急窗玻璃并拆掉,保证旅客从窗口逃生。

其玻璃结构与客室侧窗相同,最外侧的玻璃与侧墙外表平面平齐,玻璃周边与侧墙窗口周围留有间隙,该间隙用密封胶填充后刮平,既能达到车辆空气动力学的要求,又能达到外形美观效果。

观光区车窗4个:其中2个改为逃生窗,01号车观光区前面的窗即前端窗(左2)、(右2);08号车观光区后面的窗即前端窗(左3)、(右3)。在紧急情况下,用安全锤能迅速打碎窗玻璃并逃生。

三、基础设备

1.塞拉门

(1)结构组成及原理

CR400BF型动车组塞拉门主要由门扇、门框、门槛、承载驱动装置、门控单元DCN、锁闭装置、隔离装置、紧急解锁装置、导向装置等组成,如图3-114所示。

图3-114 CR400BF型动车组塞拉门结构组成

塞拉门为电控、电动外塞拉式单扇滑动门,电控、气动压紧密封,车辆侧门间采用控制器局域网络(CAN)线连接,与列车控制单元采用多功能车辆总线(MVB)连接。关门指令、开门指令、开门允许指令、速度信号、安全回路等通过硬线传输。故障诊断信息通过网络传输给列车控制系统。

每个塞拉门配一个门控器,每节车厢设一个主门控器。每节车厢所有的塞拉门都通过CAN接口连接在一起,整列车所有主门控器通过MVB接口与列车控制单元相连。主门控器从列车控制单元接收信号和指令,同时将本车厢所有车门各种状态和诊断信号的信息传送给列车控制单元。门控器对车门的控制依据包括来自门系统接收到的各种信号和指令、旅客操作区域中发出的信号、来自列车司机控制台的指令和MVB信号。

车门的锁闭系统由主锁及两个辅助锁组成。其中,主锁为二级锁闭结构,以保证安全;两个辅助锁可以保证整车车门处的气密性能。车门同时设置隔离锁,此锁为机械锁闭装置,在门系统失电后可以手动锁闭门系统,并进行隔离。塞拉门在开门及关门动作的末端有缓冲功能,防止车门开关时对列车的冲击,减少因动作过快可能产生的危险。车门关闭后能有效地起到隔热、隔音作用,并能消除车门系统自身的振动。车门系统的设计保证高度可靠,门机构可以在车内进行维修。

(2)塞拉门控制元件及功能

①塞拉门控制元件,如图3-115所示。

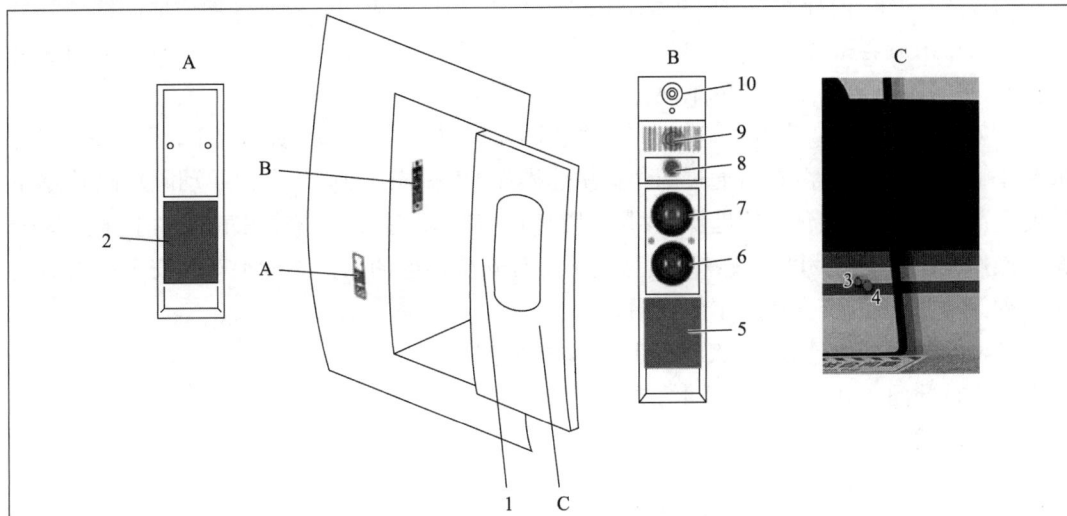

图3-115 CR400BF型动车组塞拉门控制元件

1-外部旅客按钮"本地开启塞拉门";2-外部紧急解锁手柄;3-机械隔离锁;4-安全锁;5-内部紧急解锁手柄;6-旅客按钮"本地关闭塞拉门";7-内部旅客按钮"本地开启塞拉门";8-紧急开关(安全玻璃后面的压力开关);9-蜂鸣器装置;10-紧急开关(车门控制的四角开关)

被释放的车门可通过操作"旅客按钮"(1或7)自动开启。

②内紧急解锁装置集成开门按钮、关门按钮、紧急解锁手柄、紧急解锁请求按钮、紧急解锁请求钥匙开关、蜂鸣器。内紧急解锁装置在车辆速度小于10km/h时有效,其操作力不大于150N。启动紧急解锁装置后能在驾驶室人机界面上显示。

③外紧急解锁装置不受速度限制,操作外紧急装置能够在切断车门驱动控制的同时实现机械解锁,其操作力不大于150N。外紧急解锁操作不受速度限制,但因车辆速度大于10km/h,辅助锁始终充气压紧,故能够解锁但不能开门。

④塞拉门系统主要功能。

a.开门功能:旅客开门、中央集控开门及紧急解锁开门。

b.关门功能:旅客关门、取消门功能释放信号关门、门控器服务按钮关门、速度信号关门。

c.防挤压功能。

d.故障隔离功能。

e.紧急解锁功能。

f.故障指示、诊断和记录功能并可通过读出器读出记录数据。

g.自诊断功能。

h.零速保护。

i.牵引连锁。

（3）非正常开启塞拉门程序

①紧急情况下，且车辆速度小于10km/h时，车门未隔离锁闭，在车外可通过操作"外部紧急解锁手柄"切断车门控制并解除锁闭，手动拉开车门；在车内可通过操作"紧急开关"切断车门控制，操作"内部紧急解锁手柄"解除锁闭，手动推开车门。安全玻璃后面的红色紧急压力开关可由旅客激活。四角紧急开关，由列车员和车间专门操作人员通过四角锁钥匙进行操作，可在不打碎安全玻璃的情况下发出紧急请求。

②如果车门停用或失效，可通过四角锁钥匙操作"机械隔离锁"从车内手动隔离该车门；如果车辆停用或站场停放，可通过四角锁钥匙操作"机械隔离锁"从车内手动隔离除首尾车外的全部车门，通过四角锁钥匙操作"机械隔离锁"从车外手动隔离首尾车门，并且通过安全钥匙操作"安全锁"锁闭"机械隔离锁"，使不持有安全钥匙的人员不能上车。安全钥匙每列车一种，不同车组的安全钥匙不能互用。

带电的车门可通过操作"旅客按钮"自动关闭。

当进行开门、关门、紧急操作时，蜂鸣器蜂鸣示警。

2. 外端门

（1）结构组成及原理

CR400BF型动车组外端门主要由门扇、承载驱动装置、状态转换开关、下导轨、门框防火密封装置（防火框）、门口装饰胶条等组成。

外端门为电控、电动双扇滑动拉门，是防火门，当火灾发生时，外端门与端墙一起形成防火隔断，阻挡火灾蔓延。外端拉门的电动机通过减速器驱动皮带轮旋转，带动齿形带运动，齿形带拖动上导轨上的滑车运行，滑车带动门扇移动，通过DCU、开关按钮实现门的控制。

（2）主要部件结构与功能

①门扇。门扇为双开门扇，采用玻璃加框架结构，玻璃为防火玻璃。门扇下部设置滑槽，与下导轨相匹配。门扇的内侧、外侧均设有扣手。左门扇框架上安装门锁，门锁采用向上锁闭形式。

②承载驱动装置。承载驱动装置包括上导轨、DCU、电动机单元、传动单元、同步单元、止挡单元、携门滚轮单元等。承载驱动装置具有承载、控制、驱动和导向等功能。

③下导轨。下导轨为T形铝型材，具有导向门扇，防止门扇运行摆动功能。

④防火框。防火框由承载支架和防火胶条组成。当火灾发生时，防火胶条受热膨胀填充门扇四周缝隙，使门扇与端墙形成整体，阻断火灾蔓延。

⑤门口装饰胶条。门口装饰胶条为黑色橡胶型材件，能够封闭、装饰端墙门口铝型材断面。

⑥外端门系统主要功能。外端门系统具有本地按钮自动开门、相邻车门联动开门、延时自动关门、状态切换、障碍物检测、故障诊断、开门位和关门位手动机械锁闭隔离、防火、手电动切换等功能。

（3）基本使用操作

触摸外端门门扇上的开门按钮可打开车门；操作承载驱动装置上的四角锁能够将门机械锁闭在开门位置，并切断车门控制；操作门扇上的四角锁将门机械锁闭在关门位置，并切断车门控制。

3. 客室端门

（1）结构组成及原理

CR400BF 型动车组客室端门由门扇、承载驱动机构、下导轨、门框胶条组件、红外传感器等部件组成。

客室端门为电控、电动单扇滑动拉门。外端拉门的电动机通过减速器驱动皮带轮旋转，带动齿形带运动，齿形带拖动上导轨上的滑车运行，滑车带动门扇移动，通过 DCU、开关按钮或红外传感器实现门的控制。

（2）主要部件结构与功能

①门扇。门扇为单开门扇，采用玻璃加框架结构。门扇四周为铝型材框架，上部为钢化玻璃，下部为通风格栅。门扇下部设置滑槽，与下导轨相匹配。门扇的内侧、外侧均设有扣手。门扇框架上安装门锁，门锁采用向上锁闭形式。

②承载驱动装置。承载驱动装置包括上导轨、DCU、电动机单元、传动单元、止挡单元、携门滚轮单元等。承载驱动装置具有承载、控制、驱动和导向等功能。

③下导轨。下导轨为 T 形铝型材，具有导向门扇、防止门扇运行摆动的功能。

④门框胶条组件。门框胶条组件由铝型材承载架和门挡胶条组成，具有密封客室端门的功能。

⑤红外传感器。红外传感器为近红外线反射方式的光电开关，具有控制开门的功能。

（3）客室端门系统主要功能

客室端门系统具有本地红外感应自动开门、延时自动关门、故障自诊断、障碍物检测、开门位和关门位手动机械锁闭隔离、手电动切换等功能。

（4）基本使用操作

进入客室端门红外传感器感应区域或触摸门扇上的开门按钮，车门自动打开；操作门扇上的四角锁将门机械锁闭在开门位置或关门位置，并切断车门控制。

4. 内装结构

CR400BF 型动车组内装结构主要包括侧墙板、平顶板、客室顶板、地板及地板布、间壁柜等，它是动车组的旅客界面的重要组成部分，为旅客的车内活动提供方便，是列车保证旅客旅行过程中所必需的设施，关系到旅客旅行生活条件的优劣。

（1）侧墙板

侧墙板材质为玻璃钢，具有良好的抗拉强度、耐磨性、阻燃性和防化学抗腐蚀性；侧墙板能够隔离车体铝结构和旅客界面，起到隔热、隔湿、隔音等作用，提高旅客乘坐的舒适度。客室区域的侧墙板集成了遮阳帘、衣帽钩以及空调系统的进/出风口。车体设置车窗处，侧墙板窗口下部设置窗台，窗台有效宽度为 80mm，供旅客摆放水杯、眼镜等较小的物品。在车体不设车窗的区域，侧墙组成设盲区墙板。CR400BF 型动车组客室区域如图 3-116 所示。

（2）平顶板

平顶板采用 NOMEX 酚醛蜂窝与纤维树脂预浸料复合而成的"三明治"夹心材料，具有质量轻且强度高的特点。平顶板上集成有射灯、扬声器、温度传感器、空调回风口等设施。

图 3-116 CR400BF 型动车组客室区域

平顶板上设有压紧锁、折页和限位机构等铰接零件用于安装,且便于其他设备的检修。

(3)客室顶板

客室顶板采用模块化设计,外观同内装饰效果相协调,中顶采用铝板压型而成,侧顶板采用模压玻璃钢材料,具有良好的抗拉强度、耐磨性、阻燃性和防化学抗腐蚀性。所有客室中顶皆为活门结构,方便后部风道检修。

(4)地板及地板布

地板采用浮筑式结构,材质为胶合板,具有良好的隔音、隔热性能。地板与车体铝结构之间用木骨支撑;客室区域设置通长滑道,座椅可沿滑道运动,以调整座椅间距;座椅滑道用防拔元件支撑。木骨、滑道纵向布置所形成的空间用于电线槽的布置以及保温材料的铺装。在地板木骨的上面粘接有减振垫,减振垫由特殊的泡沫材料制成,以形成弹性的支撑。地板部位是非常重要的内装饰构成部位,用以隔离外界环境与车厢内的热量和噪声的传递;地板及其支撑之间填充有隔音、隔热材料,具有良好的隔音、隔热性能。地板布采用复合橡胶地板布,具有防滑、耐磨等特性,地板布间的接头及连接具有防水功能。CR400BF 型动车组地板组成结构示意图如图 3-117 所示。

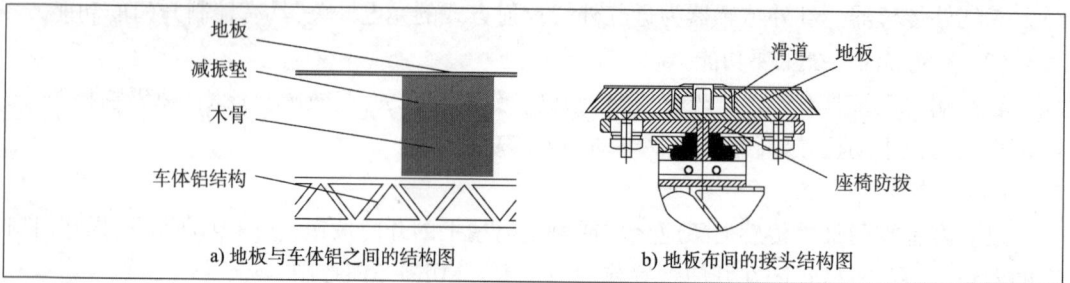

a) 地板与车体铝之间的结构图　　b) 地板布间的接头结构图

图 3-117 CR400BF 型动车组地板组成结构示意图

图 3-118 CR400BF 型动车组间壁柜

(5)间壁柜

间壁柜采用模块化设计,外观美观并具有良好的耐磨和抗破坏性能。其主体承力部分结构采用胶合板材质,柜门采用纸蜂窝材质。间壁柜与车体铝结构之间采用减振装置连接,保证车辆运行时车内间壁不发生振动响声。间壁柜门装有铰链和锁,门的开启度不小于 90°,如图 3-118 所示。

5. 车内设备

CR400BF 型动车组车内设备主要包括一、二等座椅,商务座椅,客室行李架,大件行李柜,等等。

(1)一、二等座椅

一等车客室设 2+2 宽幅软座座椅,二等车客室设 2+3 软座座椅。一、二等座椅均可顺时针或逆时针旋转 180°,使得旅客总是可以面对车行方向乘坐。座椅的可旋转结构充分体现了人性化设计,提高了旅客乘坐的舒适度。座椅靠背可由个人手动控制从 8°～30°(二等车座椅从 0°～24.5°)任意角度轻松调节和锁定,而且保证靠背的倾斜不会干扰到后排旅客的活动空间。座椅设有供旅客使用的小桌。

①CR400BF 型动车组一等座椅,如图 3-119 所示。

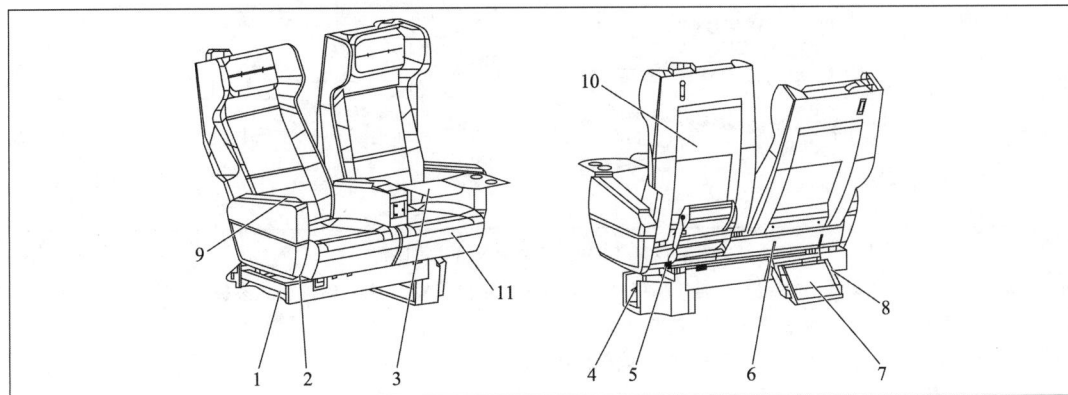

图 3-119　CR400BF 型动车组一等座椅

1-座椅底架(1 组);2-座椅转架(1 组);3-内置式桌板(2 组);4-复位脚踏(1 组);5-旋转定位装置(2 组);6-解锁脚踏(2 组);7-折叠式脚踏(2 组);8-横柱(1 组);9-固定扶手(3 组);10-靠背(2 组);11-坐垫(2 组)

操作说明:

a. 座椅旋转:轻踩侧方脚踏板,靠背及后脚踏板会自动复位,然后顺时针或逆时针轻推座椅,座椅上部最大可旋转 180°。

b. 靠背倾斜:座椅设有气弹簧装置,旅客按压侧扶手侧面上的按钮,并给靠背一个向后的力,靠背可以按需要的角度向后倾斜并锁紧,最大可达 30°。

c. 小桌板:小桌板在每个座椅的侧扶手内。翻开侧扶手上盖,即可拿出小桌板,并且侧扶手盖板上贴有安全警示标识,防止侧扶手上盖板夹手。

d. 后脚踏板:使用时,把脚放在踏板上,踏板即会放下;踏板可实现二级翻转,脚踏板的两个面均可以使用。当需要收起踏板时,用脚轻踩回位踏板。

e. 杂志袋:靠背后面有杂志袋可放报纸杂志等。

f. 衣帽钩:靠背后面有衣帽钩可挂衣服及帽子。

g. 电源插座:一等座椅两座垫接缝处有带 USB 的电源插座。

②CR400BF 型动车组二等座椅,如图 3-120 所示。

操作说明:

a. 座椅旋转:轻踩侧方脚踏板,靠背及坐垫会自动复位,然后顺时针或逆时针轻推座椅,座椅上部可旋转最大为 180°的角度,不能大于 180°。

b. 靠背倾斜:座椅设有气弹簧装置,旅客按压侧扶手侧面上的按钮,并给靠背一个向后的力,靠背可以按需要的角度向后倾斜并锁紧,最大可达 24.5°。

c. 背面小桌板:小桌板在靠背后面。旋开塑料扣放下小桌板即可使用。

d. 中间扶手:中间扶手可向上翻起,以增大横向空间。

e. 杂志袋:靠背后面有杂志袋可放报纸杂志等。

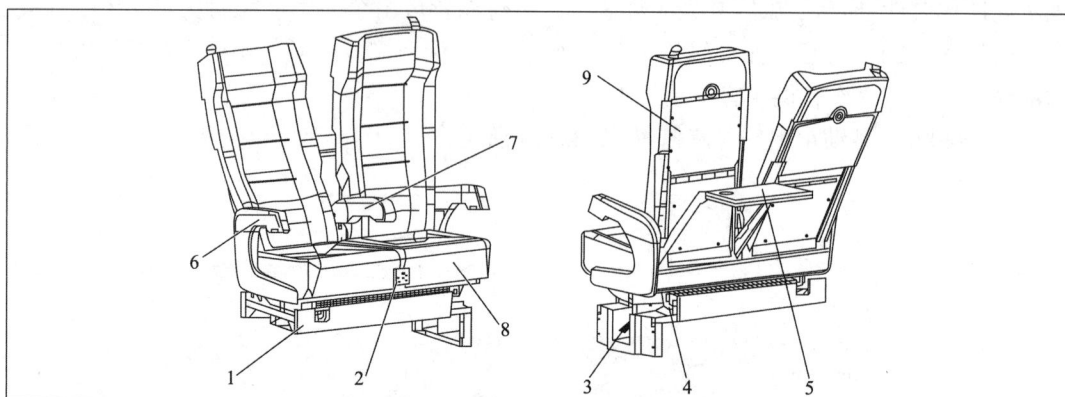

图 3-120　CR400BF 型动车组二等座椅

1-座椅底架(1 组);2-座椅转架(1 组);3-复位脚踏(1 组);4-旋转定位装置(1 组);5-旋转式桌板(1 组);6-固定扶手(2 组);7-可旋转扶手(1 组);8-坐垫(2 组);9-靠背(2 组)

f.电源插座:两座垫接合处有带 USB 的电源插座。

(2)商务座椅

CR400BF 型动车组商务座椅包括单人商务旋转座椅、双人商务旋转座椅,分布于观光区。商务座椅由骨架、包裹软垫、私密罩壳、微控制单元控制器及运动旋转机构 5 部分组成。商务座椅可顺时针或逆时针旋转 180°,并具有坐姿/躺姿无级调节等功能。同时,商务座椅集成控制面板、阅读灯、电源插座、小桌板和杂志袋,满足旅客的各种旅途需求。CR400BF 型动车组商务座椅如图 3-121 所示。

图 3-121　CR400BF 型动车组商务座椅

操作说明:

①座椅旋转:扣动座椅侧方的释放拉索,然后顺时针或逆时针轻推座椅,座椅上部即可旋转最大为 180°的角度。

②坐姿调节:按动控制面板相应调节按钮即可。

③小桌板:小桌板在座椅的右侧侧扶手内。翻开侧扶手上盖,即可拿出小桌板。

④电源插座:座椅左侧扶手前端装有电源插座。

⑤阅读灯:按动相应的阅读灯开关即可。

（3）客室行李架

CR400BF 型动车组客室行李架主要由铝型材、压铸铝和聚碳酸酯板组成，其主要承载行李的面板为 10mm 厚的聚碳酸酯板。

客室行李架的承载机构具有外形美观、结构简单、安装方便，运行可靠等优点。客室行李架设置在客室座椅上方，用于旅客放置较小的随身行李。行李架采用半透明的聚碳酸酯板作为承载面，既美观又让旅客可以透过承载板看到自己的行李。行李架下盖板设置电子座位显示系统，座位号通过透光 PC 显示出来。行李架端部设有头部保护带，防止旅客不慎撞伤。CR400BF 型动车组客室行李架如图 3-122 所示。

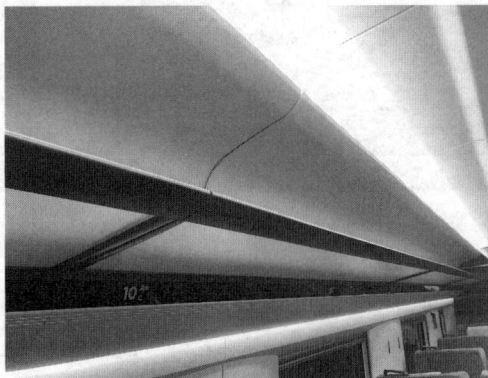

图 3-122　CR400BF 型动车组客室行李架

（4）大件行李柜

CR400BF 型动车组大件行李柜设置在车辆端部，用于旅客放置大件行李。大件行李柜设置中部隔板，具有两层存储空间。中部隔板具有一定的倾斜角度，可防止上层行李滑落；下部设门槛，可防止下层行李滑出。

四、服务设备

1. 车内照明

内部照明的目的是照亮整个车厢，为旅客和工作人员提供旅途生活和工作所必需的照明。

内部照明按区域划分可分为客室照明（行李架灯带）以及其他区域（通过台、卫生间、走廊、驾驶室、旅客服务区）的顶部射灯；按功能划分可分为主照明和应急照明。

（1）客室及通过台照明

客室区域的主照明主要是行李架灯带，行李架灯带安装在行李架的后方，设置行李架上部灯带及行李架下部灯带的长度根据行李架的长度确定，如图 3-123 所示。

客室内的灯带光源为 LED 灯，行李架上部灯带功率设计为 24W/m，行李架下部灯带功率设计为 12W/m。灯模块内的电源符合 EN 50155 及 IEC 60571（机车车辆上使用的电子设备）标准。在每个灯带端部通过连接器向灯带供电。行李架的每个灯带分布与电源集成为一个模块组，而中顶灯带采用集中电源供电。

通过台照明由直径为 80mm 的筒灯组成，每个筒灯功率为 8W。CR400BF 型动车组通过台照明效果如图 3-124 所示。

（2）观光区可调亮度照明

在 1 号、8 号车的观光区内，有 12 个可调亮度的筒灯（外形同通过台筒灯）及墙裙旋钮，旅客可通过调节旋钮对观光区筒灯亮度进行调节。观光区旋钮安装效果如图 3-125 所示，观光区筒灯安装效果如图 3-126 所示。

图 3-123 CR400BF 型动车组行李架灯带

图 3-124 CR400BF 型动车组通过台照明效果

图 3-125 CR400BF 型动车组观光区旋钮安装效果

图 3-126 CR400BF 型动车组观光区筒灯安装效果

（3）照明控制及其他

①内部照明采用 DC 110V 供电,还有部分顶部射灯自带直流变压器,将 DC 110V 变换成 DC 12V,采用 DC 12V 供电电压。

②内部照明控制元件如下:

a. 每个头车一端控制板上的"列车灯开/关"照明按钮。

b. 每个头车上司机控制台上的司机人机界面。

c. BC05 车上乘务室里的人机界面。

③应急照明与主照明由控制台进行控制,司机控制台上的司机人机界面和乘务室里的人机界面操作如下:

a. 进入车内照明控制界面。

b. 照明 0——应急照明和主照明关。

c. 照明 1/3——应急照明开。

d. 照明 1——应急照明和主照明开。

e. 照明模式——自动模式(客室灯具亮度平均为 200lx,色温在速度大于 5km/h 时为 4500K,在小于 5km/h 时为 6000K)。

f. 夜间模式——客室灯具亮度为 100%,色温为 3000K。

g. 睡眠模式——客室灯具亮度为 33%，色温为 3000K。

h. 备用模式 1——客室灯具亮度为 100%，色温为 4000K。

2. 给排水卫生

给水卫生系统主要包括净水箱、净水管路、卫生间模块、洗面间模块、集便系统、排污管路、污物箱、电热开水器、排水管路等。

全列设置 6 个容量为 400L 的净水箱、2 个容量为 300L 的净水箱。

全列设置 5 个蹲式卫生间模块、7 个坐式卫生间模块、7 个洗面间模块、1 个拖布池、5 个容量为 600L 的污物箱、2 个容量为 450L 的污物箱、1 个 450L 污水箱，并采用真空集便系统。排污管路缠伴热线并包裹防寒材。

（1）电热开水器

全列设置了 7 个电热开水器。

电热开水器采用沸腾翻水式原理、电磁加热方式的柜式整体结构。它主要由柜式框架、电控箱、加热元件、加热箱、储水箱、进水电磁阀、过滤器、排水电磁阀、磁控管等组成。电热开水器具有缺水保护、防干烧保护功能。

电热开水器外接 3 个指示灯。其中，电源指示灯为绿色，加热指示灯为黄色，缺水指示灯为红色。电热开水器漏电和设置过载保护措施。电热开水器应用前先确保净水箱内有水，再进行通电加热。该机器具有缺水保护功能，在列车运行过程中，开水器所有控制自动进行。

电热开水器采用电磁加热功能及液位传感器控制装置，具有安全解锁功能。储水箱出水口设置手动截止阀、电磁阀，接水面板设置安全解锁按钮、出水按钮。直接按压出水按钮，电热开水器不出水。按下解锁按钮后，3s 以内按出水按钮出水，松开按钮后停止出水；3s 内再次按压出水按钮，继续出水。按下解锁按钮，超过 3s 后按压出水按钮，不出水。CR400BF 型动车组电热开水器如图 3-127 所示。

图 3-127　CR400BF 型动车组电热开水器

（2）卫生间

卫生间采用模块化设计，地板、墙板、洗手系统、便器等集成为一个模块，减少了卫生间与车上接口，而且接口形式简单，便于安装与调整。以坐式卫生间为例，由地板、墙板、顶板、门、洗手系统、坐便器以及内部的设备件组成。CR400BF 型动车组卫生间结构图如图 3-128、图 3-129 所示，卫生间实物图如图 3-130 所示。

（3）洗面间

洗面间的主要材质为玻璃钢壳体，并集成镜子、洗手台面及水阀、垃圾箱、纸巾盒、皂液器等设备。CR400BF 型动车组洗面间结构图如图 3-131 所示，洗面间实物图如图 3-132 所示。

洗面间温水板用于给洗面间提供热水，以便于旅客洗漱。温水板通电后，上水后触发水位满信号，随后温水板开始加热。温水板加热到 30℃ 则停止加热。按压水龙头，延时 7 ~ 9s，一次出水量为 240mL ± 20mL。

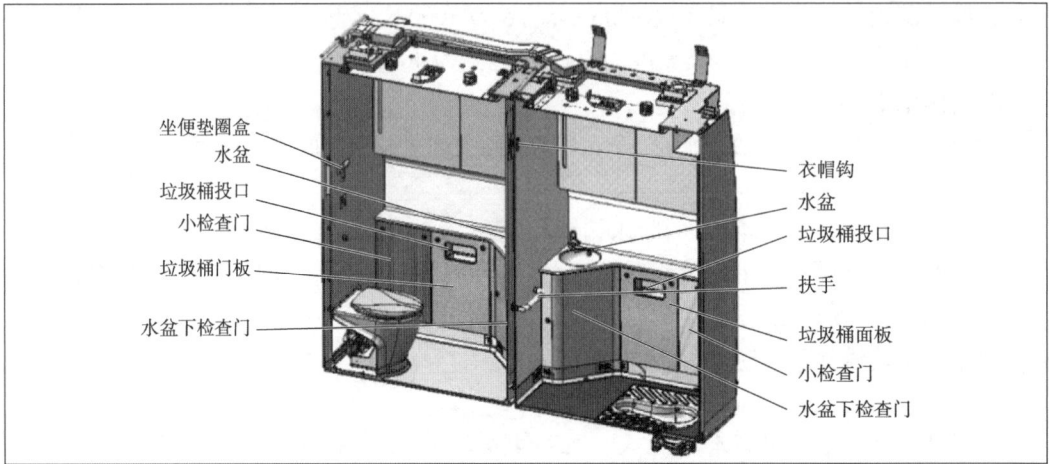

图 3-128　CR400BF 型动车组卫生间结构图(一)

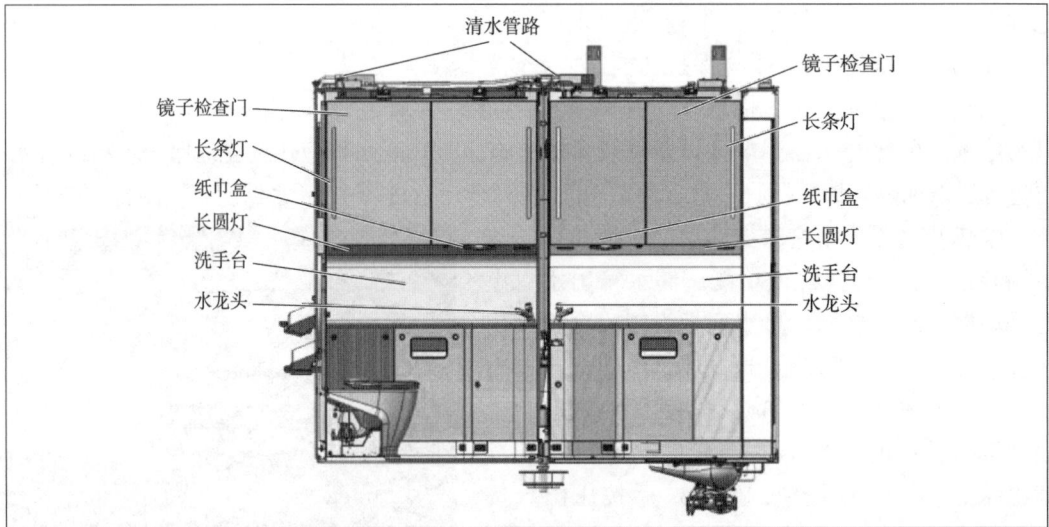

图 3-129　CR400BF 型动车组卫生间结构图(二)

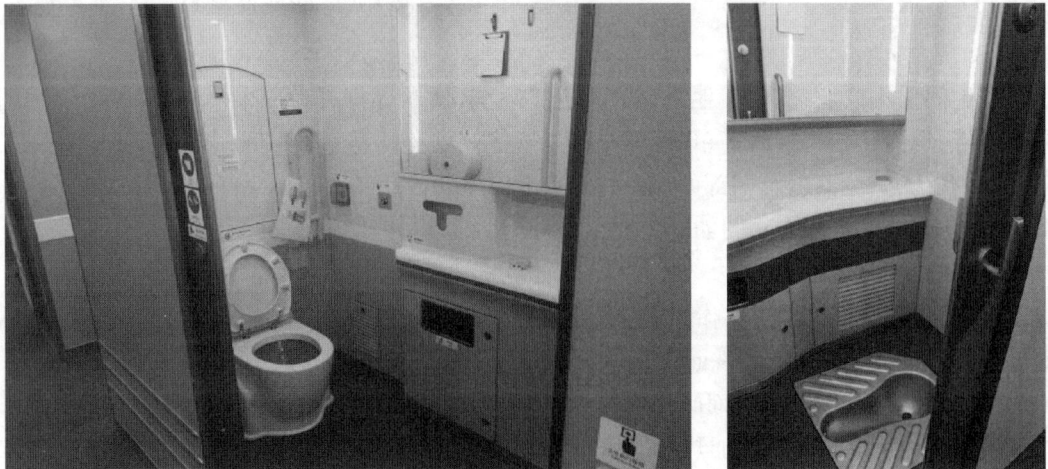

图 3-130　CR400BF 型动车组卫生间实物图

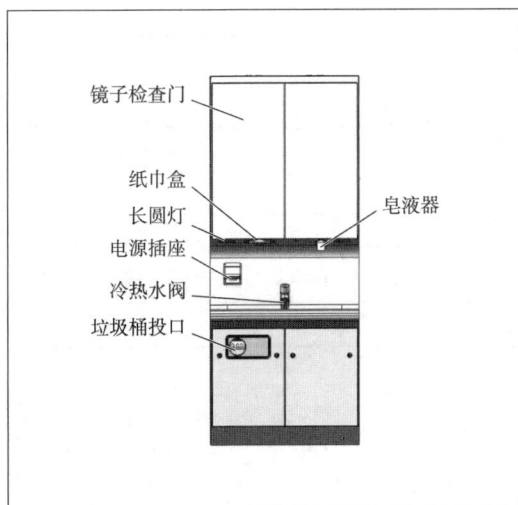

图 3-131　CR400BF 型动车组洗面间结构图

图 3-132　CR400BF 型动车组洗面间实物图

3. 餐吧车

CR400BF 型动车组的餐车位于每组动车组的中部。餐吧车设置厨房区、餐吧服务区,有倚靠栏、吧台、冷藏冰箱、储藏柜、照面镜、电茶炉、微波炉、价目表等,CR400BF 型动车组餐吧车如图 3-133 所示。

4. 旅客信息系统

CR400BF 型动车组的旅客信息系统由旅客信息显示、列车内部通信和广播通告、旅客音视频娱乐系统、车载无线系统、座位信息显示等组成。旅客信息系统主要实现旅客信息显示、列车广播及内部通信和旅客紧急报警功能。CR400BF 型动车组旅客信息设备清单见表 3-11。

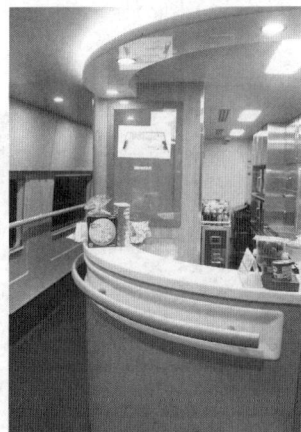

图 3-133　CR400BF 型动车组餐吧车

CR400BF 型动车组旅客信息设备清单　　　　　　　　表 3-11

序号	设备名称	车厢								每列总计	安装位置
		Tc	M	Tp	Mh	Mb	Tp	M	Tc		
1	旅客信息系统控制器	0	0	0	0	1	0	0	0	1	PIS 柜内
2	娱乐系统控制器	0	0	0	0	1	0	0	0	1	PIS 柜内
3	车厢控制器	1	1	1	1	1	1	1	1	8	PIS 柜内
4	旅客信息系统操作屏	0	0	0	0	1	0	0	0	1	乘务员室操作面板
5	娱乐系统操作屏	0	0	0	0	1	0	0	0	1	乘务员室操作面板
6	GPS 天线,GPS 放大器	0	0	0	0	1	0	0	0	1	5 号车车顶
7	FM 天线	0	0	0	0	1	0	0	0	1	5 号车车顶
8	Ⅰ型车内联络电话	0	0	0	0	1	0	0	1	3	司机台,乘务员室
9	Ⅱ型车内联络电话	0	1	1	1	0	1	1	0	5	其他车一位端

序号	设备名称	车厢								每列总计	安装位置
		Tc	M	Tp	Mh	Mb	Tp	M	Tc		
10	内部 I 型扬声器	11	11	11	11	11	11	11	11	88	客室行李架下盖板
11	内部 II 型扬声器	10	7	7	7	9	7	7	10	64	端部平顶板
12	旅客紧急报警器	3	2	2	2	2	2	2	3	18	客室两端间壁
13	车外信息显示器	2	4	4	4	2	4	4	2	26	门附近侧墙上
14	车内信息显示器	3	2	2	2	2	2	2	3	18	客室两端圆头内部

(1)旅客信息显示

旅客信息显示由车内信息显示屏(每节车厢两端圆头位置的显示屏)以及车外信息显示屏(靠近车门外侧的显示屏)组成。车内信息显示屏主要显示车次号、车厢号、车外温度、当前速度等信息,如图 3-134 所示;车外信息显示屏主要显示车次号、车厢号和起点站终点站,如图 3-135 所示。

图 3-134　CR400BF 型动车组车内信息显示屏

图 3-135　CR400BF 型动车组车外信息显示屏

图 3-136　CR400BF 型动车组对讲电话

(2)列车内部通信和广播通告

每列车的驾驶室、乘务室和其他车厢内部均安装车内联络电话,驾驶室和乘务室各设置 1 台 I 型车内联络电话,其他车每节车厢设置 1 台 II 型车内联络电话。两种电话功能完全一样,仅外形有所区别。内部扬声器安装在标准动车组车厢的内部,用于为车厢内的旅客提供语音服务信息、人工广播、MP3、FM 节目和电视伴音等音频信息。

①广播和内部通信功能。内部通信主要实现驾驶室之间、司机和旅客之间、驾驶室和列车长室之间、驾驶室和列车员之间、列车长和列车员之间以及列车员之间的对讲通信。广播主要是实现司机对旅客、列车长对旅客以及列车员对旅客的通告。对讲电话如图 3-136 所示。

每趟列车均具备基本的广播通告和内部通信功能。其基本功能如下：

a. 基本广播(内部电话→所有扬声器,司机→所有扬声器)。

广播前,先发出在所选广播列车中均能听到的提示音信号。广播在扬声器系统中具有最高的优先级。广播期间,扬声器所有其他音频功能将被断开。

b. 基本通信:

a)内部电话→司机。通过内部电话呼叫驾驶室电话,实现与司机对讲。

b)司机→旅客紧急对讲单元。每个紧急制动手柄附近设一个旅客紧急报警装置,旅客拉动紧急制动装置,发出紧急报警信号,与司机进行对讲。多个旅客触发报警信号时,按时间先后顺序排队等候依次触发。CR400BF 型动车组旅客紧急对讲单元如图 3-137 所示。

c)司机→内部电话。司机发出呼叫,列车员在得知司机欲与其对话后,通过列车安装的内部电话同司机进行连接。

d)内部电话→内部电话。内部电话之间的主叫是通过内部电话上的数字键实现的,通过按键选择要通话的设备。

②CR400BF 型动车组列车内部通信和广播通告功能优先级列表,见表 3-12、表 3-13。

图 3-137　CR400BF 型动车组旅客紧急对讲单元

CR400BF 型动车组内部通信优先级　　　表 3-12

优先级	通信方式	备注
1(高)	司机-司机	
2	司机-旅客紧急报警	
3	司机-机械师	任何时刻只能两部电话间进行通信,优先级高的通信可以将正在进行通信的优先级低的电话强行挂机
4	司机-列车员	
5	机械师-列车员	
6(低)	列车员-列车员	

CR400BF 型动车组公共广播优先级　　　表 3-13

优先级	广播方式	触发方式	备注
1(高)	全列人工广播	司机或列车员通过车内联络电话触发	任何时刻只能有一种广播方式存在,优先级高的广播可以将正在进行的优先级低的广播强行停止
2	手动触发全列广播	列车员通过操作屏手动激活预存广播信息	
3	自动触发全列广播	通过 GPS、MVB 定位自动触发报站广播	
4	备用广播	列车员通过操作屏外接设备进行广播	
5	单车广播	司机或列车员通过车内联络电话触发	
6(低)	背景音乐	通过娱乐系统控制器播放	

（3）旅客音视频娱乐系统

旅客音视频娱乐系统为旅客信息系统的子系统,该系统将在旅途中为一等车和二等车的旅客提供音视频娱乐、为 VIP 旅客提供音视频娱乐和呼叫服务。

①音频娱乐系统为一等车的旅客提供 3 路 MP3、1 路 FM 广播和 1 路视频伴音的音频娱乐节目,旅客可以自由选择收听。

②视频娱乐系统为一等车、二等车和餐车的旅客提供一套视频娱乐节目,视频节目为集中控制。

③观光区娱乐系统为观光区的旅客提供单独的娱乐服务,旅客可以通过商务座椅上独立的娱乐显示屏(VEU)自由选择电影、电视或音乐节目作为旅途娱乐消遣。每个 VEU 都有其独立的控制器,不受娱乐系统控制器(VER)集中控制。

图 3-138　CR400BF 型动车组服务呼叫显示器、温度/音量调节器

④观光区服务呼叫显示。头车具有针对观光区旅客的服务呼叫功能。Tc01、Tc08 的观光区安装商务座椅各 5 个,每个商务座椅安装有服务呼叫按钮。在服务台设一个服务呼叫显示器,显示观光区旅客的呼叫来源信息,包括座位号,并伴有提示音。CR400BF 型动车组服务呼叫显示器、温度/音量调节器如图 3-138 所示。

（4）车载无线系统

车载无线系统利用无线传输技术,为旅客提供便捷且丰富的娱乐视听内容。单车服务器和中心服务器是车载无线系统的核心设备,其中心服务器是列车车厢内无线网络的核心设备,用于统一管理各车厢的单车服务器以及接入安全控制等,能够提高无线网络的性能及可靠性,便于无线网络的管理维护。

单车服务器用于本车厢旅客音视频点播、新闻预览、商城购物等服务功能。针对旅客的公网接入请求部分,单车服务器集成路由功能,最终配合中心服务器实现 Wi-Fi 服务系统核心功能。

图 3-139　CR400BF 型动车组座位信息显示器

（5）座位信息显示

座位信息显示器设置于行李架前端,对应每排座椅设置一个。座位信息显示的功能是为旅客提供电子座号显示器区指示显示座位号,并指明窗户的位置。CR400BF 型动车组座位信息显示器如图 3-139 所示。

座位信息显示器内部集成三色 LED 指示灯,用于指示对应座位的售票状态。

显示方式:红色表示"已售",绿色表示"未售",黄色表示"预售",即当前站以后的某段区间已售。

5.空调系统

设计速度 350km/h 中国标准动车组的空调系统结构主要由以下几部分组成。

（1）装在车顶的单元式空调机组。

（2）安装在车顶并贯穿于整车的供风道组成和风道两侧与侧墙风道连接的软风道。

（3）空调机组两侧的新、回风混合箱，新风格栅。

（4）安装在车下的废排单元。

（5）布置在车内的废排风道。

（6）控制系统和布置在通过台的风扇加热器。

（7）安装在车顶的单元式驾驶室空调机组。

空调系统调节由位于走廊中客室空调控制柜的电子控制器完成。该控制器读取分布在新风、回风、送风的温度传感器的数值以评估驾驶室内的温度，来决定不同部件的运行状态。

"空调设置"界面是 CR400BF 型动车组空调的操作界面。通过该界面能够打开或关闭各个车辆的空调系统，选择空调系统的运转模式并允许改变温度，如图 3-140 所示。

客室空调手动开关位于车辆控制面板柜内，如图 3-141 所示。当手动模式选择开关位于除自动挡位外的其他挡位时，控制模式转为手动模式。手动模式是硬线控制，优先级高于集控模式和本控模式。

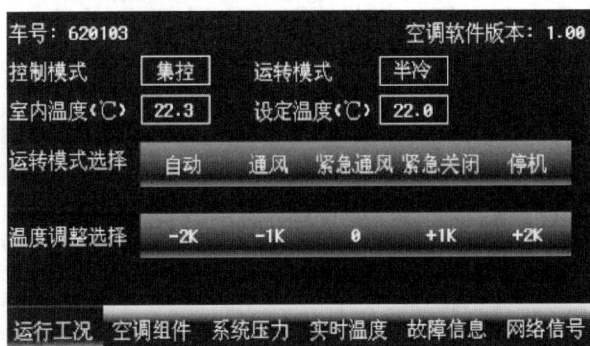

图 3-140 "空调设置"界面(本控屏)

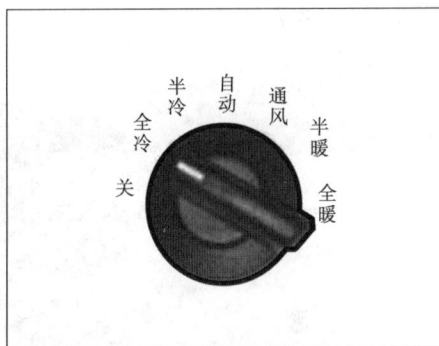

图 3-141 空调手动开关

五、安全设备

1. 紧急报警系统

在 1 号车和 8 号车的观光区、5 号车机械师室和乘务室、所有车客室两端紧急制动手柄附近设置旅客紧急制动拉手。列车上所有的旅客紧急制动拉手通过旅客紧急制动环路连接。如果旅客拉下紧急制动拉手，旅客紧急制动安全环路断开，串联在列车紧急制动(EB)回路中的继电器辅助触点断开，列车施加紧急制动，同时将在驾驶室中产生一个声光报警信号并可显示具体车辆位置，司机可按下"旅客报警旁路"按钮旁路旅客报警信号，旁路后紧急制动缓解。旅客拉下紧急制动拉手后，自动触发旅客紧急报警，客室下方"对讲"灯亮起，此时旅客可以与司机进行双向对讲；对讲由司机话筒端挂断复位或通过紧急制动手柄复位；当有多个旅客紧急报警装置触发时，将按照时间的先后顺序排队等候，依次触发与司机的通话。

2. 烟火报警系统

每单车有一台火警主机及若干火警探头，烟火报警主机上设置了触摸屏，实时显示当前烟火报警系统的车厢号、时间和系统状态。

火灾探测系统负责监控下列区域:

(1)控制柜(每辆车的空调控制柜、旅客信息系统柜、列车控制电气柜)。

(2)带有控制柜和操纵台的驾驶室(仅端车中)。

(3)牵引变流器箱。

(4)辅助变流器箱。

(5)卫生间。

(6)客室。

(7)蓄电池箱。

(8)厨房。

3.车内视频监控系统

车内视频监控系统主要包括:每节车的车门通过台设置1台全景网络摄像机,客室内部设置2台半球网络摄像机,分别位于客室端部或距端部1/3处,特殊车厢酌情增加全景网络摄像机和半球网络摄像机(如餐车)。半球网络摄像机、全景网络摄像机用于视频图像采集,车厢视频监控服务器主要用于视频存储,为摄像机提供电源以及故障报警等,如图3-142所示。

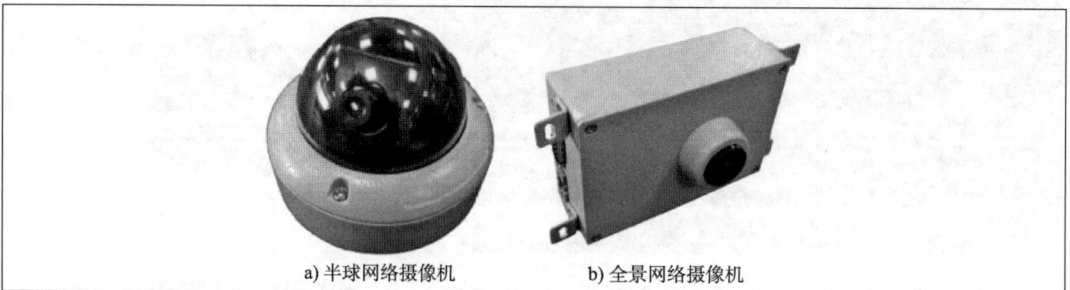

a) 半球网络摄像机　　　b) 全景网络摄像机

图3-142　车内视频监控设备

4.弓网视频监控系统

弓网视频监控系统在机械师室内设监控屏,同时在该车厢预留智能分析主机安装接口。动车组车顶受电弓附近设置摄像机,摄像机所在车厢设置受电弓视频监控服务器,4号、5号车弓网监控系统和车厢视频监控系统共用视频监控服务器。受电弓摄像机采集视频监控数据,经过以太网线传输至受电弓视频监控服务器进行录制存储,受电弓视频监控服务器将实时画面传输至机械师室监控屏和智能分析主机(预留),监控屏显示实时画面,智能分析主机对实时画面进行智能分析(预留),将报警信息传输至监控屏显示(预留),如图3-143所示。

5.超员报警

CR400BF-G型动车组超员报警具体方案如下:按超员预警和超员报警两级进行设置,M02、Tp03、Tp06、M07车仅设置超员报警,不设超员预警;Tc01、M04、Mb05、Tc08车设置超员预警和报警两级。超员预警时,在机械师室和乘务室弹屏显示超员预警,不影响列车本站开行;超员报警时,在驾驶室、机械师室、乘务室弹屏显示并声光报警,同时在报警车厢内广播和显示。

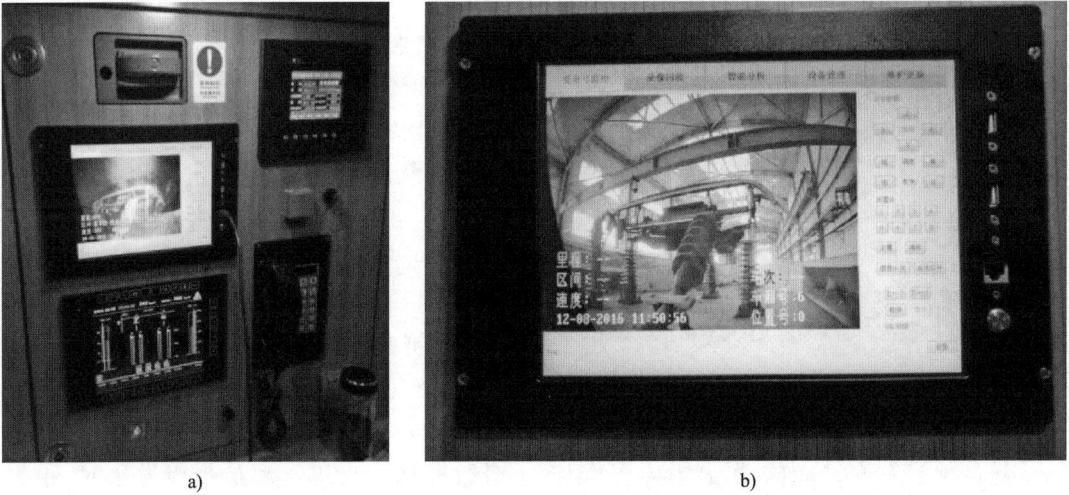

图 3-143　弓网视频监控系统监控屏

（1）根据国铁集团颁布的相关技术条件,按照每人重量 80kg（含行李）计算,由表 3-14 可知,Tp03、Tp06 车超员余量仅为 9 人,发生超员情况时应尽量避免向 Tp03、Tp06 车疏散旅客;可疏散旅客至超员余量多的车厢。

中国标准动车组超员报警条件　　　　　　　　　　　表 3-14

	车号	1	2	3	4	5	6	7	8
	车辆类型	Tc01	M02	Tp03	M04	Mb05	Tp06	M07	Tc08
	车辆自重(t)	56.3	56.5	58.81	56.62	57.33	58.81	56.89	56
	定员(人)/重量(t)	33/2.64	90/7.2	90/7.2	75/6	63/5.04	90/7.2	90/7.2	45/3.6
	定员时的车重(t)	58.94	63.7	66.01	62.62	62.37	66.01	64.09	59.6
	超员20%(人)	7	18	18	15	13	18	18	9
当前方案	超员预警值(t)	60.9	0	0	65.3	64.8	0	0	61.7
	CCU 减去的误差值(t)	1.25	0	0	1.25	1.25	0	0	1.25
	预警时超员人数	24	0	0	34	31	0	0	26
	预警时人数/重量(t)	57/4.6	0	0	109/8.72	94/7.52	0	0	71/5.7
	超员预警单车两个空簧压力平均值(kPa)	575	0	0	583	577	0	0	586
	超员报警值(t)	66.25	66.75	66.75	66.25	66.25	66.75	66.75	66.25
	CCU 减去的误差值(t)	1.25	1.25	2.5	1.25	1.25	2.5	1.25	1.25
	报警时超员人数	91	38	9	45	48	9	33	83
	报警时人数/重量(t)	124/9.92	128/10.24	99/7.92	120/9.6	111/8.88	99/7.92	123/9.84	128/10.24
	超员预警单车两个空簧压力平均值(kPa)	638	602	659	596	596	659	602	638

（2）驾驶室和机械师室人机界面屏显示超员预警或报警方案。

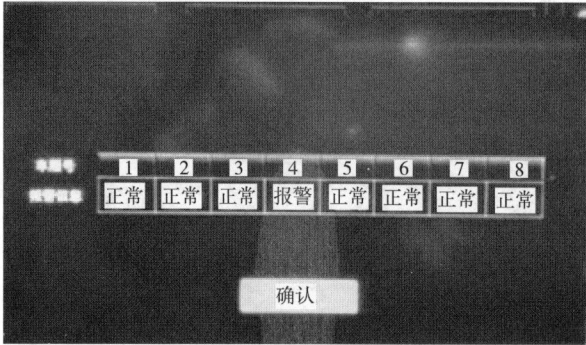

图3-144　PIS系统超员报警

①车内车厢显示与广播方案。

车门状态界面：超员预警或报警时，人机界面车门状态界面显示超员预警或者报警状态，其中绿点为该车厢配员正常，黄点为超员预警，红点为超员报警。

（3）乘务室PIS显示屏显示超员预警或报警方案。

超员预警或者报警发生时，PIS显示屏弹屏显示如图3-144所示。

（4）旅客信息超员信息功能要求。

超员预警发生时，内显无显示内容、车内不进行广播。当单车超员报警发生时，报警车厢的内显显示并在本节车厢进行语音广播，提示旅客本节车厢已超员。当整车超员报警发生时，所有车厢内显均显示已超员，并在所有车厢进行语音广播，提示旅客本列车已超员。

②旅客信息操作屏界面显示要求。

a. 无报警信息显示状态，旅客信息操作屏界面右上角白色显示"超员信息图标"（图3-145），点击该图标可显示超员信息列表（图3-146）。

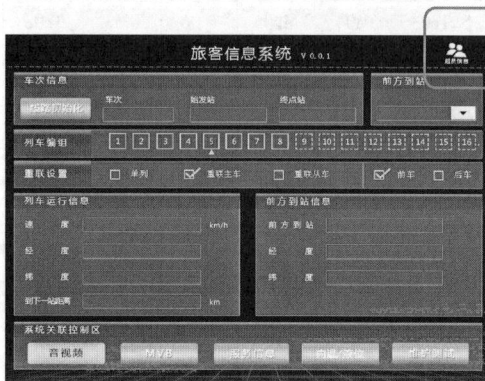

图3-145　无报警显示界面

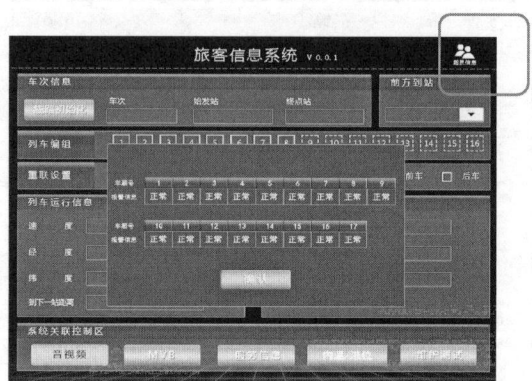

图3-146　超员信息列表

b. 有超员信息时，旅客信息操作屏弹出超员信息列表框（图3-147），旅客信息操作屏右上角超员图标红色/白色持续闪烁。

c. 单击超员信息列表框"确认"按键，该超员报警列表隐藏，超员图标红色/白色持续闪烁（图3-148）。

d. 如有超员信息情况下，超员信息变动，将重复上述步骤b，c，进行显示。

e. 超员信息复位正常后，超员图标自动恢复成白色。

6. 列控车载系统

（1）ATP

ATP根据地面提供数据,实施控制列车速度,防止列车运行时冒进、超速等,对列车当前定位、速度进行控制,进行安全行车许可。ATP系统CTCS3-300T由ATP主机、GSM-R天线、应答器输出模块(BTM)主机、BTM天线、轨道电路读取器(TCR)天线、速度传感器、列控车载设备人机界面(DMI)显示器等组成。CTCS3-300T列控车载设备,通过GSM-R、BTM、TCR接收来自地面的无线闭塞中心(RBC)、应答器、轨道电路数据,对列车行车许可、线路数据、列车接口、司机操作等信息综合处理,按照目标距离连续速度控制模式,生成最不利速度控制曲线,采取声光报警、切除牵引力、三级常用制动(弱、中、强)和紧急制动措施,监控列车运行,保证列车安全运营。ATP车载设备结构图如图3-149所示。

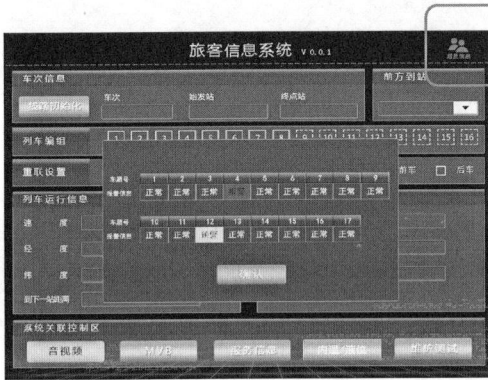

图3-147　超员信息列表框

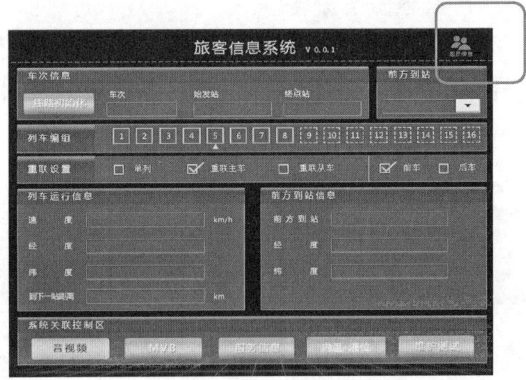

图3-148　超员报警列表隐藏

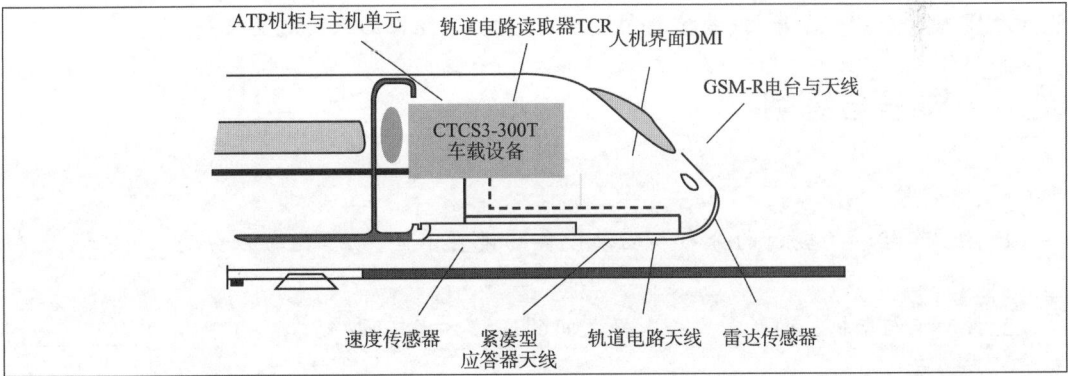

图3-149　ATP车载设备结构图

（2）EOAS

车载记录转储装置(EOAS)由EOAS主机、数据转储装置、摄像头、拾音器、线路摄像机等组成。系统通过EOAS车载设备完成车载ATP、无线数据传输装置(WTD)、机车综合无线通信设备(CIR)、隔离采集、音视频等数据信息的综合采集,并写入转储卡,司机下车时将转储卡拔出带至地面进行退勤、日勤、专题分析及音视频同步分析。在动车组驾驶室前方安装线路监控摄像机,拍摄动车组前方线路等状态,通过摄像机存储设备接收采集的视频信息,并对视频信息进行编码、同步、存储等处理,实现对动车组运行前方线路视频信息的采集、处理等功能。

（3）CIR

WTZJ-Ⅰ型机车综合无线通信设备(简称标准型 CIR),与 GSM-R 地面设备和450MHz、800MHz 地面设备共同组成了中国铁路综合无线通信网。WTZJ-Ⅰ型机车综合无线通信设备各功能模块可根据实际应用要求进行配置。其中,450MHz 无线调度通信业务包括语音调度通信、FFSK 调度命令信息、无线车次号校核信息、列车尾部风压信息无线传输等;GSM-R 无线调度通信业务包括 GSM-R 语音调度通信、GPRS 方式的调度命令信息、无线车次号校核信息、列车尾部风压信息无线传输;800MHz 机车电台(简称 LBJ)可实现列车安全防护报警信息和客车列尾信息无线传输。

7.其他安全设备

CR400BF 型动车组安全设备除了以上几种,还有紧急呼叫系统、灭火器、紧急制动阀、安全锤及万向轴、应急梯、防护网、登顶梯、接地杆等设备,这些设备也是保证动车组列车安全运行必不可少的安全设备。

📎 模块小结

正确使用动车组设备设施是保障动车组列车安全正点运行的重要措施,标准化作业是高质量服务旅客的重要体现。这就要求客运工作人员能够掌握动车组主要设备设施的功能和使用方法,能够按照标准完成动车组的定置摆放。

在本模块的学习过程中,学生不但要具有一定理论知识,而且要具有较强的实际操作能力。通过对本模块的学习,学生能熟练操作 CRH5A 型动车组、CRH380B 型动车组、CR400BF 型动车组开关车门、座椅调向的方法,对动车组备品正确定置摆放。

🚄 思考与练习

一、填空题

1.按动车组动力轮对的分布和驱动设备的设置不同,动车组可以分为_____型和_____型。

2.按动车组车辆转向架布置和车辆之间的连接方式不同,动车组可以分为_____式和_____式。

3. 动车组主要由 _____、_____、_____、_____、_____、_____以及辅助供电系统七个部分组成。

4.动车组转向架可分为_____转向架和_____转向架。

二、判断题

1.CRH5A 型动车组是以座号区分车厢一位端和二位端。　　　　　　　　（　　）

2.CRH5A 型动车组有固定座椅及旋转座椅两种样式。　　　　　　　　（　　）

3.动车组空调故障30min 后仍无法修复,需要安装防护网。　　　　　　（　　）

4. CRH380B 型动车组车门可分为外部门和内部门两大类。（　　）

5. CR400BF 型动车组为 8 辆编组,采用 4 动 4 拖动力结构,由 2 个牵引单元组成。

（　　）

三、选择题

1. 中国标准动车组最高运营速度(　　)km/h。

　A. 500　　　　　　　B. 400　　　　　　　C. 350　　　　　　　D. 300

2. 在 254 项重要标准中,各种中国标准占(　　)%。

　A. 100　　　　　　　B. 90　　　　　　　C. 84　　　　　　　D. 70

四、简答题

1. CRH5A 型动车组列车的基础设备有哪些?

2. CRH5A 型动车组列车的安全设备有哪些?

3. CRH380B 型动车组列车的服务备品如何定置摆放?

4. CR400BF 型动车组列车塞拉门系统功能有哪些?

动车组列车乘务移动终端设备

◎ 学习目标

知识目标

1. 了解站车无线交互系统终端功能及构成；

2. 了解站、车移动对讲设备构成；

3. 了解列车移动补票功能。

技能目标

1. 掌握站车无线交互系统终端使用方法（列车长、列车员终端）；

2. 会使用列车移动补票设备补票；

3. 会使用站、车移动对讲设备。

素质目标

1. 培养严肃认真的学习态度、严谨的学习作风；

2. 培养主动学习、合作学习的精神；

3. 培养轨道交通行业的专业素养。

◈ 模块描述

本模块介绍了站车无线交互系统终端、列车移动补票机的功能和使用方法，以及站、车移动对讲设备、GSM-R 手机及移动终端设备的基本结构和使用方法。

单元一 站车无线交互系统概述

单元导入

1. 什么是站车无线交互系统?
2. 能否画出站车无线交互系统软件使用流程图?

列车乘务移动终端设备包括客运站车无线交互系统终端,站、车移动对讲设备,视频记录仪等设备。站车无线交互系统终端是集站车无线交互系统、电子补票、接打内部电话等功能于一体的设备,具备电子验票、在线补签、开具电子客运记录、办理延长、升席业务、查看列车座席、客流信息等功能。站、车移动对讲设备(对讲机)是铁路内部进行即时通信的工具,是列车乘务工作中必不可少的通信助手,它主要用于列车长、车站客运员、司机及随车机械师进行联控确保列车正点发出。视频记录仪能随时、随地启用记录关键信息,遇有突发事件时,它将会全程记录处置过程,方便事后还原现场,情况紧急时可连线专业人员,现场可进行实时连线帮助应急指导。列车长在日常工作中通过视频记录仪记录工作情况,确保作业流程规范化,重点环节无缺漏,不断提升服务水平和专业能力。

一、站车无线交互系统设计

站车无线交互系统上线前,车地信息交流以手工作业和语音通话为主,及时性和准确性都难以适应业务发展的需要。

在客票席位复用和共用的优化策略实施后,列车上席位信息滞后,不利于乘降组织及补票业务的开展。通过站车无线交互系统,地面售票情况可以及时报送到指定列车。列车乘务人员可精确地掌握每个席位的使用情况、乘降区段,包括实名信息,使客运组织和管理准确、有序。

列车上乘务人员可以利用地面信息做好旅客服务工作,还可以向地面系统及时汇报列车上的客运信息,实现车地信息一体化。

二、站车无线交互系统发展情况

1.发展历程

站车无线交互系统发展历程,如图4-1所示。

(1)客运信息系统:支撑客票系统、旅客服务与生产管控平台等移动作业需求。

(2)站车交互平台:提供统一的通道级和平台级服务能力,包括终端通信SDK、双中心APN接入、应用数据转发,以及铁路GSM-R和中国移动3G/4G/5G APN专线接入等。

(3)移动作业应用:包括列车站车交互应用、车站移动检票、车站管控平台作业,列车验检补票、电子票夹、复兴号座位显示等。

2.重要时间节点

2007年5月,站车无线交互系统立项。

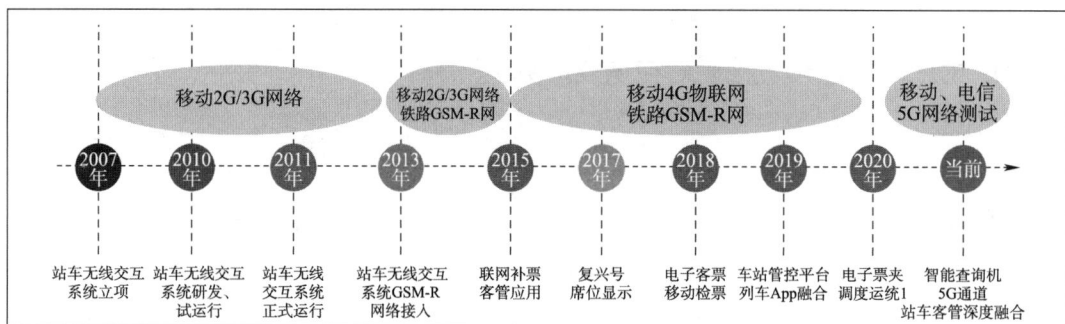

图 4-1 站车无线交互系统发展历程

2008 年 10 月,技术方案评审通过。

2009 年 10 月,完成系统安全测评。

2010 年 1 月 1 日,正式上线运行。

2011 年 5 月起,全路逐步在 18 个铁路局的全部列车上配置了站车交互设备。

2012 年 5 月,铁道部下发了全路取消纸质通知单的通话记录。

2013 年期间,系统完成了终端软件从 Windows Mobile 系统平台到 Android 系统平台的移植,完成了第二生产中心站车无线交互系统平台的搭建和投产,以及两中心同时接入 GSM-R 网络的实施工作。

2015 年 4 月,基于站车无线交互系统上线了列车联网补票系统。

2018 年 9 月,Android 版站车无线交互版本优化与大更新。

2018 年底,海南环岛测试电子客票,站车无线交互电子客票版本试点上线。

2019 年 5 月站车终端实现了客管功能集成,将站车无线交互 App 和列车客运管理 App 合二为一,方便了列车现场作业。

2020 年 6 月,随着全路普速车的电子客票推广,基于站车无线交互 App,上线了电子票夹功能,替换现有的旅客去向登记本和纸质的票夹,实现了旅客去向登记和到站提醒的电子化。

2022 年 10 月,站车无线交互和客管系统深度融合,实现排班、出乘检查、在途作业、退乘的乘务作业全流程管理。

3. 站车无线交互系统在电子客票中的应用

站车无线交互系统在电子客票中的应用示意图如图 4-2 所示。

三、站车无线交互系统简介

1. 网络结构

站车无线交互系统主要由地面系统、无线传输平台及移动系统组成。列车便携式移动终端是配备双模无线通信手持终端,可以在全球移动通信系统(GSM)及 GSM-R 网络间切换;地面设备由在国铁集团和中国铁道科学研究院设置的客票信息发布服务器、与 GSM 和 GSM-R 网络互联的信息交互平台 GPRS 接口服务器、路由器及防火墙等设备组成,客票信息发布服务器与既有客票信息系统互联。

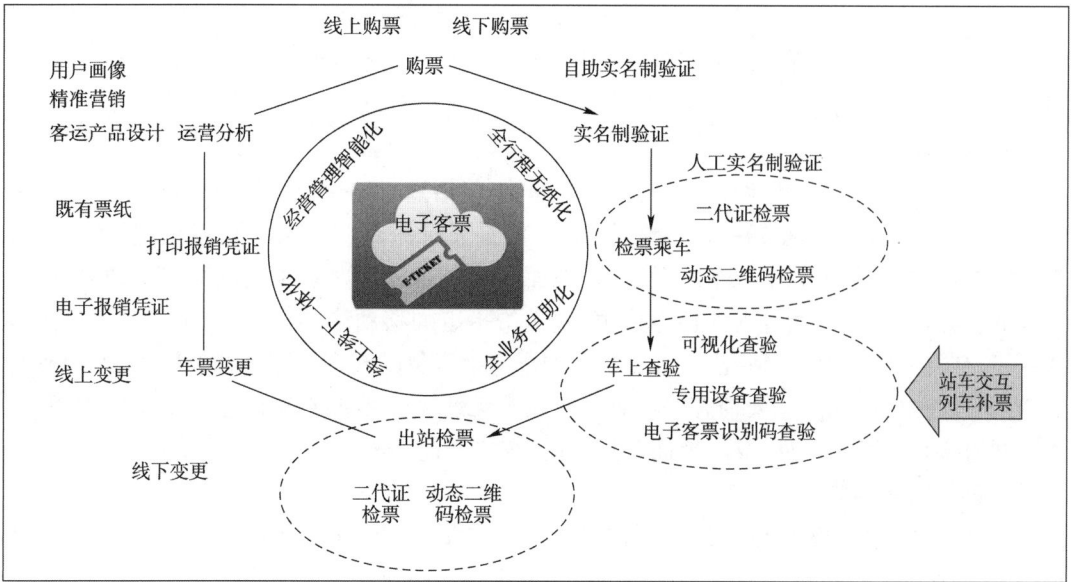

图 4-2 站车无线交互系统在电子客票中的应用示意图

　　站车无线交互系统采用双中心双活架构,第一生产中心位于国铁集团,第二生产中心位于中国铁道科学研究院集团有限公司,第一、第二生产中心通过双中心互联光网络设备(ONT)连接,每个生产中心站车网和其他网络之间通过安全隔离系统隔离。

　　站车无线交互系统通过客票系统第一、第二生产中心的网闸访问客票网数据,获取车次信息、席位数据、电子客票 PSR 数据,实现车、地间客运数据实时交互,如图 4-3 所示。

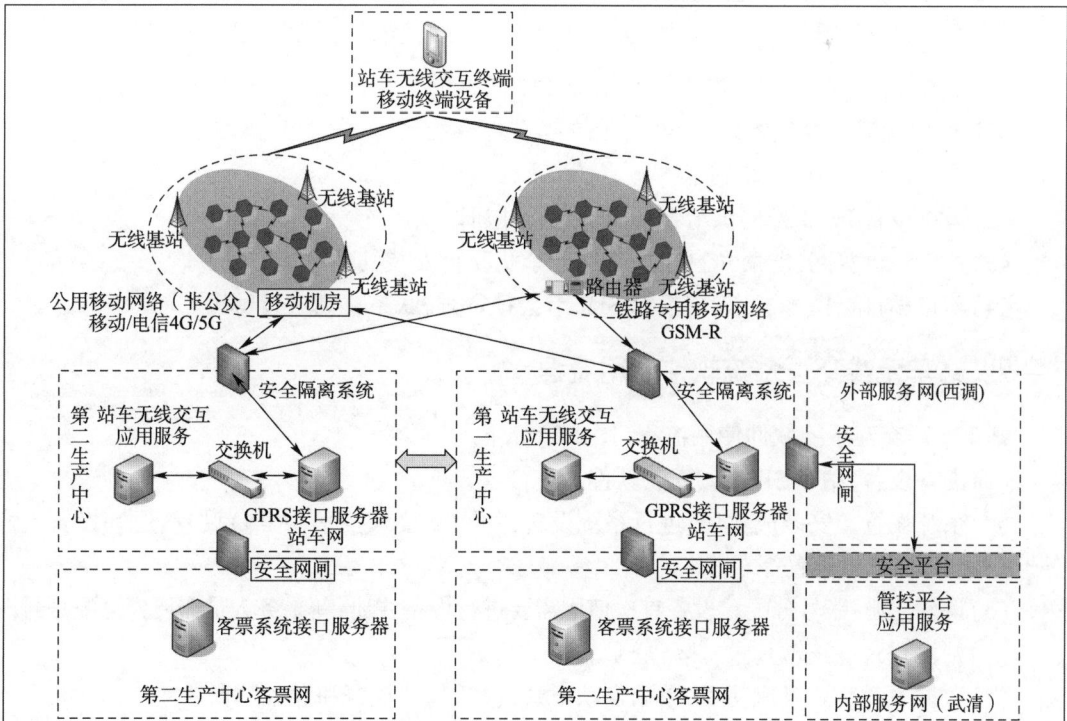

图 4-3 站车无线交互系统客运数据实时交互图

站车无线交互系统通过部署在国铁集团西调机房的网闸访问铁路外部服务网和内部服务网,在配置了访问客管系统和客调命令电子化系统的通道后,可为更多的铁路信息系统提供移动通道接入服务。

2.软件功能结构

站车无线交互系统终端具有强大的查询功能,包括登(退)乘、席位统计、席位管理、数据下载、车次信息、查验车票、在线补签、余票查询、乘车证查询、重点人员、客运记录、保险查询、席位置换等功能。列车从车站开出后,地面系统负责从客票系统获取乘车人数通知单、列车席位等相关信息,通过无线传输通道,发送给指定的移动终端设备;列车长可通过无线终端机接收到座位的出售情况,大大提高了列车空余席位的查询效率,同时杜绝了两站重复出售同一席位的问题。除处理客票信息外。站车无线交互系统终端机还设定了验票程序,可通过直接扫描身份证件,显示票面信息,查验车票真伪。

3.硬件设备构成

站车无线交互系统软件可以安装在安卓手机和安卓三防定制机中,也可以在识读一体机、华旭 J20 证卡识读一体机和安卓对讲机一体机等专用硬件设备中使用,如图4-4所示。

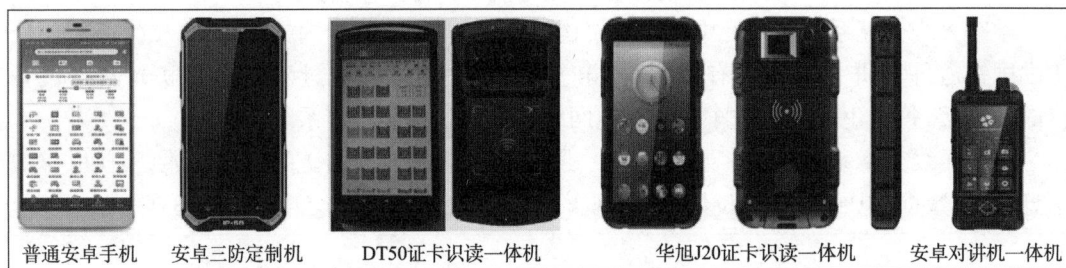

| 普通安卓手机 | 安卓三防定制机 | DT50证卡识读一体机 | 华旭J20证卡识读一体机 | 安卓对讲机一体机 |

图 4-4 软件可以安装的专用硬件设备图

该软件使用时需要注意以下条件:

(1)需插入移动4G 物联网卡。

(2)需将设备 IMEI 号提供给管理人员进行注册。

(3)禁止一机双网,严禁私自连接 Wi-Fi,禁止私自安装其他第三方软件。

(4)禁止私自更换 SIM 卡,更换后 SIM 卡会锁定,需联系移动进行解锁。

四、站车无线交互系统软件使用流程

站车无线交互系统软件使用流程(图4-5)如下。

(1)准备设备、站车 SIM 卡、安装软件。

(2)系统设置。安装成功后,进行系统设置,如网络接入技术(APN)设置、通知设置、服务器地址设置、本机设置等。

(3)设备注册、账号分配。设备首次使用需要进行设备注册;新乘务人员需要先分配账号。

(4)始发登录。正常登录、热备登录。

(5)数据下载。登录成功后,数据自动下载,包括基础数据和业务数据。

(6)使用(业务操作)。登录成功,进入工作台,即可根据作业内容进行移动票务及客运管理相关业务操作。

（7）折返车次切换。通过交路车次列表进行折返车次切换，无须重新登乘。

（8）退乘。交路担当完成后，进行退乘，数据自动清除。

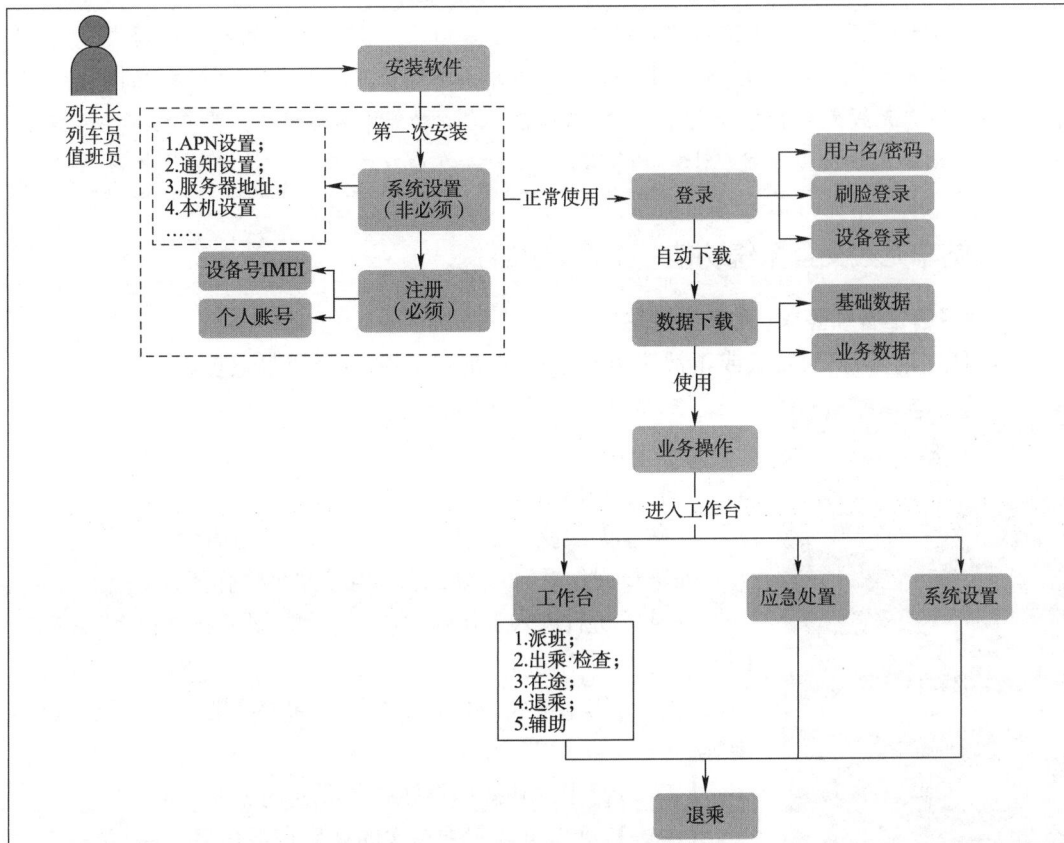

图4-5　站车无线交互系统软件使用流程

单元二　站车无线交互系统（列车长终端）

单元导入

1. 站车无线交互系统（列车长终端）有哪些功能模块？
2. 站车无线交互系统（列车长终端）操作基本流程是什么？
3. 站车无线交互系统（列车长终端）工作台包含哪几个主要功能模块？
4. 应急处置功能中包含哪些应急预案流程及应急处置反馈？
5. 列车长使用站车无线交互系统终端首次登乘前车次时如何进行工作认领？
6. 站车无线交互系统（列车长终端）工作台—派班包含哪些内容？

7.站车无线交互系统(列车长终端)中交路包含哪些信息?

8.站车无线交互系统(列车长终端)客服工单的处理流程是什么?

9.站车无线交互系统(列车长终端)客服工单类型有哪些?

10.站车无线交互系统(列车长终端)工作台—出乘·检查功能包含哪些模块?

11.站车无线交互系统(列车长终端)工作台—在途功能主要包括哪些功能模块?

12.站车无线交互系统(列车长终端)工作台—在途功能中客运记录主要包括哪些类型?

13.站车无线交互系统(列车长终端)工作台—在途功能中如何拍发超员电报?

一、站车无线交互系统功能(列车长终端)

1.使用前准备和登乘(列车长终端)

(1)使用前:第一次安装或正常使用前,必须点击登录界面系统设置进入设置。

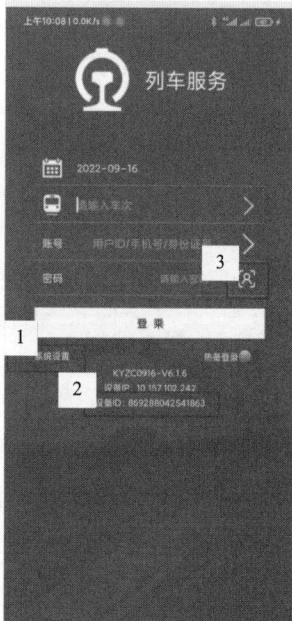

图4-6　登乘界面

(2)向车队申请个人账号。

(3)登乘:输入始发日期和始发车次、客管账号(手机号、身份证号)、密码(刷脸)。登乘界面如图4-6所示。

2.站车无线交互系统(列车长终端)**使用简介**

列车长岗位登录成功后进入电子票夹工作界面。

登录成功后进入工作台,自动进行数据下载,可点击底部栏【数据下载】按钮进行查看。底部栏【工作台】用于业务操作,【应急处置】用于接收应急处置信息,【我的】用于系统设置及退乘等。

【工作台】中的功能区导航栏主要使用流程如下:

【派班】:展示当前登乘车次的派班任务信息,主要包括交路信息、重点工作、客服工单及工作认领。

【出乘·检查】:包含"编组及检查""人员安排"两个模块,进行出乘前的编组信息核实编辑、各项问题的复查、问题上报及人员安排操作。

【在途】:进行相关业务功能操作。

【退乘】:退乘前需要进行的操作内容。

【辅助】:相关辅助功能,如录音、通信录查询等。

3.站车无线交互系统(列车长终端)**功能简介**

(1)【工作台】功能

①工具栏:点击工具栏可直接跳转到工具栏页面。

②担当信息,切换车次功能。

③能查询时刻表以及列车位置。

④通知:点击通知可直接跳转到功能页面。

⑤根据工作流程,工作台的功能模块有派班、出乘·检查、在途、退乘、辅助功能。

（2）【数据下载】功能

①登录成功后，将自动开始下载基础数据以及当前时间内的业务数据。

②可以通过点击标题栏中的【基础数据】【业务数据】按钮查看下载状况，或者直接划动页面切换查看。

（3）【应急处置】功能

提供应急预案流程及各类应急处置反馈，如图4-7所示。

图4-7　应急处置页面

（4）【我的】功能

展示个人信息、车次信息以及设备信息，显示系统设置、切换中心、版本信息、检测更新等信息。

二、站车无线交互系统（列车长终端）作业流程及功能设计

1. 登乘

列车配置手持设备作为接收终端，列车长在本趟列车始发30min前启动系统，完成登录和本次列车基础信息下载。录入日期、车次后，输入账号、密码，账号可输入用户ID或手机号或身份证号，登录成功后，系统自动开始数据下载。

2.【工作台】—【派班】

【工作台】模块的【派班】功能展示当前登乘车次的派班任务信息，主要包括交路信息、重点工作、客服工单及工作认领。交路为当趟交路所有值乘车信息，包含车次，班组值乘的始发、终到信息，时刻表，车次的图定始发、终到信息，车型，编组，出、入库地点。

（1）时刻表

时刻表界面按照时间轴展示了车次途经站的信息，信息包括站名、到发时间、站属性、值班电话、报警电话、客调电话。

（2）重点工作

重点工作界面显示了工作安排中的各项重点工作内容及相关的调令信息。

（3）客服工单

目前站车无线交互系统移动端中的客服工单暂时有遗失物品工单、寻人工单、重点旅客工单、铁路畅行工单（铁路畅行工单只需签收接单即可，其他工单需要进行反馈处理），移动端暂时只能处理7天内生成的工单，超过时限的需要到PC端进行处理操作。

记录界面根据工单状态分为：待接单、待反馈、已完结三个部分。

3.【工作台】—【出乘·检查】

【工作台】模块的【出乘·检查】功能主要包含"编组及检查""人员安排"两个模块。其主要进行出乘前的编组信息核实编辑、各项问题的复查、问题上报及人员安排操作。

（1）编组及检查

编组信息与车次挂钩，每个车次对应一条编组信息。展示当前车次的编组信息、反恐装

备信息、应急备品(高铁)信息,同时可进行编组信息修改及各车厢存在的问题情况查看、问题上报、问题修复处理。

(2)人员安排

人员信息同交路挂钩,每条交路多个车次使用同一个人员安排,若当趟交路已维护过人员安排,更换车次后会直接获取记录信息。

4.【工作台】—【在途】

(1)席位管理

在席位管理中可查看车厢定员(图4-8)、席别定员、车内人数、登记席位(图4-9)等。可配置列,也可自由选择可显示的列,方便信息查看。

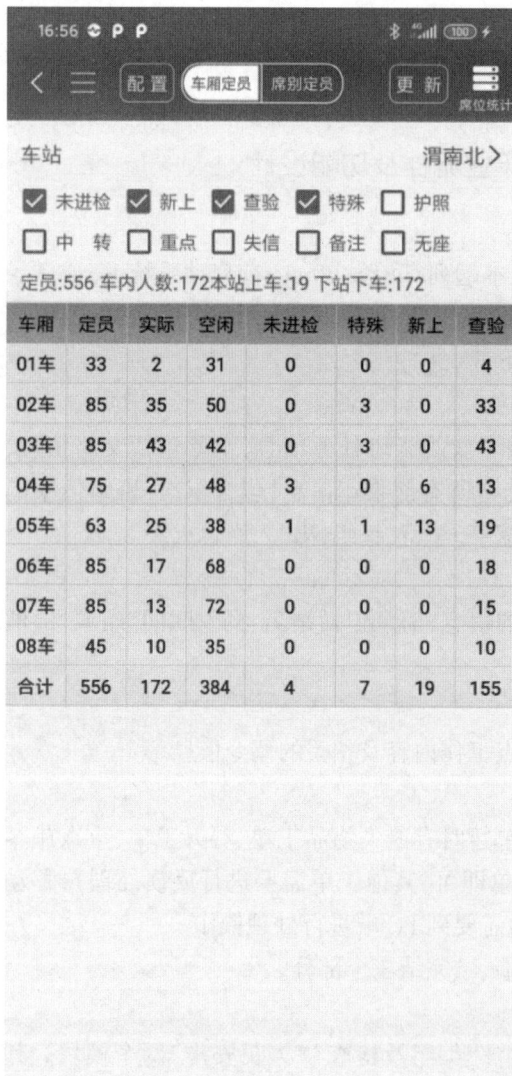

图4-8　车厢定员界面

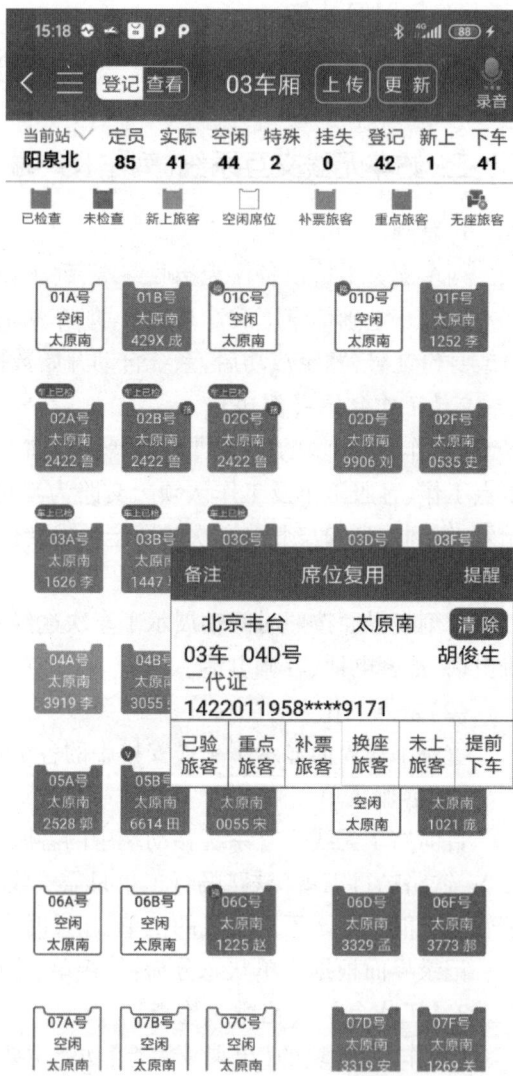

图4-9　登记席位界面

（2）席位统计

在席位统计中可查看各站通知单、车内人数和密度表，如图4-10所示。

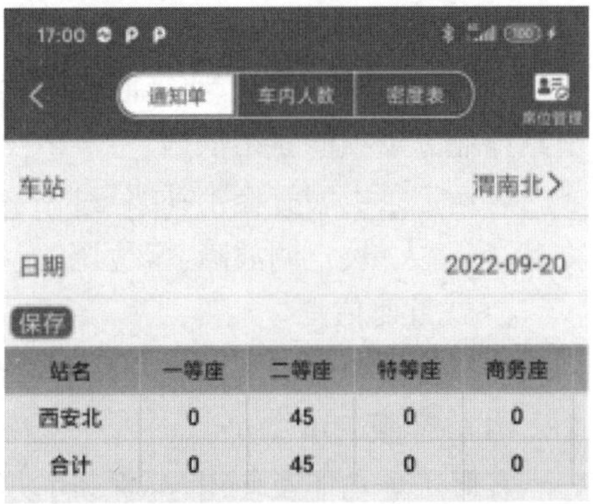

（3）票证卡查询

票证卡查询中集成了电子票查询、电子临时身份证查询、银通卡查询、e卡通查询、计次定期票查询、乘车证查询、铁路证件查询、保险查询。

（4）车门口验票

在旅客上火车之前需要对旅客进行上车验票，在车厢门口通过扫描旅客证件号或通过蓝牙证件识读器获取旅客车票信息，并自动进行验票。

图4-10 通知单、车内人数和密度表界面

（5）商旅服务

商旅服务（原引导服务）即接车服务，部分车站有接车服务，商务座旅客可以跟乘务员说明情况，预约接车服务。旅客到站会有专人到车厢外迎接，接到贵宾厅休息，经专属通道至站外乘车。商旅服务功能可查询本趟车的所有商务座旅客，并根据旅客要求预约接车服务。

（6）畅行码服务

畅行码服务类型包括车次开班、畅行码查询、旅客服务单、故障反馈、旅客建议、补码。

（7）手动登记

手动登记无票的旅客，保存并上传，列车长可查看登记记录。

（8）在线补签

旅客购买了一张车票，想提前乘车去目的地，可以乘坐同样区间的火车，上车后通过在线补签修改乘车信息即可。

（9）学生残军票

学生残军票功能包括【核验补票】和【优惠资质查询】两项功能。

对本车次的所有学生、残军票优惠资质未认证的旅客进行核验，核验不通过需要补票，并生成电子客运记录。

（10）席位置换

席位置换功能包括席位置换和换座退差两项功能。

（11）余票查询

余票查询功能可以查询列车指定发到站的余票情况，列车补票可办理在线获取席位业务。

（12）重点人员

重点人员查询是指查询本趟车所有铁路系统给出的重点人员信息。

（13）中转查询

在系统里根据换乘日期、到站、换乘时间范围可以查询到站的中转信息。

（14）会员信息

中国铁路客户服务中心正小范围地推行会员制。铁路会员从低到高分别为普通会员、银卡会员、金卡会员和白金卡会员，不同等级会员购票乘车将获3、5、6、8等不同倍数积分。

（15）客运记录

客运记录是铁路站、车之间办理交接事项的文字凭证和处理旅客及行李包裹运输过程中具体业务事项的原始依据。

客运记录类型有拒不补票、过站、误乘、突发疾病、意外伤害、遗失物品、精神异常、遗失物品、疫情人员、空调故障、席位调整、挂失补登记、证件丢失。

（16）重要信息

列车长需要对班组相关的段内重要消息进行查看及签收。

（17）客服工单

客服工单功能及使用与【派班】功能中的客服工单一致。

（18）列车巡视

列车长在巡视列车过程中，对发现问题进行记录。

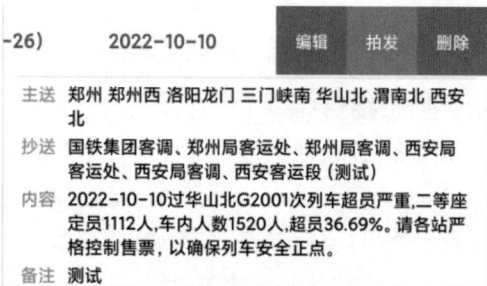

-26)	2022-10-10	编辑	拍发	删除
主送	郑州 郑州西 洛阳龙门 三门峡南 华山北 渭南北 西安北			
抄送	国铁集团客调、郑州局客运处、郑州局客调、西安局客运处、西安局客调、西安客运段（测试）			
内容	2022-10-10过华山北G2001次列车超员严重,二等座定员1112人,车内人数1520人,超员36.69%。各站严格控制售票,以确保列车安全正点。			
备注	测试			

图 4-11　铁路超员电报拍发界面

（19）超员电报

列车严重超员时，列车长编辑拍发超员电报及电报编辑发送记录，如图 4-11 所示。

（20）上水记录

【上水记录】功能首页展示本车次经过的所有上水站，分为计划内和计划外，完成上水的车站以黑色标识。

（21）直供电记录

列车长在【直供电记录】功能中可编辑上报始发、途中直供电及直供电发送记录。

（22）危险品记录

列车长可在【危险品记录】功能中编辑上报、保存危险品信息和查看记录。

（23）征信信息

征信信息包含征信上报、本车上报征信记录、征信查询 3 个模块。

点击右上角菜单栏按钮可进行更新记录、征信添加、征信查询操作。

5.【工作台】—【退乘】

列车长退乘操作包含生产信息、乘务日志两部分。其中，生产信息填报出乘车次相关生产数据，进行提报；乘务日志则是查看当前交路所有车次对应的各项内容记录信息。

6. 应急处置

【应急处置】模块用于应急情况进行应急处置流程查看、应急信息反馈及接收查看指挥中心的回复。

应急记录分为顶部区域和下方区域两块区域。顶部区域通过该车次信息，展示不同应急类型，普速列车没有动车组换乘、动车组超员、动车组应急吸污、动车组空调失效类型。"其他"类型为各段自行维护的应急处置流程预案。下方区域显示记录列表，主要展示应急类型（黑色字体表示已结束，红色字体表示应急启动中）、开始时间、结束时间。点击列表中的某项记录，根据完结状态跳转到不同界面：若未处置完毕，点击跳转到应急流程界面，可进行修改，点击生成按钮跳转到指挥中心界面；若处置完毕，点击条目可直接跳转到该类型指挥中心界面,该界面此时不可操作,只展示信息。

7.【工作台】—【辅助】

【辅助】功能主要包括录音、客运答题、经停站通讯录、公安通讯录、客调通讯录、席位增删、业务知识查询。

单元三　站车无线交互系统(列车员终端)

✿ 单元导入

1. 站车无线交互系统(列车员终端)有哪些功能模块?

2. 站车无线交互系统(列车员终端)操作基本流程是什么?

3. 站车无线交互系统(列车员终端)如何进行重点旅客登记工作?

4. 站车无线交互系统(列车员终端)车厢可视化中根据旅客不同的状态有哪些? 分别显示什么颜色?

5. 站车无线交互系统(列车员终端)如何登记旅客换座信息?

6. 站车无线交互系统(列车员终端)如何登记已检、未上车、补票旅客和重点旅客?

7. 站车无线交互系统(列车员终端)如何登记提前下车?

站车无线交互系统(列车员终端)是列车员日常作业使用工具之一。站车无线交互系统(列车员终端)的运用的目的是有效地减少列车纸质资料的使用,提升列车资料留存质量,减轻列车员的作业强度。可通过站车无线交互系统下载数据,传输至核票终端上。列车员登录站车无线交互系统(列车员终端)并下载数据后自动进入站车交互电子票夹,通过站车交互电子票夹数据核对车内旅客情况并办理相关业务,所以站车无线交互系统(列车员终端)也叫作乘务员电子票夹。

一、登乘及数据下载

(1)使用前:第一次安装或正常使用前,须点击登录界面系统设置进入设置。

(2)向车队申请个人账号。

(3)登乘:输入始发日期和始发车次、客管账号(手机号、身份证号)、密码(刷脸)。

(4)进入数据下载界面会自动下载数据,数据下载分为基础数据和业务数据,下载完数据会自动进入电子票夹设置界面。

二、站车无线交互系统(列车员终端)主界面功能

列车员岗位登录站车无线交互系统终端成功后进入站车交互电子票夹工作界面,如图4-12所示。该界面具备切换车次功能,可以实现不退出登录切换车次;在通知模块,列车员可以查看通知消息;车厢席位列表提供了整列车的席位使用情况。

点击左上角菜单键,显示侧滑菜单界面,如图4-13所示。侧滑菜单展示了站车无线交互系统(列车员终端)的业务功能,包括票证卡查询、车门口验票、商旅服务、畅行码服务、手动登记、在线补签、学生残军票、席位置换、客运记录、余票查询、重点人员、中转查询、会员信息、派班、编组及检查、人员安排、上水填报、其他车次、录音、席位增删、更换列车、业务知识功能。

图4-12 电子票夹工作界面

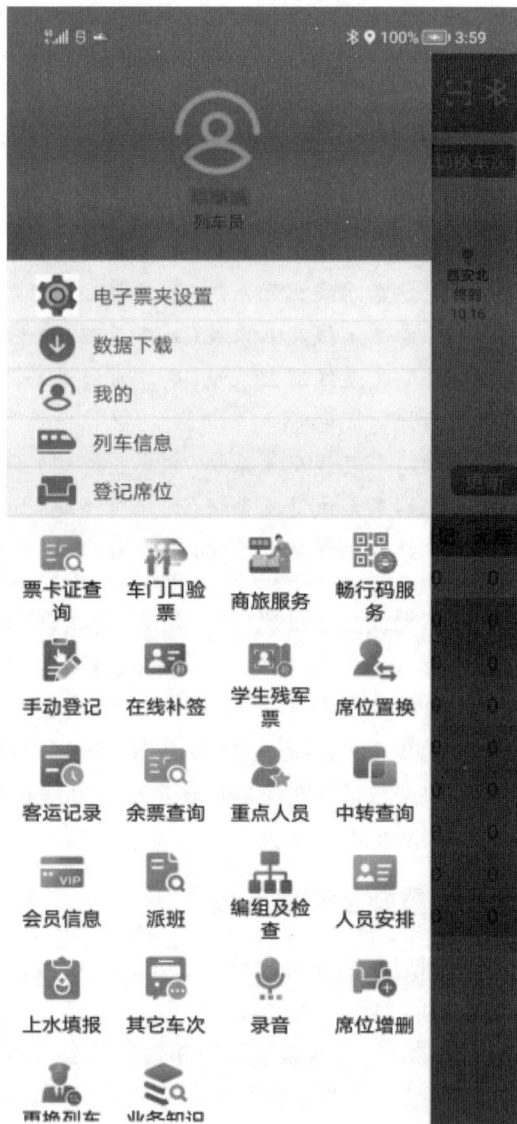

图4-13 侧滑菜单界面

1. 查看车站上下车人员信息

点击担当车次下面车站信息的车站名,会弹窗显示该车站的上下车人数信息。

2. 当前站车厢登记信息

点击当前站,会弹窗显示车次所有站,选择要操作(查看)的车站。

3. 负责车厢

电子票夹设置界面设置了负责车厢,车厢置灰且可点击进入车厢可视化界面。

4. 车厢可视化界面

车厢可视化界面根据旅客不同的状态显示不同的背景颜色,分别有已检、未检查、新上旅客、空闲席位、补票旅客、重点旅客,如图4-14所示。

三、登记车厢席位信息

1. 登记旅客换座信息

例如,06车01F换到06车01D,点击席位1D,弹出登记框,选择原车厢号06、原席位号01F,点击确认,完成换席位登记。

2. 登记已检、未上车、补票旅客和重点旅客

例如,04F席位旅客是重点旅客,点击该席位,弹出席位复用框;点击重点旅客,弹出重点旅客类型选择框;点击选择的类型,即可将其标记为重点旅客。其余三种类型是一样的操作。

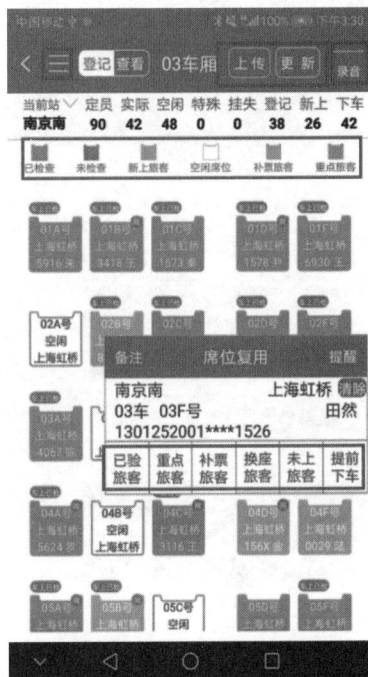

图4-14 车厢可视化界面

3. 登记提前下车

例如,12车01A席位旅客要在济南西提前下车,并且是重点旅客。点击01A席位,弹出席位复用框;点击提前下车,弹出提前下车登记框选择提前下车站;点击重点旅客,即可登记完成。

4. 登记备注信息

以12车01D旅客有同行儿童为例:点击01D席位弹出席位复用框;点击备注跳转到备注登记界面,输入同行儿童信息;点击保存,返回到席位可视化界面。01D席位左右上交会有一个红点注字样,点击该席位弹出复用框,证件号码下面会有备注的信息。

注意:点击儿童票席位,备注登记界面同行儿童变为同行家长。

5. 登记已提醒

点击旅客席位,弹出席位复用框。点击提醒,登记提醒成功,该席位会有对勾显示。

6. 清除登记信息

点击旅客席位,弹出席位复用框,已登记信息旅客,复用框会有清除按钮。点击清除会弹出"确认清除"弹窗。点击确认则清除成功。

四、其他功能

1. 录音功能

车厢可视化界面标头上有录音按钮,点击开始录音,录音完毕再次点击录音按钮,停止录音并以站名加时间作为文件名保存到指定路径下。

图4-15 "手动登记"界面

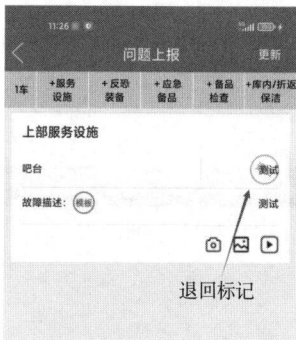

图4-16 "问题上报"界面

2.护照旅客

点击护照旅客,进入"护照旅客"界面,显示所有护照购票旅客的车票信息,没有则显示空。

3.手动登记

点击手动登记,进入"手动登记"界面,如图4-15所示。登记列车上无票、本列票和非本列票的旅客信息。

4.问题上报

列车员选择车厢将服务设施、出库/折返保洁、反恐装备、应急备品(高铁)、备品检查各项问题上报给列车长。列车长查看上报问题后,会对列车员上报的问题进行提报或是退回操作。列车员可查看列车长退回的列车员本人提报的编组问题,如图4-16所示。

5.列车上水

当前列车上水主要是由列车员填写纸质版沿途给水情况记录簿,列车长查看各车厢给水情况需查看各车厢纸质版台账,效率低。因此推出电子化上水登记台账。列车员选择"列车上水"功能,依次显示上水车厢、上水站、提交人以及【提交上水记录】按钮,如图4-17所示。

6.席位增删

列车员可根据车厢实际席位情况添加席位,或者把添加的席位删掉,如图4-18所示。

7.业务知识查询

列车员可通过此系统查询常见问题和基本规章。

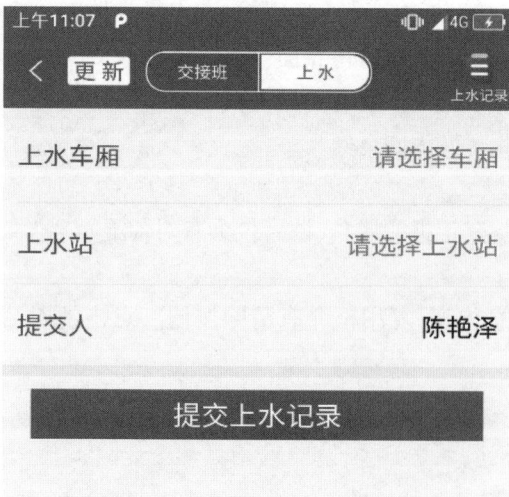

图4-17 "列车上水"界面

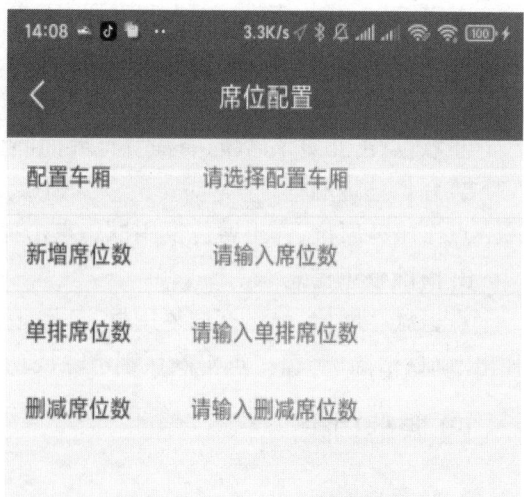

图4-18 "席位配置"界面

单元四　列车移动补票设备

单元导入

1. 列车移动补票设备类型有哪些？
2. 列车补票软件版本低时能否办理补票手续？
3. 使用列车补票软件补票时输入旅客哪些信息？
4. 列车补票软件可以补哪些票种的车票？
5. 列车补票软件补票时,哪些情况下会将原席位返库重新发售？

为充分发挥电子客票技术优势,进一步丰富铁路客运数字化应用场景,提升旅客出行体验,经国铁集团研究决定,自2022年9月1日起列车补票系统实施电子化升级改造。改造范围为除北京市郊S2线、上海金山线相关站车,以及未实施电子客票的公益性"慢火车"以外,全路客运营业站与高铁动车组、普速旅客列车全面推广电子化补票。

1.系统硬件和软件环境

列车移动补票设备为手持终端设备,有通用手机、一体机和补票机(安卓系统A8)等几种设备类型,如图4-19所示。

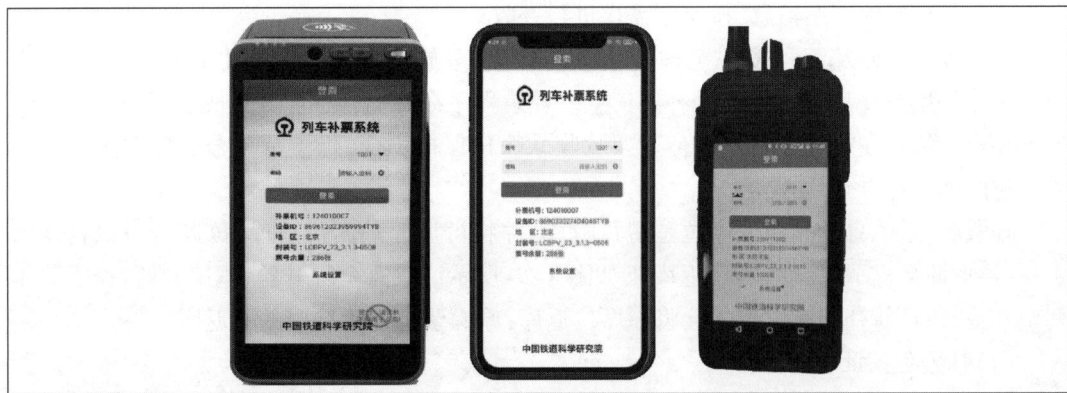

图4-19　手持终端设备

2.补票前准备工作

(1)使用准备

在安卓系统移动终端上安装"列车补票"应用程序,并完成版本校验。版本低时,登录界面会有相应提示,需要强制升级更新的版本;版本低时不能补票。升级至最新版本后,完成参数配置,在列车补票地面管理应用程序中维护终端设备参数,按照铁路运输企业收入票据管理相关规定设置电子票号。

(2)出乘初始化

班组出乘,第一次打开补票终端应用进入出乘界面,选择铁路局集团公司后,点击出乘,会根据该终端的"设备 ID"联网获取初始化信息,跳转到登乘界面并显示可用电子票据等基本信息,即表示出乘成功。

(3)出乘派班

在列车补票地面管理应用程序中完成相关列车基础信息维护,按指定交路维护班组值乘定义,选择补票员工号(移动补票机同号),输入密码,点击登乘,登乘成功后进入补票界面。

(4)车次数据下载

列车工作人员在补票终端上启动"列车补票"应用程序进行登录认证,登录成功后,进入班组交路界面,添加本班组担当的乘务车次。每趟乘务前必须对担当车次、日期进行下载更新。

3. 补票作业

开始补票作业前,首先获取为该设备发放的电子票据号段,确认后,选择右下角的业务处理,点击领取车票,补票终端会更新登录界面的剩余张数。

(1)姓名查询

查询证件号对应的名字并显示,核对无误后方可继续补票。

(2)补无原票

顺序选择发站、到站、票种、席别、铺别、事由等信息后选择支付方式,在票面信息界面选择只上传存根数据。上传成功后即可在地面管理应用中查询到该条存根信息。

(3)补本列票、非本列票

选择证件类型,输入证件号,点击"搜索"图标按钮,即可查询原票信息;根据情况在原票列表中选择正确的原票信息,按旅客需求进行补收。

根据程序界面及流程按规定输入信息,登记乘车旅客手机号码(国际区号为 +86,下同),完成补票操作后系统将推送补票信息。补票程序在每笔补票业务完成后,将订单数据、补票存根等信息在终端存储并上传。票款收款账户保持不变,仍支持现金支付和第三方电子支付两种支付方式。

补票后,系统自动判断原席位是否可返库,并将可返库的席位返库,该席位可以再次售卖,存根查询会提示"原席位:已返库",如图4-20所示。只有全程升舱、越站升舱、误乘非本列票补差,并且新补票有席位才会将原席位返库;原购票是列车补票的不返库。

(4)补公免签证

输入身份证号或者公免号,点击公免条目右边的【搜索】按钮,即可查询到公免或身份证信息,并显示姓名,也可以手工输入公免信息。

(5)补"通学"票种

对于应购买儿童优惠票的儿童,因家庭所在地与学校所在地不在同一城市,需要独自乘坐火车往返于两地之间时,可凭本人有效身份证和学校开具的书面证明,在车站售票窗口购买"通学"票种的学生通勤车票,票价按照儿童优惠票计算。列车补票系统相应增加"通学"票种以满足符合条件儿童的补票需求,如图4-21所示。

(6)畅行码补票服务

①旅客通过列车扫畅行码,进入畅行码小程序,在畅行码小程序中填写并提交补票需

求,并确认提交成功。

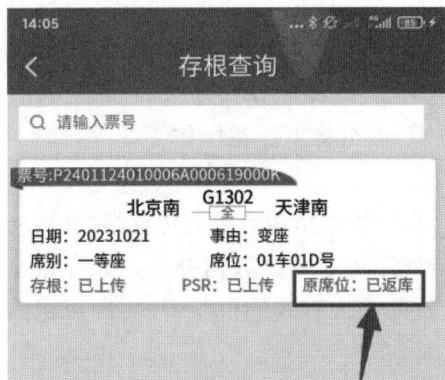

图4-20　存根查询界面

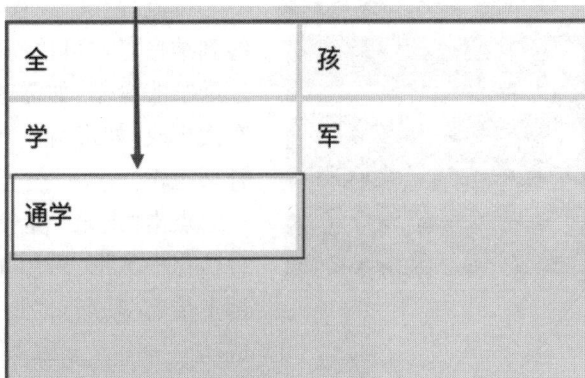

图4-21　票种界面

②当旅客确定提交补票需求后,班组在补票作业程序中选择自助补票即可查看该旅客提交的补票需求。补票需求包含车次、发到站、乘车日期、席别、证件类型、证件号、旅客位置以及订单状态等信息。

③班组在接到旅客需求信息后,可根据列车实际情况进行处理,可以按照设备提示拒绝受理和受理补票需求订单。

④班组受理成功后,自动跳转到补票作业界面,如信息有误可点击修改后进行补票。班组应到旅客处进行补票业务。依次选择原票信息、事由、席位等信息进行补票操作,如图4-22所示。

⑤补票完成后订单为完成状态,票机需求订单列表和旅客小程序旅客提交记录都会显示完成状态。

4.业务处理

(1)上传信息

在上传过程中如遇信号不好无法上传信息时,在业务处理界面的存根查询界面可以查询本趟车补票情况,并显示存根上传状态。存根已上传显示绿色字"已上传",或显示红色字"未上传"。若出现未上传,旅客将无法检票出站和换取报销凭证,班组需要点击【补传信息】或【一键上传】按钮进行数据补传。列车终到退乘前必须将未上传的信息及时上传。

(2)信息提示单打印

在存根查询界面,如旅客需要查询信息提示,点击显示的存根条目,进入补打凭条界面。

(3)废票处理

点击业务处理,选择废票处理(图4-23),作废限时30min。因电子票业务为时实上传数据与信息,要求班组对已上传信息的票据,不允许作废处理。

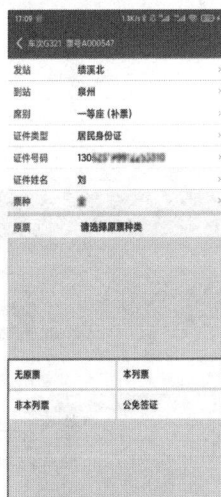

a)选择原票种类界面

b)选择支付方式界面

图4-22　补票操作界面

a) 业务处理界面

b) 废票处理界面

图 4-23　办理废票处理界面

（4）退乘交账

按流程在应用程序中点击"退乘"完成退乘操作，必须是终到结账时方可进行操作，班组在乘务中、折返站，不可以做退乘结账操作；如需改换车次，选择业务处理中的换乘，进行车次更改；如班组自行退乘，班组将不能在操作终端进行电子补票工作。

点击"退乘"，程序会自动检查是否有未上传存根，并要求补传存根数据，班组根据程序提示完成数据补传。如存根全部上传完毕，点击"退乘"，并输入有效的校验密码，即可退乘成功。

正常情况"退乘"为一次性操作不可逆，操作需明确已退乘结账不再补票。地面结账人员将列车补票款及补票终端数据入账，生成格式文件，核对账目，打印结账单据。

5. 信息通知

补票完成后，补票信息将根据该手机号关联的 12306 账户所设置绑定的渠道进行支付宝或微信通知旅客；设置若未绑定，将根据旅客电话号进行短信通知。旅客可通过 12306 的列车补票码进行信息查询。

6. 报销凭证

2024 年 11 月 1 日起《国家税务总局　财政部　中国国家铁路集团有限公司关于铁路客运推广使用全面数字化的电子发票的公告》开始实施，旅客无须到火车站、车票代售点、自助机上打印"铁路车票（纸质报销凭证）"，而可以通过铁路12306 网站或 App、个人所得税 App 个人票夹取得电子发票（铁路电子客票），如图 4-24 所示，且可以重复下载、打印，无须担心发票丢失或损毁。2025 年 9 月 30 日之前的过渡期内，旅客仍可使用铁路车票（纸质报销凭证）报销。

遇特殊情况，旅客在下车站需要办理列车补票退票时，车站应先行打印报销凭证，凭补票身份证件、报销凭证、客运记录，按现有流程、规则退票，收回报销凭证与客运记录。

7. 电子票据管理

（1）实行电子客票的列车补票终端每台设备单独设置 25位的电子票号，与补票存根记账编号保持一致，号码连续且不重复。

（2）列车补票系统完成电子化改造后，不再装配纸质票卷，原有纸质票据升级为电子票据，核算运输收入的原始凭证升级为电子票据数据，新版程序收入结账、票据管理等功能严格按照国铁集团《铁路电子客票运输收入管理暂行办法》(铁财〔2019〕81号)有关规定执行。

8.电子数据管理

列车补票电子数据在国铁集团、铁路局集团公司实行分级分类存储,纳入客票销售数据统计范围,作为客运营销统计分析体系的重要数据来源与依据,以接口文件形式向收入部门与统计部门推送。

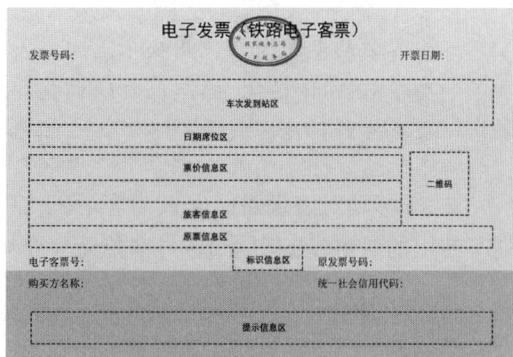

图4-24　铁路电子客票电子发票

9.注意事项

(1)列车运行途中存在网络信号盲区可能性较大,工作人员需在列车开车前登录补票程序完成数据下载。如列车运行区段网络条件持续较差,可利用全功能站车交互终端(集成补票功能)办理脱机补票,向旅客提供列车补票行程信息凭条(图4-25),旅客持补票证件及"行程信息提示"凭证通过人工口核

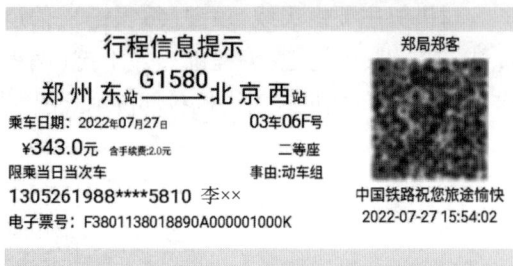

图4-25　行程信息凭条

验出站,或通过出站闸机扫"行程信息提示"凭证上的二维码校验出站。

(2)通过移动终端完成列车补票或到站补票的旅客,待数据上传成功后方可刷证出站、查询补票记录及领取报销凭证,工作人员需要重点关注数据上传情况,及时完成手工补传操作。

(3)列车补票仍保留纸质车票作业模式,沿用既有设备,值乘班组可将纸质车票补票机作为备用设备,在电子客票补票设备发生故障或无法使用时启用,两种设备不可混用。

(4)列车补票移动终端要加强设备维护与管理,仅允许使用 GSM-R 或指定的物联网 SIM 卡,不得插入普通 SIM 卡,终端不得安装与工作无关的应用程序。

单元五　站、车移动对讲设备

单元导入

1.对讲机主要由哪些部分组成?
2.对讲机的呼叫和接收应如何操作?
3.无线对讲设备的工作方式是什么?
4.动车组列车无线对讲设备的使用要求有哪些?
5.普速旅客列车无线对讲设备的使用要求有哪些?

6. 客运站车间通信使用要求有哪些?

7. 在 GSM-R 区段,站车人员通信优先使用什么设备进行通信?

8. 无线对讲设备频率配置要求有哪些?

站、车移动对讲设备已经成为客运工作中必不可少的通信工具。目前,高速铁路车站和列车使用的对讲设备型号不一,本单元只介绍部分型号设备。

一、对讲机

1. 基本构造及用途

对讲机主要由天线、顶键(编程键)、信道选择旋钮、电源开关/音量旋钮、状态指示灯、挂绳孔、PTT 键、中间键(编程键)、左下键(编程键)、MIC-SP 插孔/数据端口、扬声器、麦克风、皮带夹、锂电池等组成。对讲机各部位示意图如图 4-26 所示。对讲机实物图如图 4-27 所示。

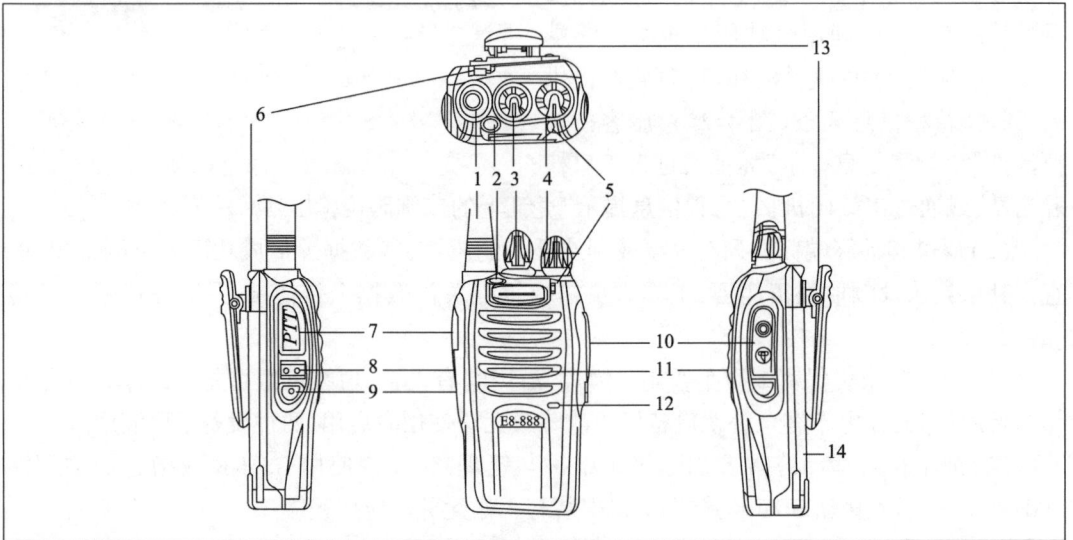

图 4-26 对讲机各部位示意图

1-天线;2-顶键(编程键);3-信道选择旋钮;4-电源开关/音量旋钮;5-状态指示灯;6-挂绳孔;7-PTT 键;8-中间键(编程键);
9-左下键(编程键);10-MIC-SP 插孔/数据端口;11-扬声器;12-麦克风;13-皮带夹;14-锂电池

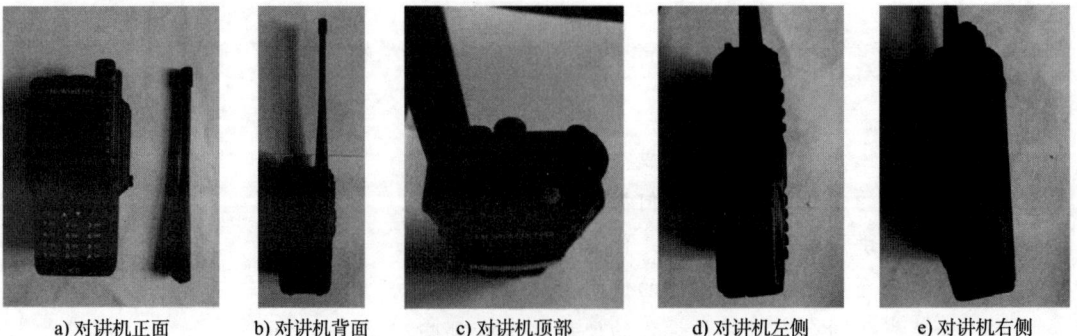

a) 对讲机正面   b) 对讲机背面   c) 对讲机顶部   d) 对讲机左侧   e) 对讲机右侧

图 4-27 对讲机实物图

（1）天线

对讲机有螺纹插头的天线，用于接收与发射信号。

（2）顶键（编程键）

对讲机顶键出厂默认设置为特殊功能键。

（3）信道选择旋钮

对讲机选择工作信道，在信道播报功能开启情形下，同时具有语音信道播报提示功能。

（4）电源开关/音量旋钮

对讲机电源开关/音量旋钮用于打开或关闭对讲机电源以及调节音量。

（5）状态指示灯

对讲机状态指示灯发射信号时红灯亮，接收到信号时绿灯亮。当电池电量不足时红灯闪烁，在扫描过程中绿灯闪烁。

（6）挂绳孔

对讲机的挂绳孔用于系挂绳。

（7）PTT 键

按 PTT 键，对讲机处于发射状态，使用者开始发话，松开则恢复到接收状态。

（8）中间键（编程键）

对讲机中间键（编程键）出厂默认设置为电量管理键。

（9）左下键（编程键）

对讲机左下键（编程键）出厂默认设置为通话管理键。

（10）MIC-SP 插孔/数据端口

MIC-SP 插孔/数据端口连接对讲机耳机或编程线。

（11）扬声器

对讲机扬声器输出声音。

（12）麦克风

对讲机麦克风输入声音。

（13）皮带夹

皮带夹可将对讲机身夹在皮带上，便于携带。

（14）锂电池

锂电池是对讲机的工作电源。

2.对讲机基本操作

（1）开机与关机

按顺时针方向转动电源开关/音量旋钮，直到听到"咔嗒"声，对讲机发出响亮的双哔音，此时立即会看到对讲机瞬间全屏点亮，语音提示当前是信道或频率模式，然后显示频率和其他指示符。按逆时针方向转动电源开关/音量旋钮，听到"咔嗒"声表示已关闭对讲机电源。

（2）调节音量

打开电源后，按住监听键使对讲机处于监听状态，按顺时针方向转动电源开关/音量控制旋钮可逐渐提高音量。逆时针方向转动可逐渐降低音量直至关闭电源。

（3）选择信道

直接通过对讲机调节信道控制1~9的任意工作信道,信道选择可对应参照信道的数字以及符号标识,同时可以依据语音信道播报提示进行操作。

（4）呼叫

选择好信道后(输入想要的频率后),按住PTT键,对讲机处于发射状态;然后对着麦克风用正常声音讲话。操作人员需保持麦克风与嘴唇距离5cm。按下PTT键开关时,状态指示灯发出红光,表示开始发射。如果状态指示灯红光闪烁,则表示电池电量不足。如果电池电量不足,本机正常工作时,将不能发射信号。

（5）接收信号

操作人员需放开PTT键,对讲机进入接收状态。当操作人员正在使用的信道被呼叫时,便可以听到对方的送话音;如果呼叫信号较弱,并且用户给对讲机设定了较高静噪电水平(需核对),操作人员可能无法听到该呼叫。

（6）监听

对讲机监听功能一般有出厂默认设置,如左下键,用户按一下左下键可监听到正常操作时难以听到的较弱信号,并且可以在没有信号时配合电源开关/音量旋钮来调整音量的大小。再按一下左下键取消监听。

（7）声控发射

对讲机启用声控发射功能后,若用户通话的音量水平达到对讲机所选定的水平,即使不按PTT键,对讲机也可以通过语音启动发射操作。在某些工作场合,如用户无法空出手按PTT键呼叫,就可以启动该功能。

二、动车组列车手持电台

图4-28 手持电台

动车组列车内450MHz手持电台(以下简称手持电台)是动车组列车司机、随车机械师、列车长、铁路公安乘警长等乘务人员工作时联系使用的行车专用工具。出乘前,列车长、列车司机、随车机械师、铁路公安乘警长等乘务人员应对手持电台进行功能试验,确保性能良好。出乘后,列车长、列车司机、随车机械师、铁路公安乘警长配置的行车手持电台必须定位在频道1(CH1)进行守候,不得随意转换频道;通话联系应使用规范用语。手持电台如图4-28所示。

三、GSM-R移动手持终端

GSM-R(GSM for Railways)属于专用移动通信的一种,专用于铁路的日常运营管理,是非常有效的调度指挥工具。GSM-R系统是专门为铁路通信设计的综合专用数字移动通信系统,主要提供无线列调、编组调车通信、区段养护维修作业通信、应急通信、隧道通信等语音功能,可为列车自动控制与检测信息提供数据传输通道,并可提供列车自动寻址和旅客服务。列车长配备GSM-R移动手持终端,保证高速区段和长大隧道的通信畅通。

四、无线对讲通信频率和工作方式

1.动车组列车

(1)频率:列车员(长)、铁路公安乘警(长)相互间通信使用457.950MHz频率,列车司机、随车机械师相互间通信使用467.200MHz频率。

(2)工作方式:同频单工通信。

(3)使用要求:列车员(长)、铁路公安乘警(长)使用的无线对讲设备,日常守候频率设置为457.950MHz。列车司机、随车机械师使用的无线对讲设备,日常守候频率设置为467.200MHz。

车内工作人员之间需通话时,主叫方应转换对讲机通信频道至被叫方守候频率建立通信。通话结束后,主叫方应及时调回原频率守候。

2.普速旅客列车

(1)频率:列车员(长)、铁路公安乘警(长)相互间通信使用457.950MHz频率,列车司机、车辆乘务员相互间通信使用457.700MHz频率。

(2)工作方式:同频单工通信。

(3)使用要求:列车员(长)、铁路公安乘警(长)使用的无线对讲设备,日常守候频率设置为457.950MHz。列车司机、车辆乘务员使用的无线对讲设备,日常守候频率设置为457.700MHz。

车内工作人员之间需通话时,主叫方应转换对讲机通信频道至被叫方守候频率建立通信。通话结束后,主叫方应及时调回原频率守候。

3.客运车站及站车间通信

(1)频率:客运车站内与接发列车有关的客运人员相互间通信使用457.725MHz频率。

(2)工作方式:同频单工通信。

(3)使用要求:与接发列车有关的车站客运人员使用的无线对讲设备,日常守候频率应设置为457.725MHz。

站车间有关工作人员需通话时,主叫方应转换对讲机通信频道至被叫方守候频率建立通信。通话结束后,主叫方应及时调回原频率守候。

五、备用通信方式

1.无线列调区段

在装备450MHz频段列车无线调度通信系统(简称无线列调系统)的区段,列车长、车辆乘务员、随车机械师和车站客运值班员在使用规定的频率与列车司机二次呼叫无应答时,允许上述人员使用该区段(站)无线列调系统f4同频单工频率呼叫列车司机。

2.GSM-R区段

在装备GSM-R的区段,列车长、车辆乘务员、随车机械师和车站客运人员优先使用无线对讲设备呼叫列车司机,呼叫不到时允许上述人员使用GSM-R个呼方式呼叫列车司机,在车站内也可使用"210"组呼与有关人员进行通信;当发生危及行车安全的紧急情况时,允许使用GSM-R"299"紧急呼叫方式与列车司机建立通信。有关GSM-R通信方式和使用要求按国铁集团《铁路数字移动通信系统运用管理办法》有关规定执行。

六、无线对讲设备频率配置要求

（1）动车组车内工作人员使用的无线对讲设备应配置 467.200MHz、457.950MHz、457.725MHz 频率，列车长、随车机械师使用的无线对讲设备还应配置相关区段无线列调系统 f4 同频单工频率及呼叫信令。

（2）普速旅客列车车内工作人员使用的无线对讲设备应配置 457.700MHz、457.950MHz、457.725MHz 频率，列车长、车辆乘务员使用的无线对讲设备还应配置相关区段无线列调系统 f4 同频单工频率及呼叫信令。

（3）车站客运人员使用的无线对讲设备应配置 457.725MHz、457.950MHz、457.700MHz、467.200MHz 频率，车站客运值班员还应配置所属区段（车站）无线列调系统 f4 同频单工频率及呼叫信令。

（4）对讲机工作频道编号可由铁路局集团公司电务处会同有关专业管理部门具体规定。

七、设备选型要求

为顺应国家无线电管理政策，按照国铁集团频率及业务调整要求实施"模转数"计划，新购无线对讲设备宜选用数字制式，频率范围为 400～470MHz，并具备通信录音功能。旅客列车工作人员车内及站车间无线对讲通信频率表见表4-1。

旅客列车工作人员车内及站车间无线对讲通信频率表　　表4-1

通信对象			频率（MHz）	备用通信方式	
	主叫	被叫		GSM-R 区段	无线列调区段
动车组	列车长、列车员、铁路公安乘警（长）	列车长、列车员、铁路公安乘警（长）	457.950	—	—
	司机、随车机械师	列车长		GSM-R 通话方式	—
	车站客运人员	列车长(员)		GSM-R 通话方式	
	列车长、随车机械师	司机	467.200	GSM-R 通话方式	无线列调系统 f4 同频单工频率
	车站客运人员			GSM-R 通话方式	车站客运值班员可使用无线列调系统 f4 同频单工频率呼叫
	司机、列车长	随车机械师	467.200	GSM-R 通话方式	
	列车长、列车员	车站客运人员	457.725	GSM-R 通话方式	可使用无线列调系统 f4 同频单工频率呼叫车站客运值班员

通信对象		频率（MHz）	备用通信方式	
主叫	被叫		GSM-R 区段	无线列调区段
列车长、列车员、铁路公安乘警（长）	列车长、列车员、铁路公安乘警（长）	457.950	—	—
司机、车辆乘务员	列车长		GSM-R 通话方式	—
车站客运人员	列车长（员）		GSM-R 通话方式	—
列车长、车辆乘务员	司机	457.700	GSM-R 通话方式	无线列调系统 f4 同频单工频率
车站客运人员	司机		GSM-R 通话方式	车站客运值班员可使用无线列调系统 f4 同频单工频率呼叫司机
司机、列车长	车辆乘务员		GSM-R 通话方式	—
列车长、列车员	车站客运人员	457.725	GSM-R 通话方式	可使用无线列调系统 f4 同频单工频率呼叫车站客运值班员

注：1. GSM-R 通话方式包括个呼、210 组呼、299 组呼，其中 210 组呼、299 组呼需要配备具有组呼功能的 GSM-R 专用终端通用手持台（GPH）或运营手持台（OPH）。

2. 常用的无线列调频率包括 457.500MHz、457.550MHz、457.700MHz、457.825MHz、457.925MHz、458.000MHz、458.200MHz、458.250MHz。

模块小结

列车移动设备是铁路客运乘务工作中处理列车业务和通信必不可少的工具，列车乘务人员不仅要很好地服务旅客，还要进行及时、有效的作业联系。

列车客运乘务人员必须掌握列车移动设备的使用方法，根据不同的作业内容，熟练使用列车移动设备，方便旅客出行的同时，提高客运乘务工作效率，保证服务质量。

在本模块的学习过程中，学生不但要具有一定理论知识，而且要具有较强的实际操作能力。通过对本模块的学习，学生能根据列车移动设备的各种功能，按照各类设备的操作方法及流程，完成客运站车无线交互系统的使用、列车旅客补票和站车无线通信作业联系。

思考与练习

一、填空题

1. 列车乘务移动终端设备包括_____，_____，视频记录仪等设备。

2. 工作台模块【出乘·检查】功能主要包含"_____""_____"两个模块。

3. 在席位管理中可查看_____、_____、_____、_____等。

二、判断题

1. 根据工作流程,工作台的功能模块有派班、出乘·检查、在途、退乘、辅助。 （　　）

2. 乘务员电子票夹不具备列车上水功能。 （　　）

3. 列车实行补票电子化以后纸质车票作业模式已经取消。 （　　）

4. 客服工单的流转程序是由客服系统接收到需求录入生成工单,然后流转到客管系统,再由指挥中心或车长接收进行接单、反馈并给客服系统回传处理信息。 （　　）

5. 车底纠错为普速旅客列车专有的功能,登乘后若发现车底信息不对,可通过编组右上角菜单栏【车底纠错】按钮进入车底纠错界面。 （　　）

三、单项选择题

1. "车底纠错""列车员问题提报"通知对应的功能页面是(　　)。

  A. 工作台派班界面   B. 编组信息

  C. 重点工作   D. 重要信息

2. 工作台模块的派班功能展示当前登乘车次的派班任务信息,主要包括交路信息、重点工作、(　　)及工作认领。

  A. 车次   B. 终到信息   C. 客服工单   D. 重要信息

3. 乘务员电子票夹查看车站上下车人员信息时,点击担当车次下面车站信息的车站名,会弹窗显示该车站的(　　)。

  A. 站名   B. 到达时间   C. 旅客信息   D. 上下车人数信息

四、简答题

1. 站车无线交互系统软件使用流程是什么?

2. 应急处置功能包含哪些应急情况?

3. 列车员登记车厢席位信息时需要登记哪些信息?

4. 列车电子化补票作业有哪些种类?

5. 畅行码补票服务的流程是什么?

动车组列车乘务工作

◎ 学习目标

知识目标

1. 掌握动车组列车乘务组的组成及主要工作;
2. 掌握动车组列车长乘务作业流程及标准;
3. 掌握动车组列车员乘务作业流程及标准;
4. 掌握动车组列车乘务员接待服务。

技能目标

1. 能够按照动车组列车长乘务作业标准完成各项作业流程;
2. 能够按照动车组列车员乘务作业标准完成各项作业流程;
3. 能够完成动车组列车乘务员各项接待服务。

素质目标

1. 树立"人民铁路为人民"的职业素养;
2. 培养团结协作的职业态度。

◎ 模块描述

本模块主要介绍了列车长乘务作业流程及标准、列车员乘务作业流程及标准、动车组列车乘务员(包括列车长、列车员等)接待服务。通过对本模块知识的学习,学生应能够按照标准完成动车组列车的客运乘务工作。

单元一　动车组列车客运乘务工作概述

单元导入

1. 动车组列车乘务组的组成是什么?
2. 动车组列车的主要乘务工作有哪些?

一、动车组列车乘务组的组成及其职责

动车组列车乘务组由客运乘务员、动车组司机、随车机械师、铁路公安乘警、餐饮服务人员和随车保洁人员组成,简称六乘人员,"六乘人员"必须在列车长的统一领导下(除行车救援指挥外),分工负责,各司其职,共同做好旅客服务工作。

客运乘务员包括列车长、列车员,负责旅客列车的服务工作。

动车组司机负责有关型号的车门集控开关和动车组列车运行工作。

随车机械师负责有关型号的车门集控开关和动车组设备检修工作。

铁路公安乘警负责维护列车的治安工作。

餐饮服务人员包括服务组长和服务员,负责动车组列车餐饮服务和商品销售工作。

随车保洁人员包括保洁组长和保洁员,负责动车组列车的卫生保洁工作。

客运乘务组由1名列车长和3名列车员组成。动车组重联时,按两个乘务组安排人员;编组16辆的动车组按1名列车长和6名列车员配备。对运行时间较长的动车组可适当增加客运乘务员。动车组司机实行单司机值乘制,随车机械师按每组1人配备。近几年,动车组乘务组的编制根据各铁路局集团公司的实际情况略有不同。

二、动车组列车的主要乘务工作

客运乘务组承担服务旅客、处理票务、检查列车保洁、餐饮工作质量等工作。当发生影响旅客安全问题时,客运乘务组应当立即采取有效措施,保证旅客安全。动车组列车的乘务工作是保证列车安全运行的重要工作内容。

1.列车广播

运行时间在3h以内的列车,一般只播迎送词、服务设备介绍、安全提示、站名和背景音乐;运行时间超过3h的列车,可在不干扰旅客休息的前提下,适当增加播放内容。列车旅客信息服务及影音播放系统播放的内容应由客运部门提供,由车辆部门录入。

动车组列车采取中英文广播,动车组列车在始发前5min播放安全提示,始发后5min内播放欢迎词、安全提示及背景音乐,终到站前5min播放终到告别词。列车广播内容由客运段提供,由各铁路局集团公司宣传部、客运部审定,由车辆部门录入,始发前由随车机械师按规定操作自动广播装置。如自动广播发生故障时,客运乘务员进行人工广播。

2.车门管理

动车组列车发车前,列车长确认旅客乘降完毕后,根据不同车型要求通知司机或随车机械师关闭车门。当动车组重联运行时,由两组列车长互相确认旅客乘降情况后,运行前方第一组列车长负责通知司机或随车机械师。动车组出动车段(所)到达始发站后,应将车门保持关闭状态。司机根据列车长的通知开门。列车工作人员不得擅自开关车门。

(1)动车组列车发车车门管理

当两组动车组列车重联时,前进方向后组动车组列车长确认本组旅客上下完毕,向前组动车组列车长汇报。前组动车组列车长在确认全列旅客上下完毕后,使用手持电台呼叫"动车××次司机(随车机械师),旅客上下完毕,请关门"。动车组司机(随车机械师)应答"动车××次司机(随车机械师)明白"。动车组司机(随车机械师)操作控制开关关闭车门,操作台关门显示正确,确认出站进路信号开放(在CTCS-2级区段,动车组在完全监控模式、部分监控模式下运行时,为列控车载设备显示的允许运行的信号),口呼"车门关闭""信号开放",确认开车时间,然后启动列车。

(2)动车组列车到达车门管理

①动车组列车必须做到一次对标停车,无特殊原因禁止再次移动列车。

②动车组列车停稳后,司机(随车机械师)立即操作控制开关打开站台一侧车门。

③动车组终到旅客下车完毕,列车长通知司机(随车机械师)关闭车门。

3.资料台账

列车长出乘除携带电报、客运记录、处理票务等必要的设备和业务资料之外,不得携带其他纸质资料台账上车。动车组列车运行中,列车长无须向添乘领导汇报工作。

4.通信联络

客运乘务员配备手持电台。动车组列车始发前,列车长的手持电台均应设置在频道1与随车机械师、铁路公安乘警或司机进行通话联络。在运行途中,列车长与列车员需通话时,转为各自的专门频道进行通话。通话完毕,应转回频道1进行守候。

三、客运乘务员与司机和随车机械师结合部工作

1.人员管理

动车组本务司机、地勤司机隶属机务段管理。

随车机械师、存放点车辆调度人员、地勤机械师隶属车辆段管理。客运乘务员(列车长、列车员)隶属客运段管理。

2.动车组本务司机

动车组在区间被迫停车时,动车组本务司机负责指挥随车机械师、客运乘务组处理有关事故救援等事宜。动车组出所后,动车组本务司机负责有些车型动车组的车门集控开关。在车站,列车在规定位置停稳后开启车门;开车前,动车组本务司机负责根据客运乘务员通知关闭车门。

3.随车机械师

随车机械师负责在运行途中监控动车组的技术状态,发现故障应及时将有关信息通知司机,并采取措施,妥善处理。

动车组出所后,随车机械师负责有些车型动车组的车门集控开关。在车站,列车在规定位置停稳后开启车门,开车前,随车机械师负责根据客运员通知关闭车门。

4.客运乘务员

在车站,客运乘务员负责确认旅客乘降情况,通知本务司机(随车机械师)关闭车门。

当发生危及行车和旅客生命安全的紧急情况时,客运乘务员负责使用紧急制动阀停车或通知司机采取措施;需要组织旅客撤离列车时,通知司机,由司机向列车调度员报告或通知就近车站值班员;在司机的指挥下,处理有关事故救援等事宜。

5.车内设备使用和管理

动车组配电盘、车内空调、照明及旅客信息系统设备由随车机械师操作。自动广播装置的广播内容由客运段负责按规定要求录制,车辆段负责输入自动广播装置。当客运乘务员发现设备故障时,应及时通知随车机械师处理。当列车在运行中发生设备损坏时,随车机械师与列车长共同确认,并填写上部设施破损记录,双方签字。

6.动车组列车的整备和保洁管理

动车组列车的客运整备和车内保洁由客运部门负责,动车组列车外皮清洗和吸污作业由车辆部门负责。

单元二　列车长乘务作业流程及标准

❈ 单元导入

1.动车组列车长出乘作业流程及标准是什么?

2.动车组列车长接车作业流程及标准是什么?

3.动车组列车长开车前作业流程及标准是什么?

4.动车组列车长开车后作业流程及标准是什么?

5.动车组列车长途中作业流程及标准是什么?

6.动车组列车长站停作业流程及标准是什么?

7.动车组列车长终到前作业流程及标准是什么?

8.动车组列车长终到(折返)作业流程及标准是什么?

9.动车组列车长退乘作业流程及标准是什么?

一、出乘作业

1.出乘准备

列车长应在出乘会前30min到达车队,向车队请示重点工作和乘务要求;对公文流转的文件命令、电报等内容进行浏览,并摘录重点工作要求;到收入科领取补票机和票据,请领站车无线交互系统、GSM-R手持终端,确保设备状态良好,电量充足,根据实际情况请领票据。

2.召开出乘会

列车长应传达文件命令、电报以及上级重点工作要求;总结上一趟乘务工作中的优缺点及改进措施,布置本趟乘务任务;对列车员进行试问。

3.检查收缴

收缴列车员烟火、手机时,在列车长手账上记载并由列车员签字确认(可不收缴与车站办理互联网订餐业务的兼职订餐员手机);检查列车员仪容仪表、着装、证件(上岗证、健康证、红十字会员证)及安全风险卡。

4.备品清点

检查"电报""客运记录""车补进款交接单",检查便携式补票机、防盗防抢箱;检查站车无线交互系统手持终端、手持电台、安检查危仪、执法记录仪、医药箱;确保备品齐全、作用良好;组织列车员请领视频监控设备。

5.派班点名

组织班组列队到派班室点名,考勤信息录入;接收命令指示,接受派班员试问。

二、接车作业

1.始发接车作业

(1)列队出乘

始发前30min到达站台指定地点接车;统一列队,按指定路线行走;做到步伐一致,箱(包)在同一侧,列车长在队伍尾部。

(2)立岗接车

CR400BF始发一次列车长总检

在车门对应位置(CRH5A型车体在7车2位和15车2位、CRH380BG型车体在4车1位和12车1位),组织列车员面向车底进站方向立岗接车。

(3)票据加锁

接车后,票据入柜加锁,重设金柜密码,备品定位摆放。

(4)录入车次,登录系统

录入担当车次;登录站车无线交互系统手持终端;做到登录及时、信息完整。

(5)办理交接

与质检员对卫生整备、设备问题、上水吸污、备品情况(包括消耗品、应急备品、反恐器材、超员凳、头枕片、清洁车、赠品车、清扫工具)等办理业务交接,做到交接清楚全面。

(6)设备检查

检查列车设备设施情况,对"动车组固定服务设施状态检查记录"中记载的问题进行确认,对新出现的设备故障及时通知随车机械师进行处理,无法修复时在"动车组固定服务设施状态检查记录"上做好记载,与随车机械师签字确认。

(7)确认上水

确认列车上水情况。

(8)卫生备品检查

检查应急备品和反恐器材数量状态;检查列车出库卫生保洁质量及易耗品、清扫工具定位情况。

(9)快件交接

在立岗位置与车站指定高速铁路快件交接人员按装载清单办理交接。

(10)确认订单

在订餐车站,列车长要督促兼职订餐员到 5 号车厢邻靠 4 号车厢位置、13 号车厢邻靠12 号车厢位置与车站办理交接,并及时掌握订餐交接情况。

2.中间开口接车作业

(1)列队出乘

进站前 15min 到达站台指定地点接车;统一列队,按指定路线行走;做到步伐一致,箱(包)在同一侧,列车长在队伍尾部。

(2)立岗接车

在车门对应位置,组织列车员面向车底进站方向立岗接车。

①单组:CRH5A 型车体在 5 车 1 位、CRH380BG 型车体在 4 车 1 位。

②CRH5A 型车体重联上行:前组列车长在 10 车 2 位端车门;后组列车长在 5 车 1 位端车门。下行:前组列车长在 7 车 2 位端车门;后组列车长在 13 车 1 位端车门。

③CRH380BG 型车体重联上行:前组列车长在 10 车 1 位端车门;后组列车长在 4 车 1 位端车门。下行:前组列车长在 7 车 1 位端车门;后组列车长在 12 车 1 位端车门。

(3)登录系统

列车进站前 5min,登录站车无线交互系统手持终端;做到登录及时、信息完整。

(4)办理交接

车体到站后,与交班列车长校对时间,对重点旅客、设备问题(车体设备和视频监控设备)、上水吸污、备品情况(消耗品、应急备品、反恐器材、头枕片、清洁车、赠品车、清扫工具)等办理业务交接,做到交接清楚全面;在订餐车站,接班班组列车长要督促兼职订餐员到指定位置与车站办理交接,并及时掌握订餐交接情况。

(5)站台发车

与交班列车长交接完毕后,与列车员确认旅客乘降、餐车物品、高速铁路快件装卸、订餐交接情况;督促列车员对车门处逗留、吸烟的旅客进行安全提示,及时提示列车乘务员组织旅客乘降;接到车站与客运有关的作业完毕通知和列车员乘降完毕、兼职订餐员站车订餐交接完毕汇报后,按规定通知司机或随车机械师关闭车门(重联时,后组列车长确认本组作业完毕后,向前组列车长报告)。遇动车组初起叫停等特殊情况时,及时采取措施,妥善处理。

三、开车前作业

1.站台立岗

车站放行旅客后,到指定车门处立岗发车。在立岗位置与车站指定高速铁路快件交接人员按装载清单办理交接,并将情况告知列车员。

2.校对时间

列车长与司机对时后,立即与列车员对时。车体重联时,前组列车长与司机对时并与后组列车长和列车员对时,做到时间准确一致。

例如,车机联控用语按规定陈述,列车长:"现在时间为××点××分,动车(高、城)××次列车长明白。"

3.播放广播

提醒兼职订餐员播放开车前广播(10min播放始发音乐,5min播放开车前广播)。

4.确认发车

列车长应开车前2min提示列车员确认旅客乘降、餐车物品、高速铁路快件装卸情况;督促列车员对车门处逗留、吸烟的旅客进行安全提示,及时提示列车员组织旅客乘降。开车前,接到车站与客运有关的作业完毕通知和列车员乘降完毕、兼职订餐员站车订餐交接完毕汇报后,按规定通知司机或随车机械师关闭车门(重联时,后组列车长确认本组作业完毕后,用对讲机客运频道向前组列车长报告,前组列车长用无线列调对讲机行车频道向司机报告)。遇动车组初起叫停等特殊情况时,及时采取措施,妥善处理。列车出站台后回场。

(1)站车联控用语规定如下:

车站客运人员:"××次××站客运作业完毕。"

列车长应答:"××次客运作业完毕,列车长明白。"

(2)车机联控用语规定如下:

列车长:"动车(高、城)××次司机,旅客乘降完毕,请关闭车门。"

司机:"动车(高、城)××次列车长,是否可以关闭车门?"

列车长:"动车(高、城)××次司机,旅客乘降完毕,可以关闭车门。"

(3)旅客乘降完毕关闭车门后,动车组未启动前,特殊情况下列车长需打开车门通知司机时车机联控用语规定如下:

列车长:"动车(高、城)××次司机,因××原因,请打开车门。"(下同)

四、开车后作业

1.播放广播

列车长应提醒兼职广播员播放始发广播(中途站开车后,CRH5A型动车组点播1报广播;如有互联网订餐时,由列车长负责点播),确认视频、广播、电子屏的播放及显示内容准确、音量适中、播放及时;遇有故障时,应及时人工播报。

2.收缴烟火

收缴餐售人员烟火时,铁路公安乘警负责收取随车机械师烟火,未配备铁路公安乘警的,由列车长统一保管,在列车长手账上做好登记并由本人签字。

3.餐饮检查

检查餐车长着装、证件,布置趟班重点工作,检查商品摆放等情况,杜绝货品占用用餐区;由列车长做好登记。与商务座和特、一等座车厢的列车乘务员确认特、一等座休闲食品领取数量,与餐车长签字交接。

4.全面巡视

(1)巡视车厢顺序:CRH5A型车体立岗车厢→1(9)车→8(16)车→6(14)车;

CRH380BG 型车体立岗车厢→1(9)车→8(16)车→4(12)车。遇有特殊情况时,可根据实际情况进行调整巡视顺序。

(2)加强安全宣传,落实岗位防火责任制。提示旅客遵守安全乘车规定,及时制止可能损坏车辆设施和影响安全的行为;加强"三品"(易燃、易爆、危险品)查堵,落实动车组列车禁烟制度,及时检查卫生间、通过台等重点部位,发现有吸烟行为的旅客应及时制止,并按规定移交公安管理部门依法处理。未配备铁路公安乘警的,由列车长兼职行使列车安全员职责,会同随车机械师对灭火器、安全锤等防火、安全设备进行检查,发现问题及时报告公安部门。同时,加强车厢巡视,提示旅客保管好携带的贵重物品,防止各类案(事)件的发生;及时掌握车内治安动态,积极调解旅客矛盾纠纷,对调解和处理不了的,要立即报告公安指挥中心,并先行固定提取相关证据。

(3)检查车门、各柜门锁闭状态;检查行李架、衣帽钩、大件物品摆放、餐车商品及高速铁路快件堆码情况;巡视电茶炉、卫生间等部位,及时劝阻旅客不要倚靠车门、在翻板上站立或大件行李处、电茶炉下坐卧;对乘车儿童旅客进行安全提醒;掌握车厢内空调温度(车内温度保持冬季 18 ~ 20℃,夏季 26 ~ 28℃)。

(4)掌握车内旅客动态,积极做好服务工作,耐心解答旅客问询,落实"首问首诉"负责制,遇有重点旅客主动提供帮助。

(5)对列车员安装视频监控设备情况进行检查。

(6)在订餐站,督促兼职订餐员和列车员在开车后 30min 内为订餐旅客发放完毕,对存在的问题要及时记载并上报。

五、途中作业

1. 业务办理

根据站车无线交互系统提供的乘车席位信息,核对特殊票种、空余席位及乘车人数,办理挂失补及电子票等业务;检查列车员席位核对执行情况。

2. 掌握重点

对重点旅客做到"三知三有"①,提示列车员提供重点服务,并做好回访工作;对视力残疾携带导盲犬的旅客,认真检查相关证件(如旅客购票时的有效身份证件、本人的残疾人证、导盲犬工作证、动物健康检疫证明)并予以协助。

3. 卫生检查

检查动态卫生情况。检查清洁车作用良好、定位停放,督促列车员加强电茶炉、卫生间、门头等重点部位保洁,易耗品、卫生间补充(冲)及时;检查小桌板、座椅面、地面上杂物清理,卫生随脏随扫,垃圾袋满溢及时更换、定点摆放;跟踪检查卫生质量问题,准确考核;督促列车乘务员对满溢垃圾袋及时更换,系紧扎严,防止液体外漏,放于非乘降车门侧,不得放在车厢连接处或车门翻板上。

4. 设备检查

加强设备设施检查,做好爱车宣传。对"动车组固定服务设施状态检查记录"中记录的

---

① 知座席、知到站、知困难、有登记、有服务、有交接。

问题进行确认,对新出现的设备故障及时通知随车机械师进行处理,无法修复时做好记录,与随车机械师签字确认;检查车厢视频监控设备的安装使用及电量情况。

5. 餐售检查

检查餐售作业情况。规范电气设备管理,使用中不离开操作区域,离人及时断电。微波炉、电烤箱内油垢"一餐一清",立式保温柜、冰箱内随时清理;食品、商品符合食品安全要求,报废商品规范管理;规范商品摆放、不堵塞通道;检查兼职售货员售货行为,及时找零、提供发票,不得进行危险演示、高声叫卖。若发现问题,及时纠正、考核。对途中补充的赠品数量在请领单上签字确认。

6. 广播宣传

运行途中确认视频、广播、电子屏的播放及显示内容准确、音量适中、播报及时。及时调整折角车次;播报禁烟广播;根据客流和补票情况播报营销广播,逢用餐时间(逢11:00—11:30或17:00—17:30时段)播放用餐广播,遇自动播报故障时,及时人工广播或人工宣传。

7. 快件检查

运行途中巡视、检查高速铁路快件集装件码放、外包装、施封等状况,发现异常及时妥善处理。

8. 用餐安排

列车长根据规定时间合理安排列车员的用餐时间,列车员轮流到餐车用餐,列车长到用餐列车员负责的车厢巡视和监管,特殊情况进行重点交接;与餐车长核对乘务餐用餐情况,签字确认。

9. 应急处理

在列车运行中遇有突发情况时,列车长应立即通报相关人员,启动应急预案,按各自岗位职责分工妥善处理,逐级汇报;涉及有关行车问题时,及时向司机报告,听从司机的统一指挥。遇有列车晚点时,向司机了解晚点原因,及时向动调和段调度室汇报晚点情况,按客运部统一口径向旅客做好解释和安抚工作。当晚点超过15min时,通过广播向旅客致歉并说明情况;做好安抚工作,致歉广播及时;同时对车内重点旅客进行全面统计,及时向上级汇报车内旅客情况和工作需求。当列车晚点1h以上并逢用餐时间时,列车长要根据情况向上级提出用餐请示,由中途或到达铁路局集团公司客运调度员安排在指定车门处与车站办理食品交接,组织列车员和旅客代表向旅客免费发放。做到原因清楚、安抚到位、致歉诚恳、汇报翔实、定位交接、发放迅速。

10. 到站前作业

(1)到站前,巡视车厢,检查列车员卫生整理及备品补充情况,到指定车门位置立岗,加强宣传引导。在有上水、吸污作业的车站到站前,组织列车员对车厢用水、污水显示情况进行统计,有严重缺水或污物箱满溢的,提前与前方站联系。

(2)中间开口列车交车前,列车长要与餐车长核对商品售卖情况,并签字确认。

(3)到站前5min,列车长应监听列车自动播报(二报),换乘站到站前广播二报后,点播换乘广播。提示列车员做好到站宣传,组织重点旅客提前到车门口等候。

(4)到站站台临时变更时,列车长应提示列车员及时调整垃圾袋及清洁车摆放位置,以免堵塞车门影响旅客乘降。

(5)在订餐车站到站前,列车长应了解掌握订餐情况,督促兼职订餐员做好与车站订餐交接准备。

六、站停作业

1.立岗交接

列车长应在指定位置立岗,监控旅客乘降和车门开启情况;与车站办理业务交接。办理站车交接,短编组动车组列车在 4 号、5 号车厢之间;重联动车组列车在列车运行方向前组第 7 号、8 号车厢之间;督促列车员对在车门处逗留和吸烟的旅客加强安全提示,避免漏乘;督促列车员在垃圾投放站投放垃圾。

2.确认发车

列车长应及时提示列车员组织旅客乘降。中途站有上水、吸污作业时,列车长得到车站客运人员上水、吸污作业,旅客乘降完毕的通知后,按规定发车,做到联控用语准确;中途上水、吸污站开车后,确认车内上水和吸污情况,及时在列车长工作手册中记载。开车前,接到车站与客运有关的作业完毕通知和旅客乘降完毕、兼职订餐员站车订餐交接完毕汇报后,按规定通知司机(重联时,后组列车长确认本组作业完毕后,用对讲机客运频道向前组列车长报告,由前组列车长用无线列调对讲机行车频道向司机报告)。

七、终到前作业

1.终到检查

全面巡视车厢,检查防火安全、设备设施状态;检查列车员垃圾收取、垃圾袋撤换及桌板、遮光帘(幕)收起复位等情况,协助列车员卫生清扫及备品补充;提醒列车员做好到站宣传,组织重点旅客提前到车门口等候下车,按规定投放垃圾,到指定车门立岗。

2.餐售确认

检查餐售到站前作业,餐台、后厨、前厅卫生全面清理,按规定时间收取商品、货物,与餐车长核对饮品、休闲食品使用数量和售货款,并签字确认,六乘一份交接单退乘上交车队。

3.票款清点

填记表报簿册、审核票据、清点票款。

4.故障确认

当车底入库时,终到前将服务设施故障问题填写在"动车组固定服务设施状态检查记录"中,与随车机械师签字确认。

5.回收设备

终到前20min,组织列车员回收视频监控设备。

6.到站立岗

到站前,巡视车厢,到指定车门位置立岗,加强宣传引导。

7.播放广播

列车停稳后,CRH5A型车体提醒兼职广播员播放终到到站广播。

八、终到(折返)作业

1. 办理交接

在立岗位置对重点旅客、高速铁路快件等情况与车站办理交接;与车站联系,重点车厢进行上水,全列进行上水。

2. 检查遗失

当旅客下车完毕后,对车厢进行全面巡视,发现旅客遗失物品,编制客运记录与车站办理交接。

3. 保洁清扫

协助列车员做好折返保洁作业,补充消耗品,整理杂志、清洁袋,投放垃圾;遇列车晚点时,先要保证座椅旋转完毕后,再进行其他作业。

4. 确认上水

折返站通知列车员对全列上水情况进行确认,并将上水情况记录在"列车长工作手册"中。

5. 站台立岗

折返站车站放行旅客后,在指定车门处面向旅客放行方向立岗,迎接旅客上车;在立岗位置与车站指定高速铁路快件交接人员按装载清单办理交接,并将情况告知列车员。

6. 确认订餐

在订餐车站,督促兼职订餐员到5、13车与车站办理交接,并及时掌握订餐交接情况。

7. 监控广播

折返站开车前10min提示兼职广播员播放开车前音乐;开车前5min提示兼职广播员播放开车前广播。

8. 登录系统

开车前5min登录站车无线交互系统手持终端。

9. 确认发车

开车前2min提示列车员确认旅客乘降、餐车物品、高速铁路快件装卸情况;督促列车员对车门处逗留、吸烟的旅客进行安全提示,及时提示列车员组织旅客乘降;开车前,接到车站与客运有关的作业完毕通知和旅客乘降完毕、兼职订餐员站车订餐交接完毕汇报后,按规定通知司机或随车机械师关闭车门(重联时,后组列车长确认本组作业完毕后,用对讲机客运频道向前组列车长报告,前组列车长用无线列调对讲机行车频道向司机报告);遇动车组初起叫停等特殊情况时,及时采取措施,妥善处理。

九、退乘作业

1. 准备退乘

组织列车员收取剩余消耗品,整理乘务备品,将清扫工具、去污粉、喷壶集中,确认齐全与客运质检员(接班列车长)办理业务交接;交接事项清楚、手续完备;恢复金柜初始设置密码,组织列车员将乘务备品摆放到站台上。

2.组织退乘

统一列队到出站口,由专人护送(配备铁路公安乘警的,由铁路公安乘警护送)到规定地点解款后,组织列车员按规定线路退乘,做到步伐一致,箱(包)在同一侧,列车长在队伍尾部;到动车派班室点名退乘。

3.上交设备

到车队上交视频监控等设备,到收入科上交补票设备,相关备品、表簿按规定交接和存放,相关信息及时上报、上传;组织召开退乘会,发放手机和烟火。

4.折返保休

严格执行折返站有关管理办法,票据入金柜加锁;严禁私自外出饮酒、赌博、横越线路、钻车,遇有特殊情况需要外出时要执行请假制度,列车长需指定陪同人员,按规定时间返回,做到同去同归,不得单独行动,确保交通安全。

在公寓保休时,严格遵守公寓有关规章制度,保持公寓内外卫生整洁,按规定房间、床位休息,离开公寓前要对公寓卫生进行清扫,对房间备品进行清点定位,发生丢失损坏按价赔偿,列车长必须检查验收合格后方可离开。折返出乘前组织召开出乘会,收缴烟火、手机。

单元三　列车员乘务作业流程及标准

单元导入

1.动车组列车员出乘作业流程及标准是什么?
2.动车组列车员接车作业流程及标准是什么?
3.动车组列车员开车前作业流程及标准是什么?
4.动车组列车员开车后作业流程及标准是什么?
5.动车组列车员途中作业流程及标准是什么?
6.动车组列车员站停作业流程及标准是什么?
7.动车组列车员终到前作业流程及标准是什么?
8.动车组列车员终到(折返)作业流程及标准是什么?
9.动车组列车员退乘作业流程及标准是什么?

列车员乘务作业流程以 CRH5A 型动车组和 CRH380BG 型动车组为例进行介绍。

一、出乘作业

1.出乘准备

列车员准时到达学习室,接收列车长传达的文电命令,趟班乘务任务明确;主动上交烟火、手机(有与车站办理互联网订餐业务的兼职订餐员可不上交手机),并在列车长手账上签字确认;接受列车长业务抽考。

2. 备品清点

检查手持电台、核票终端机及服务备品等设备、备品状态;检查健康证、上岗证、安全风险卡是否携带。

3. 检查仪容

检查个人的仪容仪表、着装、职务标志等。

4. 派班点名

列队到派班室点名,考勤信息录入;接受派班员试问。

二、接车作业

1. 始发接车作业

(1)列队出乘

始发前 30min 到达站台指定地点接车;统一列队,按指定路线行走;做到步伐一致,箱(包)在同一侧,列车长在队伍尾部。

(2)立岗接车

在车门对应位置(例如 CRH5A 型车体在 7 车 2 位和 15 车 2 位、CRH380BG 型车体在 4车 1 位和 12 车 1 位),面向车底进站方向立岗接车。

(3)检查确认

查出库卫生质量,乘务备品、消耗品、清扫工具定位摆放情况;检查列车上水及设备设施状态,发现问题及时报告列车长。

(4)快件确认

在高速铁路快件办理站指定车厢检查车站装卸人员装卸、码放作业,确认施封、外包装及件数,并向列车长报告。

(5)订单交接

在订餐车站,兼职订餐员要在车体到达站台后,准备好接餐箱在 5 号车厢邻靠 4 号车厢位置、13 号车厢邻靠 12 号车厢位置与车站办理交接,交接时确认订餐车厢、数量、包装是否完整,交接后将餐饭放置到接餐箱内;遇有问题时,在站车餐食交接单上空白处注明,不得影响发车。

2. 中间开口接车作业

(1)列队出乘

始发前 15min 到达站台指定地点接车;统一列队,按指定路线行走;做到步伐一致,箱(包)在同一侧,列车长在队伍尾部。

(2)立岗接车

在车门对应位置(例如 CRH5A 型车体在 7 车 2 位和 15 车 2 位、CRH380BG 型车体在 4车 1 位和 12 车 1 位),面向车底进站方向立岗接车。

(3)办理交接

车体到站后,与交班列车员校对时间,对重点旅客、设备问题(车体设备和视频监控设备)、上水吸污、备品情况(消耗品、应急备品、反恐器材、头枕片、清洁车、赠品车、清扫工具)

等办理业务交接,做到交接清楚全面。在订餐车站,交班班组兼职订餐员要提前为接班班组准备好接餐箱;接班班组兼职订餐员负责在 5 号车厢邻靠 4 号车厢位置、13 号车厢邻靠 12 号车厢位置与车站办理交接,交接时确认订餐车厢、数量、包装是否完整,交接后将餐饭放至接餐箱内。遇有问题时,在站车餐食交接单上空白处注明,不得影响发车。

三、开车前作业

1. 校对时间

与列车长对时,做到时间准确一致。

联控用语规定如下:

列车长:"动车(高、城)××次列车员,现在时间为××点××分。"

列车员:"动车(高、城)××次1(3、5、8、9、11、13、16)车明白。"

2. 车内引导

在车站放行旅客时,列车员在分工车厢,引导重点旅客就座、协助安放行李物品、检查卫生间卫生。开车前 5min,回到指定位置立岗。

3. 立岗位置

CRH380BG 小号列车员在 1(9)车一位端、中号列车员在 3(11)车二位端、大号列车员在 8(16)车一位端车门处。

CRH5A 小号列车员在 1(9)车二位端、中号列车员在 3(11)车二位端、大号列车员在 8(16)车二位端车门处。

4. 播放广播

兼职广播员播放开车前广播(10min 播放始发音乐,5min 播放开车前广播)。

5. 确认乘降

开车前,列车员站到立岗站台侧车门处对负责车厢进行瞭望,确认旅客乘降、高速铁路快件、餐车物品装卸完毕后报告列车长,兼职订餐员在与车站办理订餐交接完毕后报告列车长。当列车关闭车门后,列车员在站台侧车门处立岗,并监控车门状态,遇特殊情况时,立即向列车长汇报,采取措施,妥善处理;当列车关闭车门后,列车员在站台侧车门处立岗;列车出站台后回场。

联控用语规定如下:

列车员:"动车(高、城)××次1(3、5、8、9、11、13、16)车旅客乘降完毕。"

兼职订餐员:"5 车(13 车)订餐交接完毕。"

四、开车后作业

1. 广播播报

兼职广播员播放始发广播,确认视频、广播、电子屏的播放及显示内容准确、音量适中、播放及时。遇有故障时,应及时人工播报。

2. 安装设备

始发 20min 内安装视频设备,如发现故障问题,应及时与列车长联系。

　　具体分工：小号列车员负责 1(9) 车、2(10) 车设备安装；中号列车员负责 3(11) 车、4(12) 车、5(13) 车设备安装；大号列车员负责 6(14) 车、7(15) 车、8(16) 车设备安装。

3.订餐发放

　　兼职订餐员在开车后先从订餐数量较多一面车厢开始向旅客发放，涉及旅客订餐车厢的列车员予以协助(帮助核对订餐旅客信息，并在发放完后在派送单上打"√"确认)。开车后 30min 内将餐饭发放完毕，发放完毕后将时间节点填记在派送单上。发放期间列车员发现餐饭质量问题要及时使用手机 App 拍照并上传信息，同时将情况上报列车长。

4.车厢巡视

　　(1)对车厢进行巡视。巡视方向：大号列车员(8/16 车→6/14 车)，中号列车员(3/11 车→5/13 车)，小号列车员(1/9 车→2/10 车)巡视。

　　(2)加强安全宣传，落实岗位防火责任制。提示旅客遵守安全乘车规定，及时制止可能损坏车辆设施和影响安全的行为；加强危险品查堵，落实动车组列车禁烟制度，及时检查卫生间、通过台等重点部位，发现吸烟行为的旅客及时劝阻并报告。

　　(3)行李架、大件行李存放处物品摆放平稳、牢固、整齐。大件行李放在大件行李存放处，不占用席位，不堵塞通道；铁器、锐器、易碎品、杆状物品及重物等放在席位下面或大件行李存放处；衣帽钩仅限挂衣帽、服饰等轻质物品；使用小桌板不超过承重范围。

五、途中作业

1.席位核对

　　核对席位，统计乘车人数，对持电子票和特殊票种的旅客乘车信息进行核实，发现挂失补或乘车条件不符的人员，及时引导，并报告列车长。

　　验票方式：小号列车员和中号列车员面对面，中号列车员与大号列车员背对背验票。

2.设备检查

　　检查列车长告知的设备设施问题，进行逐一核对，对新出现的设备故障，要及时向列车长汇报；主动引导旅客正确使用设备设施。

3.卫生清扫

　　随时清理卫生间，无便迹、无异味；重点监控电茶炉，无杂物、无水渍；及时更换、补充清洁袋、卫生纸、擦手纸等服务备品；及时清理小桌板、座椅面(网兜)；地面卫生随脏随扫，无杂物，拖布洗净拧干、地面无水迹。不得戴胶皮手套或手持垃圾袋进入客室内作业。电茶炉、手把杆、垃圾箱投掷门等白钢部件擦拭光亮。对满溢垃圾袋及时更换，系紧扎严，防止液体外漏，放于非乘降车门侧，不得放在车厢连接处或车门翻板上；在垃圾投放站指定位置投放。

4.安全宣传

　　加强安全宣传，及时劝阻儿童旅客在车厢内跑动、坐在小桌板上或运行中在座席上站立；加强危险品查堵，落实动车组列车禁烟制度，及时检查卫生间、通过台等重点部位，发现有吸烟行为的旅客立即劝阻，并及时报告。

5.重点服务

　　对重点旅客做到"三知三有"，提供重点服务；对视力残疾携带导盲犬的旅客，认真检查相关证件(旅客购票时的有效身份证件、本人的残疾人证、导盲犬工作证、动物健康免疫证明)并予以协助。

6. 爱车宣传

及时制止旅客在车厢内大声喧哗、脚搭桌板、穿鞋躺在座席上等不文明乘车行为。

7. 快件管理

在列车运行途中巡视、检查高速铁路快件集装件码放、外包装、施封等状况,发现异常立即向列车长报告。

8. 用餐安排

按照规定时间轮流到餐车用餐,特殊情况和列车长进行重点交接。

9. 应急处置

运行中遇有突发情况时,立即报告列车长,听从指挥,按照岗位职责分工,妥善处理。遇有列车晚点时,要坚守岗位,统一口径向旅客做好解释和安抚工作;当列车晚点时间较长时,掌握特殊重点旅客服务需求,对中转换乘的旅客进行统计,及时报告列车长。

10. 到站前作业

(1)水位确认。上水站、吸污到站前后对车厢水位表净水和污水水位进行检查确认并报告列车长。

(2)宣传整理。在车内进行到站宣传、卫生整理、检查备品补充情况。

(3)广播播报。到站前5min,监听列车自动播报(二报)和换乘广播,发现问题及时报告列车长。

(4)车门立岗。到站前,到指定立岗非站台侧车门处立岗。站台临时变更时,运行方向第一节车厢列车员要通知其他列车员及时调整垃圾袋及清洁车摆放位置,以免堵塞车门影响旅客乘降。在司机换乘站,司机操纵端车厢列车员要做好车门处旅客让行司机的宣传和引导。

(5)交接准备。互联网订餐站到站前,兼职订餐员通过手机App了解掌握互联网订餐的情况,准备接餐箱做好与车站办理订餐交接的准备(数量较少时可不用接餐箱)。

六、站停作业

1. 订餐交接

互联网订餐车站到站后,兼职订餐员先行下车与车站办理订餐交接,交接后将餐饭放置到接餐箱内;交接时确认订餐车厢、数量、包装是否完整。遇有问题时,在站车餐食交接单上空白处注明,不得影响发车。

2. 监控乘降

在指定位置立岗,监控车门开启和旅客乘降情况;对在车门处逗留和吸烟的旅客加强安全提示,避免漏乘。

3. 垃圾投放

在垃圾投放站及时将垃圾袋投放在指定位置。

4. 监控上水

在中途上水、吸污站要对上水、吸污车厢上水、吸污情况进行监控,发现问题及时报告列车长。

5.确认乘降

开车前,列车员站到立岗站台侧车门处对负责车厢进行瞭望,确认旅客乘降、高速铁路快件和餐车物品装卸完毕后报告列车长。列车关闭车门后,列车员在站台侧车门处立岗,并监控车门状态,遇特殊情况时,立即向列车长汇报,采取措施,妥善处理。当列车关闭车门后,列车员在站台侧车门处立岗。列车出站台后回场。

联控用语规定如下:

列车员:"动车(高、城)××次1(3、5、8、9、11、13、16)车旅客乘降完毕。"

兼职订餐员:"5(13)车订餐交接完毕。"

七、终到前作业

1.全面巡视

全面巡视车厢,检查防火安全、设备设施状态;对空余座位遮光帘(幕)、小桌板、座椅(扶手)和脚蹬等进行复位。

2.全面清扫

全面清理卫生,清理小桌板、座椅面、地面上杂物,对电茶炉、卫生间、通过台进行全面擦拭,无污渍、无水迹、白钢部件光亮。使用清洁车收取垃圾,对满溢垃圾袋及时更换,系紧扎严,在垃圾投放站指定位置投放;垃圾袋损坏时要及时套袋,防止外漏。按照卫生间保洁制度,检查责任车厢卫生间卫生及备品补充情况。

车厢分工:小号列车员负责1车、2车、9车、10车;中号列车员负责3车、4车、11车、12车;兼职订餐员负责5车、6车、13车、14车;大号列车员负责7车、8车、15车、16车。

3.赠品清点

负责商务、特等、一等座车的列车乘务员与餐车长清点饮料、休闲食品和专项服务备品数量,并向列车长报告。

4.设备回收

终到前20min回收监控视频设备(兼职售货员负责5车、6车、13车、14车)。

5.设备确认

终到前对责任车厢的设备设施情况进行确认,并向列车长汇报。

6.清点备品

清点列车剩余备品,统计好备品数量及时向列车长汇报。

7.终到提示

到站前5min,列车员按车门分工到岗;做好到站宣传,提醒旅客带好携带品,组织旅客做好下车准备。

8.播放广播

列车停稳后,兼职广播员播放终到站广播。

八、终到(折返)作业

1.检查遗失

当旅客下车完毕后,列车员对车厢进行全面巡视,发现旅客遗失物品,编制客运记录与车站办理交接。

2.垃圾投放

将垃圾袋投放在车站指定位置。

3.保洁清扫

全面清理卫生,旋转座椅方向,整理车容,补充消耗品。小号列车员负责1车、2(9车、10)车、中号列车员负责3车、4(11车、12)车,兼职售货员负责5车、6(13车、14)车,大号列车员负责7车、8(15车、16)车。

4.确认上水

折返站对车站上水情况进行检查确认,并及时报告列车长。

5.赠品请领

负责商务座和跨局直通列车特、一等座车的列车员对休闲食品数量进行清点;需要补充时,要及时到餐车请领,并将请领数量向列车长报告。

6.订餐交接

在订餐车站,兼职订餐员要提前准备好接餐箱;在5号车厢邻靠4号车厢位置、13号车厢邻靠12号车厢位置与车站办理交接,交接时确认订餐车厢、数量、包装是否完整,交接后将餐饭放置到接餐箱内。遇有问题时,在站、车餐食交接单上空白处注明,不得影响发车。

7.车内引导

车站放行旅客时,列车员在分工车厢,引导重点旅客就座、协助安放行李物品、检查卫生间卫生。开车前5min,回到指定位置立岗。

8.播放广播

折返站开车前10min兼职广播员播放开车前音乐;开车前5min播放开车前广播。

9.确认乘降

开车前,列车员站到立岗站台侧车门处对负责车厢进行瞭望,确认旅客乘降、高速铁路快件和餐车物品装卸完毕后报告列车长。列车关闭车门后,列车员在站台侧车门处立岗,并监控车门状态,遇特殊情况时,立即向列车长汇报,采取措施,妥善处理;列车出站台后回场。

联控用语规定如下:

列车员:"动车(高、城)××次1(3、5、8、9、11、13、16)车旅客乘降完毕。"

兼职售货员:"5车(13车)订餐交接完毕。"

九、退乘作业

1.整理备品

按责任车厢整理相关备品,清点消耗品数量,告知列车长。

2.列队退乘

统一列队,按指定路线行走到公寓保休;做到步伐一致,箱(包)在同一侧,列车长在队伍尾部;到动车派班室点名退乘。

3.折返保休

严格执行折返站有关管理办法,票据入金柜加锁;严禁私自外出饮酒、赌博、横越线路、钻车,遇有特殊情况需要外出时要执行请假制度,列车长需指定陪同人员,按规定时间返回,做到同去同归,不得单独行动,确保交通安全。

单元四 动车组列车乘务员接待服务

🎗 单元导入

1. 动车组列车乘务员如何立岗迎接旅客?
2. 动车组列车乘务员如何进行车厢整容?
3. 动车组列车乘务员日常礼貌用语有哪些?
4. 动车组列车乘务员使用对讲机的规范用语有哪些?
5. 动车组列车乘务员如何进行终到服务?
6. 动车组列车长对不同级别、不同部门客人的接待程序是什么?
7. 动车组列车长在站台上迎接客人时的程序和标准是什么?
8. 动车组列车长去车站候车区(室)迎接客人时的程序和标准是什么?
9. 动车组列车长在列车上迎接客人时的程序和标准是什么?
10. 动车组列车长请示客人汇报工作时的程序和标准是什么?
11. 动车组列车长终到站送别客人时的程序和标准是什么?
12. 动车组列车员车门口迎接客人时的程序和标准是什么?
13. 动车组列车员为客人进水时的程序和标准是什么?
14. 动车组车厢内列车员礼仪礼貌接待程序和标准是什么?

一、高速铁路列车乘务员服务技能

1. 立岗迎接

(1)列车乘务员在车门立岗迎接旅客时,态度要诚恳、热情、礼貌、周到,目光应关注旅客,并用亲切的语言表示欢迎,如"您好,欢迎乘车"。

(2)当车门口发生拥挤现象时,列车乘务员应按先后顺序维持排队秩序,及时提醒旅客看管好自己的行李物品;遇到老人、儿童和行动不便的旅客时,列车乘务员要主动搀扶,给予帮助。

2. 车厢整容

(1)旅客上车后,忙于寻找座位和放置行李,列车乘务员应提醒旅客保管好车票以免丢失,放稳行李以免坠落伤人。

(2)对于送客的亲朋好友,列车乘务员应在开车前及时提醒他们下车。

(3)引导中列车乘务员要提醒旅客注意对号入座,如果该座位坐有其他旅客,应请其离座;当旅客主动离座时,应主动说"谢谢您的合作";碰到少数拒绝让座的旅客,切忌用如"没座位活该!"等生硬语言刺激旅客,应积极寻找空座位,缓解矛盾。

(4)在整理行李架时,列车乘务员应主动向旅客解释,以取得旅客的配合。例如:"旅客们,为了给大家创造安全舒适的环境,现在开始整理车厢,请予合作,谢谢!"

3.日常礼貌用语

(1)欢迎礼貌用语

①您好! 欢迎乘车!

②欢迎您到餐吧用餐。

(2)问候礼貌用语

①您好!

②早上好!

③中午好!

④晚上好!

(3)告别礼貌用语

①请慢走。

②这是您的东西,请拿好,多谢!

③再见。

④祝您旅途愉快!

⑤祝您一路平安!

⑥下次旅行再见。

(4)征询礼貌用语

①需要我帮您做些什么吗?

②您还有别的事情吗?

③您需要××吗?

④如果您不介意的话,我可以……

⑤您好,请问这个(如指矿泉水)您还需要吗?

⑥您觉得车内温度合适吗?

⑦我们为您准备了××、××、××,您需要哪一种?

⑧您需要添些水吗?

(5)应答礼貌用语

①不必客气。

②没关系。

③这是我应该做的。

④若有照顾不周的地方,请多多指教。

⑤我马上来(我马上去办)。

⑥我明白了。

⑦是的。

⑧非常感谢。

⑨谢谢您的好意。

（6）表示道歉的礼貌用语

①请原谅。

②打扰您了。

③失礼了。

④实在对不起。

⑤谢谢您的提醒。

⑥是我们的错,对不起。

⑦好的,我们马上办好。

⑧请不要介意。

⑨对不起,让您久等了。

⑩对不起,请借过一下。

（7）表示推脱的礼貌用语

①没有听说。

②感谢您的好意,但是××。

4.对讲机规范用语

（1）列车长

①××次司机,旅客乘降完毕。

②机械师在吗？ ××车厢车门有故障,请到位!

（2）列车员

①1 号、2 号、3 号、(4 号、5 号)、(6 号、7 号、8 号)车厢旅客乘降完毕。

②××车有空余××、××号座位,共×个。

③×车长在吗？ ×号车厢××出现故障,请求处理!

④×车长,请到×号车厢。

5.终到前广播

"女士们、先生们!"

"列车前方到站是本次列车的终点站××站,到达的时间是××点××分,请您下车前将茶桌板归回原位,取出行李,整理好随身携带的物品,做好下车准备。欢迎您再次乘坐本次列车,再见!"

6.终到服务

终到前,提醒旅客携带好随身物品。对下车旅客,应根据实际情况给予适当帮助。

（1）旅客下车时主动为个别手捧行李、物品的旅客提供毛毯袋,方便提取。

（2）主动搀扶老人和病、残、行动不便的旅客下车,并与车站做好交接工作。

（3）当旅客提取塑料网兜下车时,列车乘务员主动提供毛巾,避免旅客勒手。

（4）送客时对行李较多的旅客应提供适当的帮助,当其堵住车厢通道时,主动迎上前帮助提拿行李。

（5）如旅客的小包肩带掉落,列车乘务员应帮忙扶好。

（6）帮助带较大行李的旅客提一下行李。

（7）帮助带小孩的旅客抱一抱小孩。

7.终到送别

到站后,车门立岗的列车乘务员应以饱满的热情、整洁的形象、标准的姿势以及亲切的态度和话语,有礼貌地向不同的旅客道别。例如,"请慢走!""感谢你乘坐本次列车!""欢迎下次再来!""下次再见!"等。

二、列车长接待礼仪程序和标准

1.对不同级别、不同部门客人的接待程序

（1）客人乘车前,列车长首先要了解客人乘车的区间及乘坐位置,亲自指挥、安排,检查列车所有准备工作,尤其对客人乘坐区域的设备设施、卫生、安全、服务备品的定型从上到下各个部位做全面彻底检查,确保设备良好、卫生质量和客人乘车安全。

（2）客人乘车前,列车长要了解乘车客人的级别,第一时间向客人的随行秘书了解客人的需求,按照相应的接待程序和计划进行督促落实。

（3）遇有计划的重点客人乘车,列车长应及时与车队联系相关事宜并将接待工作的计划安排和程序向车队做详细汇报,听取车队干部的指导意见。

遇无计划客人乘车,列车长应按客人级别,实施相应的接待程序并及时向上级领导进行汇报。车队内如有段、车队干部陪同客人时,及时对接待的准备工作征求意见。

（4）对其他铁路局集团公司客运系统客人(段长以上级别)乘车或检查,列车长要亲自做好接待,并致问候,汇报工作,征求意见。

（5）对客运系统以外客人乘车(如稽查处、财务处、卫生处等),列车长要有礼节性地做好接待。汇报工作要简明扼要,按乘车客人分管的内容,汇报相关的列车工作,并征求意见。

（6）客人上车后,列车长指挥列车员按程序做好接待工作。

①列车长第一时间向客人的随行秘书了解客人或领导需求,选择是否用茶、水或其他饮用品。

②开车后,列车员为客人上热毛巾,双手递送毛巾及托盘。顺序为先主要客人,后随行人员,并视情况收取毛巾返回。

③列车长负责给客人上茶,将准备好的茶水加至七成满,并立即上茶水,同步撤毛巾,要求衔接紧凑。

④运行中按需添水,适时清理小桌杂物。

⑤如客人中途需使用卫生间,列车员要注意及时引导方向,提示相关安全注意事项,主动打开卫生间门,并在客人出卫生间后递上热毛巾(湿巾)。

⑥途中立岗在车门处关注客人需求,尽量减少打扰客人的次数,做好服务。列车长随时做好服务安排。

⑦根据客人乘车时间或区间了解客人是否需要在列车上用餐。如客人需在列车上用餐,列车长要及时征求客人或陪同人的意见。询问相关细节(如用餐时间、用餐地点、民族习惯等),当了解情况后及时做好准备,如客人需到餐吧用餐,列车长亲自检查、督促、落实餐吧

接待客人的程序和各项准备工作,检查餐吧前厅各部位的卫生情况及备品情况(如桌布、靠背纱的清洁度)和摆台规格,摆台是否标准,小方巾、牙签、餐巾纸、湿纸巾、餐具、餐后水果是否准备齐全。如果客人需在座位处用餐,要求餐吧提前加热饭菜,准备配菜、餐具、湿纸巾、餐后水果等。

2. 在站台上迎接客人时的程序和标准

(1)列车长站在规定位置,一般在客人所乘坐车厢门口处面带微笑站立等候,主要的列车员站在列车长旁边与列车长并排站立紧靠车门口处位置,面带微笑规范立岗。

(2)客人走近时,列车长主动迎上前,鞠躬问好致欢迎词"您好,我是××次列车长××,欢迎您莅临指导工作,请您上车"(要有斜臂式手势),引领客人从列车员立岗车门处上车。列车员鞠躬问好,并致欢迎词"您好,欢迎您乘车"。

(3)列车长引领客人上车,并向客人声明,如"我为您引路",列车长走在客人前方的一步距离将客人引领到座位后,请客人入座,将主要客人安排在运行方向左侧临窗正位位置乘坐,随后安排其他随行人员。采用斜臂式手势,用语为"请您休息,稍后为您送水"。

(4)负责本车厢的列车员在风挡处立岗,协助随行人员安排行李,核实行李件数。

3. 去车站候车区(室)迎接客人时的程序和标准

(1)列车长在接到通知,需到候车区(室)去迎接客人时,要对自身的着装及仪容仪表进行迅速整理,要做到服装干净、整洁,保持良好的精神面貌。

(2)进入车站候车区(室),距客人 3~4m 时,步伐轻快一些,面带微笑并面向主要客人鞠躬问好、握手,向陪同客人做相应环视,致问候语:"您好,欢迎您! 您请。"

(3)在站台上,引领客人上车时,要有直臂式手势,保持动作规范,平稳利落,走在客人左前方,距客人一步之远,注意调整速度,保持距离,在通过站台时,要站在靠车底一侧为客人引路。

(4)客人到车门口时,列车长亲自引领安排客人上车,并到指定座位处就座,使用用语:"您请坐,请您稍候,马上为您上茶。"

4. 在列车上迎接客人时的程序和标准

(1)途中在列车上迎接客人时,列车长要面带微笑、主动迎上,点头示意。

(2)使用问候语"您好! 欢迎乘车,请您到(一等座车厢、商务座车厢)就座",在客人前方引路,步速适中,与客人保持 1m 距离,并辅助用语"列车速度较快,请您注意安全,您这边请"。

(3)客人就座后,使用用语:"请您稍作休息,马上为您上茶水。"

5. 当客人在机车添乘时的接待程序、标准

(1)提前与车站联系了解客人乘车目的,如需到机车添乘,及时与司机联络。

(2)将客人引领至驾驶室后,请示客人有什么指示和要求,用语为"请您稍作休息,马上为您上茶水,我就在驾驶室外等候,随时为您提供服务"。

(3)安排客人车内就座时,一般安排在列车运行方向左侧靠窗位置(运行左侧不会有错车时的噪声)。

①一般规定遇客人乘车时,请示随从客人用茶水(一般用绿茶)还是白水。

②遇有计划的重要客人乘车,在接到车队通知后,班组立即准备鲜果(一般不超过两种)。

③水果放在密封盒内、放好牙签再送上，使用敬语"请您品尝"。

6.请示客人汇报工作时的程序和标准

(1)在客人上车就座送茶后(有计划乘车、特定时)，列车长应递送列车乘务员名单，按照《铁路旅客运输规程》上的规定，对主要客人要递交乘务报告，随行客人递交列车乘务员名单，递交乘务报告或列车乘务员名单时，应注意字体正面朝向客人，双手递上，并使用接待用语"这是我们的乘务报告(乘务员名单)，请您过目"。

(2)请示汇报时，列车长应站在主要客人的右前方，面向客人，音量适中，上身微前倾，面带微笑，使用用语："您好！您什么时候方便，向您汇报一下近期的工作情况？"或"客人好，现在汇报工作方便吗？"

注意:如知道客人姓名、职务时，要称呼其职务。

(3)经客人允许示意方可坐下。汇报工作时，列车长应面向主要客人就座，并要环视其他客人，保持规范坐姿(坐在座椅的2/3处)，面带微笑，肢体语言不能过大，音量适中，语速不宜过快。

(4)汇报内容要围绕阶段性中心工作，简明扼要，层次清楚，重点突出，汇报时间不超过10min。

7.途中请客人用餐时的程序和标准

(1)列车长请客人用餐前，首先与陪同客人确定用餐规格、用餐时间、用餐位置，确定后通知餐服长是否需要提前准备餐台。

(2)如客人在座位处用餐，列车长要亲自查看准备工作，提前指定1~2名列车乘务员负责为客人上餐，其他人员做好辅助工作。

(3)如客人到餐吧用餐，列车长要检查前厅摆台情况及各部位卫生，确定客人座次，按预定时间，请客人用餐。

(4)按规定列车长要亲自请客人用餐，如段或车队添乘干部应亲自请，列车长应在餐吧端门处迎候引领，并要亲自安排客人座次(主要客人就座于运行方向左侧靠窗正位处)。如果列车长亲自请客人用餐，提前指派一名餐服人员在餐吧端门处迎候引领，列车长辅助安排客人座次。

(5)安排客人入座后，餐服人员请示为客人打开餐饭外包装，并将撕下的外包装及时清理，餐具、湿纸巾一并上齐。客人用餐时，不要频繁问候干扰客人用餐，使客人产生反感。

(6)客人用餐完毕，列车长问候客人："您用好了吗？是否需要添加？"，确定客人用餐完毕，再引领回车厢，主要服务的列车乘务员要站在端门处迎候。其间注意以下两点：

①客人用餐完毕后，餐服人员或主要列车乘务员为客人上餐后水果或茶水。

②客人车内休息时，要减少人员干扰，列车长亲自检查客人就座车厢卫生间的整体卫生质量(卫生间、洗面间要干净、无任何异味，地面要保持干洁度，无积水，并指派列车乘务员专人盯控)。

8.终到站送别客人时的程序、标准

(1)在距到达终点站15min前，列车长视情况请示随行人员后应提前到客人就座车厢与客人道别,请示工作,并作提示。

(2)列车长向客人致道别语:"您好!终点站就要到了,非常感谢您对我们工作的指导和帮助!请您对我们的工作提宝贵建议。稍后到站我恭送您下车。"

(3)列车长根据到站前开门的方向通知随行人员,2号列车员协助随行人员整理行李,做好下车的准备。

(4)列车长陪同客人下车到站台,要向主要客人致送别语并握手,向其他客人逐一握手告别,致送别语:"欢迎您再来!"列车长面带微笑行注目礼送别客人直至走远。1号列车员面带微笑站在车门规定位置送别客人。

(5)客人下车后,2号列车员迅速进入车厢检查是否有遗失物品,如发现遗失物品,应及时与服务列车长联系并上交。

三、列车员接待礼仪程序和标准

1.车门口迎接客人时的程序和标准

(1)1号列车员应做到:挺胸收腹、面带微笑、平视前方,按规定姿势站立,当客人走到车门口时,使用横摆式手势,请客人上车,使用问候用语:"您好!欢迎您!"

(2)2号列车员应做到:面对车门,避开通道,站姿规范,迎候客人,问候"您好,欢迎您,请随我来(您这边请)",侧身站立,请客人休息,如列车长引领,站在原位问候"您好,欢迎您"。

2.为客人进水时的程序和标准

(1)为客人送水工作要提前准备好,如泡茶、准备热毛巾或湿巾。

(2)客人就座后,1号列车员为客人上热毛巾时,双手递送毛巾及托盘。顺序为先主要客人,后随行人员,并视情况收取毛巾返回,随后将准备好的茶水加至七分满,立即上茶水,同步撤毛巾,衔接要紧凑。

(3)按照列车长的安排,如果需要给客人送水果,必须先送上小毛巾让客人擦手。通常情况下,客人上车前水果已摆好,要有用语"请您品尝"。送水后送上小毛巾。

(4)负责接待的列车员要体现出礼节礼貌,服务时音量适中,面带微笑,服务完毕及时离开,不得干扰客人休息,要充分体现高速铁路列车员良好的综合素质。

(5)在适当的时间,给客人加水,用语为"您好,我来为您添水"。

①负责接待的列车员应在客人休息时盯控卫生间及洗面间的卫生保持情况。

②洗面间镜面擦拭明亮,台面脸盆无污迹、无水渍。消耗品缺少时及时进行补充。

③客人休息中要根据当时情况做好深度服务,放下窗帘,调整广播音量,调整车内温度,为客人提供毛毯,两面端门关闭好,保持车内的安静,用语为:"您好,您觉得车内温度适宜吗?您需要毛毯吗?"

3.终到站立岗时的程序和标准

(1)列车距到达终点站5min前,1号列车员提示客人做好下车准备,辅助用语"各位客人终点站就要到了,需要我帮您整理一下吗?稍后我们在车门口恭送您"。

(2)客人下车时,1号列车员在规定车门处立岗出场,要提示每位客人如:"各位客人,欢迎再来",并按规范姿势立岗。2号列车员协助随行人员将行李提前整理到位。

①客人起身时,1号列车员及时进行下车车门方向的引领;如列车长引领,1号列车员应提前到车门口处准备出场。

②2号列车员协助拿取行李时应站在客人身后方,列车停稳后,先请客人先下车,随后将行李拿至车下。

4.车厢内列车员礼仪礼貌接待程序和标准

(1)车内迎接客人:要面带微笑,立岗姿势端正,目光有神,站在所负责车厢风挡处迎候,用语为"各位客人好,欢迎指导工作"。

(2)遇有客人在车厢上车时,要做好接待。例如,"您好,欢迎莅临指导工作,请您稍候,我马上通知列车长"。

(3)遇有客人在车内检查工作时,在接到列车长通知的情况下,要站在列车风挡处迎接客人。做到站立姿势规范,需汇报工作时要面带微笑,表情自然,如"您好,欢迎您指导工作。我是×号车厢列车员××,我向您作一下汇报"。如果客人听汇报,要做1min小汇报,时间不宜过长(根据线路情况并结合当前重点形势及班组工作进行汇报)。如果客人不听汇报,要引导客人到下一个列车员所负责的车厢,用语为"您慢走,我在这里迎候您。"当客人回车厢就座时,用语为"请您慢走。"

(4)当客人突然出现在车厢时,列车员不得大声问候,应轻声打招呼:"您好,欢迎您!"并点头示意,自然为客人引路。

①在车内与客人相遇时,不要直呼客人职务,以微笑代替,或问候您好。

②在车内与客人相遇时,为客人引路,不得与旅客抢路;若需要旅客配合让路时,要礼貌示意。

模块小结

动车组列车客运乘务工作就是熟悉动车组列车的主要乘务工作,依据"动车组列车服务质量规范"的要求办理各项作业,在进行客运乘务工作时,必须熟悉列车乘务员的作业流程和标准。

在本模块的学习过程中,学生不但要具有一定理论知识,而且要具有较强的实际操作能力。通过对本模块的学习,学生能按照标准完成列车长乘务作业流程,能按照标准完成列车员乘务作业流程,能够完成动车组列车乘务员的接待服务工作。

思考与练习

一、填空题

1.动车组列车乘务组由_____、_____、_____、_____、_____和_____组成,简称六乘人员。

2.客运乘务员包括_____、_____,负责旅客列车的服务工作。

3.动车组本务司机、地勤司机隶属_____段管理。

二、判断题

1.动车组司机负责有关型号的车门集控开关和动车组列车运行工作。 （　）

2.列车工作人员不得擅自开关车门。 （　）

3.在车站,客运员负责确认旅客乘降情况,通知司机(机械师)关闭车门。 （　）

4.乘务员进出车站和动车所(客运站)时走指定通道。 （　）

5.乘务员通过线路走平交道时做到"一停、二看、三通过"。 （　）

6.动车组垃圾定位放置,可在任意停车站进行投放。 （　）

三、简答题

1.动车组列车长终到前作业流程及标准是什么?

2.动车组列车员出乘作业流程及标准是什么?

3.动车组列车员如何立岗迎接立岗?

高速铁路客运应急处置

◎ 学习目标

知识目标

1. 掌握动车组列车应急处置程序;
2. 掌握高速铁路车站客运应急处置程序。

技能目标

1. 具备动车组列车突发情况下应急处理能力;
2. 具备高速铁路车站突发情况下客运应急处理能力。

素质目标

1. 牢固树立职业安全意识,培养良好的职业道德;
2. 培养团结协作的职业态度。

⊗ 模块描述

本模块主要介绍动车组列车应急处置和高速铁路车站客运应急处置。通过对本模块的学习,学生应能够掌握不同情况下应急处理方法,具备面对突发事件时的应急处理能力。

单元一　动车组列车应急处置

单元导入

1. 动车组列车发生火灾、爆炸时的应急处置是什么?
2. 动车组列车发生旅客食物中毒应如何处置?
3. 恶劣天气下如何进行应急处置?
4. 动车组运行中发生事故,应如何进行旅客紧急逃生时的应急处置?

一、动车组列车发生火灾、爆炸时的应急处置

(1)动车组列车工作人员(含司机、随车机械师、铁路公安乘警、客运乘务员、餐售人员、保洁人员等,下同)发现或接到旅客反映车厢内有爆炸、明火、冒烟或消防设施报警时,应立即到现场查看、施救并通知列车长。列车长接到通知后,应会同随车机械师、铁路公安乘警根据具体情况,采取相应的措施进行处置。在扑救火灾时,列车乘务员应保护好现场,并采取措施做好宣传工作,稳定旅客情绪,维持车内秩序,以免发生混乱。

(2)在确认爆炸后,列车乘务员应立即使用紧急制动阀停车并按下火灾报警按钮(火情小能处置的可不使用制动阀),同时列车长(随车机械师)立即通知司机。停车后,司机应立即向列车调度员或车站值班员(车务应急值守人员,下同)报告,配合列车长、随车机械师、铁路公安乘警进行火灾扑救、旅客疏散等工作。有制动停放装置的由司机负责实施防溜,无制动停放装置的由随车机械师做好防溜、防护工作。

动车组列车发生
火灾应急处置流程

(3)列车长应立即指挥列车所有的工作人员进行处置,铁路公安乘警、随车机械师等列车工作人员应积极配合;同时,组织事故车厢的旅客向其他车厢疏散。

(4)待全部人员向安全车厢疏散完毕,火势仍未得到有效控制,需向地面疏散时,列车长应立即通知司机、随车机械师或其他列车工作人员关闭通道阻火门。司机根据列车长的请求,向列车调度员报告,请求向地面疏散,现场救援。

应急处理小组
分工及职责

(5)组织旅客疏散时,必须扣停邻线列车。司机在接到列车调度员已扣停邻线列车的命令后,立即通知列车长,列车长接到司机通知后应立即指挥列车工作人员打开车门,根据需要安装好应急梯,组织旅客向地面安全地带疏散。

(6)列车工作人员应组织好旅客有序疏散,并照顾好重点旅客确保人员安全。

(7)要动员旅客中的医护人员和列车工作人员对受伤人员开展紧急救护,并做好对重点旅客的服务工作。

(8)列车工作人员应积极配合公安部门保护好事故现场,协助公安人员调查取证。

(9)如遇火灾危及旅客安全,又未能及时接到扣停邻线列车的命令,列车长应会同司机,

组织列车工作人员打开运行方向左侧车门(非会车侧),结合现场实际,确定旅客疏散方向和疏散方式,列车工作人员应做好旅客安全宣传和防护,严禁旅客跨越线路。

(10)当遇到上述应急状况时,调度所客运调度员(客服调度员)通知客服中心解答口径,以便客服代表回复旅客的咨询和投诉。

二、动车组列车晚点的应急处置

(1)当动车组在始发及运行途中出现故障晚点时,列车长要及时联系铁路局集团公司动车调度,了解晚点原因等,报告车内情况和请求协助解决的问题,组织列车乘务员积极主动做好服务。铁路局集团公司动车调度根据自然灾害、设备故障、施工等情况,将晚点原因及预计晚点时间在30min内通知客运处在调度台负责非正常处理的人员,客运处人员向值乘列车长告知晚点原因和预计晚点时间,列车长据此通过广播向旅客告知故障原因和预计晚点时间。晚点15min以上时,列车长应向旅客致歉并告知故障原因,做好解释工作。铁路公安乘警应与列车长密切配合,经常巡视车厢,维持好车内治安秩序。列车长要了解和掌握旅客提出的要求,并向铁路局集团公司进行反馈,铁路局集团公司及沿途站车单位应尽全力向旅客提供帮助,解决因列车故障及晚点给旅客带来的困难。

(2)列车工作人员应加强车厢巡视,掌握旅客动态,并做好宣传、解释、服务工作,稳定旅客情绪,维护好车内秩序。

(3)列车晚点1h以上且逢用餐时间,列车长应提前统计车上旅客人数,通过司机向列车调度员报告,列车调度员通知调度所客运调度员(客服调度员),或直接向调度所客运调度员(客服调度员)报告,调度所客运调度员(客服调度员)接到信息后,应安排前方停车站为列车提供饮食品,列车免费为旅客提供。

三、动车组列车发生重大疫情时的应急处置

(1)当动车组列车发现疑似鼠疫、霍乱等重大疫情的病例或接到动车组列车上有疑似病例的通知时,列车长、铁路公安乘警应立即向司机和上级主管部门报告,司机向列车调度员报告,列车调度员立即向值班主任报告,值班主任立即向铁路疾病预防控制中心报告。

(2)列车调度员根据铁路局集团公司有关部门确定的处置方案,安排动车组在指定车站停车。列车长接到司机指定站停车的通知后,做好疾控人员上车和疑似病例交站等相关准备工作,车站及铁路疾病预防控制中心做好接车紧急处置准备。

(3)列车长、铁路公安乘警应组织隔离传染病人、疑似病人和密切接触者,紧急疏散其他旅客,并对有关人员进行登记。

(4)列车长、铁路公安乘警应组织封锁已经污染或可能污染的区域,同时做好被隔离人员的交站准备。

(5)列车长在指定停车站将传染病人、疑似病人、密切接触者和其他需要跟踪观察的旅客及相关资料移交车站和铁路疾病预防控制中心。

(6)铁路公安乘警应维护好车内秩序,确保区域封锁、旅客隔离、站车移交等工作正常开展。

(7)铁路疾病预防控制中心应上车对已经污染或可能污染的区域进行消毒。铁路疾病

预防控制中心确认处置完毕后,方可解除区域封锁。

(8)站车应积极配合现场的医疗和疾病预防控制中心工作。

(9)当遇到上述应急状况时,调度所客运调度员(客服调度员)通知客服中心解答口径,以便客服代表回复旅客的咨询和投诉。

四、动车组列车发生旅客食物中毒事件时的应急处置

(1)动车组列车发生旅客疑似食物中毒事件,列车长应立即向司机和上级主管部门报告,司机向列车调度员报告,列车调度员立即向值班主任报告,值班主任通知铁路疾病预防控制中心。

(2)当旅客需要在停站紧急救治处置时,列车调度员应安排动车组在最近具备医疗抢救条件的车站停车,并通知前方停车站做好抢救准备。

(3)列车工作人员应对有关人员进行登记,封锁现场,封存可疑食品、饮用水、食具用具等。铁路疾病预防控制中心应上车收集中毒人员的呕吐物、排泄物待查。

(4)站、车应积极配合现场的医疗和疾病预防控制中心工作。

(5)当遇到上述应急状况时,调度所客运调度员(客服调度员)通知客服中心解答口径,以便客服代表回复旅客的咨询和投诉。

五、动车组列车故障需启用热备动车组的应急处置

1.站内换乘热备动车组的应急处置

(1)遇动车组车体定员变化时,客票管理所负责预留替换席位,车站应及时按照替换方案为涉及定员变化的旅客收回原票、换发新票。一等座席变更二等座席时退还票价差额,二等座席变更一等座席时不向旅客补收票款。当旅客要求退票或改乘其他列车时,车站应及时为旅客办理退票、改签等手续。

(2)故障车停靠站台时,换乘时应尽可能安排在同一站台面;如不能在同一站台面换乘时,车站应组织旅客通过天桥或地道换乘,严禁跨越股道换乘。故障车在站内没有停靠站台时,换乘处置程序比照区间换乘热备动车组的处置程序办理。

(3)换乘时,站、车应认真组织验票,严禁持其他车次车票的旅客上车。

(4)当遇到上述应急状况时,调度所客运调度员(客服调度员)通知客服中心解答口径,以便客服代表回复旅客的咨询和投诉。

2.区间换乘热备动车组的应急处置

(1)列车长当接到司机转达的组织旅客换乘热备动车组的命令时,应立即向列车工作人员传达,列车工作人员应检查车内情况,坚守岗位。

(2)列车应向旅客通告换乘的决定,告知安全注意事项,对列车不能如期运行给旅客出行造成的不便,列车长应代表铁路部门向旅客致歉,并感谢旅客的配合,做好后续服务工作,取得旅客的支持与谅解。

(3)救援动车组列车到达指定位置,由现场救援指挥负责人统一指挥,救援动车组司机和列车长负责对准故障动车组车门。救援动车组停稳后,救援动车组司机通知救援动车组

列车长和被救援动车组列车长，救援动车组列车长与被救援动车组列车长联系确认后组织乘务组人员手动打开指定车厢车门（随车机械师配合），放置好过应急渡板，会同公安、客运等应急人员共同做好防护、组织旅客有序换乘。当因线路、动车组重联等无法实现各车厢车门对位时，应使用应急梯。安设2个及以下应急梯或应急渡板时，救援动车组列车长负责组织放置；放置超过2个应急梯或应急渡板时，救援动车组列车长负责组织放置2个，被救援动车组列车长负责组织放置其他应急梯或应急渡板。

（4）在换乘过程中，动车组禁止移动。旅客换乘完毕，被救援动车组列车长组织乘务组人员对全列进行检查确认后，通知救援动车组列车长换乘完毕。救援动车组列车工作人员将应急梯或应急渡板收好定位存放，列车长确认所有工作人员及旅客均已上车后，关闭车门并报告救援动车组司机具备开车条件。被救援动车组列车乘务组人员将应急梯或应急渡板收好定位存放，关闭车门并报告被救援动车组司机。

（5）在隧道内换乘时，列车调度员通知相关工务段操作开启隧道内的应急照明设施，隧道内的应急照明设施应设置远动开关。

（6）当遇到上述应急状况时，调度所客运调度员（客服调度员）通知客服中心解答口径，以便客服代表回复旅客的咨询和投诉。

六、恶劣天气下客运组织应急处置

因恶劣天气（如暴雨、大雾、大雪、冰雹、台风等）影响动车组列车正常运行，调度所客运调度员（客服调度员）应及时通知客运管理部门及沿线车站及滞留列车，客运管理部门应了解现场情况，指挥应急处置，站车及时公告旅客并致歉。

（1）列车长接到调度所客运调度员（客服调度员）或上级主管部门动车组列车因恶劣天气影响非正常运行的通知后，应立即了解车内情况，加强对重点旅客的服务。出现异常情况要及时向调度所客运调度员（客服调度员）或上级主管部门报告。

（2）列车长应与司机或滞留地所在铁路局集团公司调度所客运调度员（客服调度员）保持联系，了解动车组列车的运行情况，及时向旅客通报。

（3）动车组列车应备足餐食和饮用水，确保供应。当需补充餐食和饮用水时，列车长应向滞留地所在铁路局集团公司调度所客运调度员（客服调度员）或通过司机向列车调度员报告，指定车站为动车组列车补充餐食和饮用水。

（4）当遇到上述应急状况时，调度所客运调度员（客服调度员）通知客服中心解答口径，以便客服代表回复旅客的咨询和投诉。

七、动车组列车空调失效时的应急处置

（1）当动车组列车空调故障超过20min，且应急通风功能失效或无法满足要求时，随车机械师及时通知列车长。列车长视车内温度及通风情况作出打开车门决定，并通知动车组列车司机转报列车调度员。

（2）需要打开动车组列车部分车门运行时，列车长通知动车组列车司机向列车调度员提出在前方站停车请求。

动车组列车运行中空调失效不能恢复的处理流程

（3）列车长根据动车组列车乘务员配置情况,组织打开运行方向左侧(非会车侧)4~8个车厢前门,并在车门处安装防护网。需要打开车门时,列车长根据需要打开车门数量通知随车机械师准备好防护网,并指派保洁人员到存放处领取防护网,防护网的安装在列车长的组织下,由铁路公安乘警、随车机械师、餐售人员、保洁人员配合完成。

（4）防护网安装后,列车长组织铁路公安乘警、随车机械师、添乘干部、餐售人员、保洁人员负责值守,严禁旅客自行下车。动车组铁路公安乘警在第一时间通知前方停车站(区间)所属公安处,公安处负责第一时间通知停车站(区间)所属派出所指派警力,配合动车组工作人员。

（5）列车长确认值守人员到位后,通知随车机械师。随车机械师确认防护网固定状态和动车组状态后,通知动车组列车司机。动车组列车司机向列车调度员申请打开车门限速运行的调度命令。列车调度员向沿途各站及司机下达"××次列车因空调失效开放部分车门运行,限速60km/h(通过高站台时限速40km/h运行)"的调度命令。

八、动车组列车运行途中旅客突发疾病(人身伤害)须停车抢救时的应急处置

（1）迅速到场:当列车上有突发旅客急病时,列车长要第一时间到场,同时通知铁路公安乘警到场。

（2）了解情况:列车长及时了解急病或伤害旅客主要症状,掌握发病时间、有无同行人等情况,询问病人有无病史。

（3）积极救治:寻找医务工作人员配合救治旅客。

（4）请示停车:在危及旅客生命安全或必须立即下车治疗时,列车长应向司机报告,司机接到列车长的请求后,立即向列车调度员或车站值班员报告,请示临时停车移交旅客并要求动车调度、车站联系救护车进站接患事宜。同时,列车长向段调度室报告情况。

（5）收集旁证:列车长应会同铁路公安乘警收集旁证、物证,调查受伤(死亡)原因。采集见证人证实材料不少于2份,对参加抢救医生的姓名、单位、电话进行登记,根据有效证件确定伤亡者姓名、单位、住址。

（6）站车交接:列车长编制客运记录与旅客下车站进行交接。列车乘务员不下车参与处理。特殊情况,来不及移交相关材料的,3日内向受理车站补交。

九、对座位号有误旅客的安排处置

（1）遇有重号的旅客,应认真核对两位旅客的车票,如果确认是重复的座位号码,应先向旅客致歉,听取两位旅客的意见,观察哪一位旅客有想调换其他座位的意向。

（2）列车乘务员应及时报告列车长,列车长根据旅客人数判断同等级车厢是否有空座,尽量安排旅客尽快就座。不要让旅客自行在车厢内找空位就座,以免造成旅客座位号码再次重复而引起其不满甚至导致投诉等。

（3）对于车内旅客较多,不便当时处理的,列车乘务员可以帮助重号旅客(或后到的重号旅客)提拿行李,到服务间内稍加等候,等全部旅客上齐后,协助重号旅客在相同车厢等级的基础上选择空余座位入座。

(4)确定旅客人数不是很多的情况下可征求旅客的意见,喜欢就座靠过道还是靠窗户的座位,尽量满足旅客要求。

(5)如果在开车后发现车站售票系统故障导致售票错误(如重号、超票额售票)时,应对误售旅客利用剩余座位进行妥善安置(可不受车厢、席别限制),主动向旅客做好解释工作,并向铁路局集团公司客运调度员汇报。

(6)属于售票系统较大故障不能正常按票额发售有座位票,导致旅客乘车秩序混乱(车票无座号、无票人员较多时),列车长要以大局为重,积极与车站联系,组织列车乘务员(必要时可请铁路公安乘警、保洁人员协助),有条件的每车厢一人,对旅客进行疏导,安排座位,要首先保证重点旅客的安置。遇车内出现严重问题或局面不好控制时要及时向铁路局集团公司汇报。

十、动车组列车发生旅客误按紧急制动阀或报警按钮的应急处置

(1)当动车组列车发生旅客误按紧急报警按钮时,列车乘务员应了解情况,根据乘车信息系统显示,及时将紧急阀复位(吸烟报警时,列车长第一时间到场确认,并及时与司机沟通情况)。

(2)通过车载电话与司机说明情况,说明停车原因。

(3)连同铁路公安乘警了解当事旅客姓名、地址、身份证号码、联系电话和事情经过,并形成详细的书面记录。

(4)及时了解停车后车厢内旅客情况,发生旅客意外时按照因意外造成旅客伤害处理。

(5)及时向单位领导汇报。

注意:因吸烟引起报警的应急处置同上。

十一、动车组列车发生旅客集体拒绝下车的应急处置

(1)车站在接到因动车组列车晚点旅客集体拒绝下车的信息时,车站站长(副站长)及有关车间干部要立即赶到现场,了解情况,亲自指挥,立即组织部署客运、公安部增加人员接车。

(2)公安段(派出所)在接到车站通知后,要立即组织足够力量到现场维持秩序。

(3)动车组列车晚点到达后,车站应组织有关人员向旅客做耐心的解释工作,尽快组织旅客下车出站,对拒绝下车的旅客,全力做劝说工作,请旅客下车到专门地点进行处理。

(4)列车工作人员应协助车站工作人员做好说服解释工作。

(5)因晚点造成旅客没有赶上所乘列车时,车站安排人员及时为旅客按章办理改签、退票手续。

(6)对于旅客因晚点集体拒绝下车事件处理的情况,车站应及时向客运调度员汇报,处理完毕向客运处汇报。

(7)处理发生旅客滞留列车时应注意的问题:

①当发生旅客以滞留列车的方式向铁路要求晚点或空调故障赔偿时,站、车客运人员应当以说服劝解、诚恳道歉为主,耐心细致地做好解释与安抚工作和相关法律法规的宣传工

作,稳定旅客情绪,化解旅客怨气,力争取得旅客的理解和配合。

②公安部门要积极配合客运部门,认真开展滞留旅客的说服工作,争取得到旅客的理解和支持。同时,要向旅客宣传法律知识,告知可以通过其他合法渠道和方式维护合法权益,劝说旅客听从车站工作人员的安排到指定地点协商解决,并协助车站工作人员引导旅客下车。

③公安部门在全力协助过程中,严禁携带枪支。客运部门在宣传和说服旅客离开车厢时,现场应有公安人员维持秩序,经反复工作劝离无效时,公安人员应宣布《关于严禁旅客滞留列车维护铁路运输秩序和安全的通告》,并组织足够的公安警力,对拒不下车的人员依法采取措施带离车厢。对煽动旅客滞留车厢和扰乱列车治安、破坏铁路运输秩序,用暴力手段对抗执法的个别人员,要认真调查取证,依法追究法律责任。劝阻中要依法依规,有理有节,文明执法。

十二、动车组列车车门发生故障时的应急处置

(1)列车到站,司机操作门释放和开门按钮后,要从驾驶室显示界面(IDU)上确认全列车门是否"释放"打开,如未"释放",及时使用对讲机通知列车长,列车长通知各车门监控人员使用三角钥匙采取本地操作的手动模式开、关车门。

动车组车门发生
故障应急处置流程

(2)列车到站,如发生个别车门未自动开启,且监控人员使用三角钥匙本地操作的手动模式开门无效时,监控人员应及时使用对讲机通知列车长,并宣传引导旅客到相邻车门下车。列车长接到汇报后,应立即和司机取得联系,并与随车机械师赶到现场处理。随车机械师确认车门故障一时无法修复时将该门隔离并通知列车长,此后各停靠站均引导旅客到相邻车门上、下车。随车机械师确认车门修复后告知列车长,列车长确认旅客乘降完毕后通知司机发车。

(3)列车开车如遇有车门未自动闭合时,比照上面两条汇报处置程序办理。

(4)因车门故障导致旅客越站时,列车长按规定与车站办理交接,无须下车处理后续事宜。

(5)当因车门故障导致旅客无法正常上下车时,列车长、铁路公安乘警、列车工作人员配合,认真开展旅客的宣传安抚工作,劝导旅客保持冷静、看好行李、听从站车工作人员的指挥。

十三、动车组列车临时停靠低站台时的应急处置

1.列车的处理

(1)当动车组列车进站前或已知列车在中间站变更到发线停车在低站台停车时,列车乘务员应认真进行车门瞭望,确认站台位置和车站采取的应急措施,打开车门后列车乘务员要先行下车立岗,方可组织旅客乘降,保证旅客安全。

(2)遇特殊原因,列车需在无站台停车或列车尾部未靠站台停车时,列车乘务员应先确认邻线有无列车通过、有无危及人身安全障碍物和车站采取的应急措施后,在有车站工作人员接车的一侧组织旅客乘降,打开车门后列车乘务员要先行下车立岗,保证旅客安全。

2. 车站的处理

(1)车站应按动车组车门数量配备相应数量的木梯,梯面加装橡胶防滑垫,妥善保存以备应急。

(2)车站运转室接到动车组列车进入低站台的通知后,应立即通知值班站长和客运广播室,广播室要加强与运转集中楼联系,确认动车组列车进入股道及停靠站台,并及时通知客运值班干部及有关作业人员。

(3)接到通知后,车站值班干部、客运值班员、铁路公安乘警及其他人员要做好接车前的各项准备工作,提前20min上岗,到达指定位置,并巡视责任区范围内站台、线路有无闲杂车辆、物品、人员,做到清理及时。

(4)客运接车人员上岗要携带便于旅客上下的木梯等备品,根据停车标,确定木梯放置位置,做好旅客乘降的准备工作。

(5)检票口要做好对旅客的宣传组织工作,检票前告知旅客动车组即将停靠的站台,宣传低站台上车注意事项,检票后要有专人引导旅客到达指定站台。

(6)客运接车人员对进入站台等候上车的动车组旅客要按照停车位置组织排队上车。列车进站前、停稳后放好木梯,协助旅客上下。

(7)旅客上下完毕要及时撤下木梯,将木梯撤离至安全线以外,防止木梯掉下站台危及行车安全。

(8)遇雨、雪、雾等不良天气时,接车客运干部要做好必要的防护准备。

(9)动车组在低站台停靠时,客运值班干部必须亲自上岗指挥,盯控作业全过程,确保旅客乘降安全。

十四、动车组列车运行中发生事故,旅客需紧急逃生时的应急处置

(1)列车停车后,在车门能正常开启时,列车长立即通知司机,由司机打开所有靠线路外侧的车门;在列车断电、司机无法操纵打开车门时,列车长组织列车工作人员手动解锁开门。

(2)列车长迅速组织工作人员按照分工,在每个车门处进行防护,组织旅客下车。

(3)在车门不能正常开启时,列车长迅速通过广播(因断电无广播时,由列车乘务员在车厢中部位置)向旅客宣传疏散程序、安全注意事项,列车乘务员迅速组织旅客使用安全锤击破紧急逃生窗,组织旅客撤离车厢。

(4)当事故中发生人员伤亡时,列车长要及时安排专人救助。

(5)所有旅客撤离车厢后,列车乘务员组织旅客沿线路外侧向安全地带转移,将旅客安置在安全地带等待救援,同时做好安全宣传、引导;铁路公安乘警负责在旅客疏散过程中的防护警戒工作。

(6)应急处置后,列车长应及时向客服调度员、客运段汇报,客服调度员、客运段接事故报告后,立即组织开展后续救援工作。

十五、动车组防止旅客过站的应急处置

(1)动车组中途站站停时间短(1min),为确保旅客安全、有序乘降,防止将下车旅客拉

过站,在列车始发后 5min 和中途站到站前 10min 进行广播宣传、提示。

(2)不相邻的单节车厢(如 3 号、5 号、7 号车厢),中途站下车旅客超过 20 人时,列车长在到站前 10min 核实各节车厢车门口下车人数后,要求列车乘务员、随车机械师对旅客下车多的车门重点掌握,到站前 5min,将车门下车多的旅客分流到本车厢两端的下车门;下车旅客超过 30 人时,应将车门下车多的旅客分流到本节车厢和前后相邻车厢的下车门,尽可能做到合理分流均衡下车。

(3)相邻的多节车厢(如 3 号、4 号、5 号车厢),中途站下车旅客均超过 20 人或全列中途站下车旅客超过 120 人时,列车长应根据各车厢在中途站的下车旅客人数,制订疏导旅客均衡下车的分流预案,在到达中途站前 30min,通知乘务员必须在到站前 10min 内,按预案要求,将责任车厢的下车旅客按告知的人数分流引导到指定车门等候下车;同时用电话向有关中途站(客运室、客运值班主任)通报各车门旅客下车人数,要求车站协助妥善组织乘降,避免旅客对流。

(4)列车长在动车组列车到站前 10min,利用 2 号车厢的车载电话向旅客通告到站和站停时间,提示旅客做好下车准备及有关注意事项;按上述第(2)(3)条规定的分流原则将下车旅客组织到车门口等候下车,对下车的重点旅客提供重点帮助。

(5)列车长通告完成后,由 1 号车厢向 8 号车厢方向,逐车厢检查巡视乘务员分流到岗情况和下车旅客均衡度,对下车旅客相对集中的车厢安排人员,加强组织力量,做好疏导工作,向列车乘务员和随车机械师做好提示。

(6)列车乘务员、随车机械师按分工到岗,停靠低站台时将车门翻板打开并加锁,站在车厢的中部,监控两端车门,观察旅客乘降情况,随时处理突发问题。车门集控失灵时立即手动解锁车门。

(7)列车站停 40s 旅客仍未乘降完毕,列车乘务员应用对讲机向列车长报告,用语为"×车仍有×人未下车。"列车长回答"明白",列车长在确认全列乘降完毕,并已站停 50s 的情况下,按规定的程序、用语通知司机关闭车门。

单元二　高速铁路车站客运应急处置

❀ 单元导入

1. 发生行车中断时高速铁路车站对滞留旅客的组织处理程序如何?
2. 因天气不良或其他原因造成动车组列车晚点时车站的应急处置如何?
3. 高速铁路车站遇台风、暴雨等恶劣天气时的应急处置如何?
4. 高速铁路车站突然停电的应急处置如何?
5. 售票系统发生故障时车站的应急处置如何?
6. 高速铁路车站客运服务系统故障的应急处置如何?

7. 高速铁路车站自动检票系统故障的应急处置如何?

8. 动车组列车未进入站台停车时的应急处置如何?

一、高速铁路车站旅客应急乘降方案

应急乘降方案是针对外部环境发生突变的情况下制订的,在运输生产的关键时刻,往往起到重要作用。

1. 始发动车组列车晚点

因外部原因造成动车组列车始发晚点时,要尽可能减少拉队情况的发生,同时宣传、解释、疏导要到位,用真诚的语言赢得旅客的理解和配合。放行有困难时,可两端放行,拉队到中央检票厅;如果晚点时间较长,影响其他列车放行的,可安排在大厅候车并在大厅就地检票;在大厅排队时,放置好方向牌,并由专人盯好队头队尾;放行地点发生变化时,原检票地点要留人坚守岗位,随时接应后续到达旅客。

2. 列车集中晚点或发生紧急情况

请示站长,利用站前广场组织排队,专用通道迂回进站;队头队尾分别放置方向牌,设专人看队;放行时加强宣传引导,保证安全。

3. 出站口因特殊情况动车组列车晚点集中到达时

利用专用通道出站,以减少出站口的压力,并采取以放行为主、以堵漏保收为辅的措施,确保旅客出站安全。

4. 应急乘降方案的实施

应急乘降方案的实施必须有相应的要求加以保障,如对应急情况下的员工日常培训、人员的及时调整和公安干警的大力配合等。对于应急乘降方案的安排,要组织车站职工认真学习,责任落实到人,一旦发生异常情况,要能及时到岗到位,使每一位铁路旅客都能走得了,走得好,使铁路运营企业在市场竞争中立于不败之地。

二、发生行车中断时高速铁路车站对滞留旅客的组织处理程序

当发生动车组列车大面积晚点、线路中断,动车组列车晚点时间超过30min,致使旅客滞留车站、列车上或旅客反映强烈时,高速铁路车站应按以下处理程序做好客运组织工作。

(1)车站值班员应迅速报告车站站长。

(2)站长应迅速启动预案,组织全体人员迅速到岗,维持好秩序。

(3)站长应迅速将旅客滞留和列车滞留情况向上级报告,同时将滞留原因及时通告相关列车。情况紧急时,向地方人民政府报告,请求救援。

(4)要积极做好旅客的饮水及食品供应工作。对站内旅客大量集结的情况,要合理、有序地安排候车能力,留好通道。

(5)加强广播宣传及列车运行信息公告,积极、有序地组织旅客按照交通运输部发布的《铁路旅客运输规程》的规定办理退票、车票改签工作。

(6)积极配合滞留站内的列车维持好车内秩序,必要时配合列车组织旅客疏散到车站安

全地带候车。

（7）受阻旅客列车在站停留期间，车站主要负责人等有关人员要坚守岗位，加强与列车长和上级有关部门的联系，根据现场实际和上级有关部门联系，及时处理解决现场发生的一切问题。保证信息渠道畅通，做到上情下达，下情上传。

（8）当旅客列车受阻不能运行或停运时，车站应向旅客公告，并做好宣传解释工作，取得旅客的谅解。对折返发站和停运的旅客列车，沿途停车站要增派人力，备足周转金，快速为旅客办理退票、改签等手续。

三、因天气不良或其他原因造成动车组列车晚点时车站的应急处置

（1）当因天气不良或其他原因造成动车组列车晚点时，动车组候车室（专用候车区）要利用广播做好解释和疏导工作。对列车晚点时间较长的，要安排好旅客。旅客列车晚点1h以内的，车站依据调度阶段计划，旅客列车依据实际情况，向旅客通报列车晚点时间；旅客列车晚点超过30min的，站长应代表铁路向旅客道歉。向旅客通报时，车站广播每次间隔不超过30min，有条件的车站应提供实时电子显示电话查询。

通报内容应包括列车当前晚点时间、晚点原因。当发生线路中断时，还应通报预计恢复通车（继续晚点）时间和列车退行、绕行、停运等调整列车运行方案信息。

（2）当晚点列车较多，动车组列车候车室（专用候车区）放行有困难时，要组织专人带队到检票口放行，以确保有序乘车。

（3）由于特殊原因造成动车组列车停运时，要向旅客做好宣传解释，组织旅客办理退票手续。售票部门要提前准备好退票窗口和零钱，方便旅客在最短时间内办理退票手续。

（4）车站广播室在列车晚点时，按照规定播放站长的道歉广播词。例如，"列车晚点耽误了您的旅行，我代表列车全体工作人员向您表示诚挚的歉意！"。车站各部门要积极协调，为乘坐动车组列车的旅客提供信息。

四、高速铁路车站遇台风、暴雨等恶劣天气时的应急处置

（1）车站接到台风、暴雨等恶劣天气预报后，值班站长及时组织工作人员迅速到岗，加强站场巡视，检查客运服务场所的揭示牌、广告牌、挂钟等服务设施是否牢固，并安排人员准备沙袋等防洪设备。

（2）遇台风、暴雨等恶劣天气时，车站要及时向铁路局集团公司值班室、客运部汇报受灾情况以及旅客滞留情况。

（3）当候车区（室）、地道等区域出现浸水时，车站组织力量及时采取堆垒沙袋设防等方式，防止雨水灌入。保洁人员应及时清理积水，并在候车区（室）、天桥、地道等区域设置防滑警示，加强宣传，防止旅客滑倒摔伤。

（4）因暴雨天气导致候车区（室）、地道内积水时，车站应及时启动积水强排措施。

（5）因台风、暴雨等恶劣天气造成动车组列车停运、晚点时，车站应迅速将动车组列车停运原因、恢复运行时间等信息及时通过广播、揭示向旅客宣传，安抚稳定旅客情绪，并备足现金，增开退票窗口，积极有序地组织旅客办理退票、改签手续。

(6)车站要积极做好旅客的食品、饮水供应工作;必要时,及时与地方交通部门联系,做好旅客分流疏散工作。

五、高速铁路车站突然停电的应急处置

(1)稳定情绪。高速铁路车站突然停电,客运人员应及时赶到候车区(室)进行口头宣传,安抚旅客恐慌情绪,让旅客就地看管好自己所携带的物品,不要随便走动,防止拥挤伤人及丢失物品。

(2)控制出入。全体客运人员要坚守岗位,门卫严禁旅客再行出入候车区(室),检票口要立即封闭,不准摸黑放行。

(3)及时报告。客运人员立即报告车站领导和车站公安,加强警力,防止违法分子趁黑作案,同时以最快的速度通知房建电力工区值班人员进行抢修。

(4)另取照明。候车区(室)如设有应急灯的,应迅速打开。若停电时间较长或电路损坏严重,一时不能修复,应另选用其他照明设备。

六、售票系统故障时车站的应急处置

(1)当高速铁路车站售票系统突然发生故障导致中断售票业务时,车站值班站长(副站长)应立即到达现场,负责指挥客运组织及故障处置工作,车站要利用各种渠道及方式,做好旅客解释、疏导工作,指派专人在售票厅等旅客主要聚集地维持秩序。

(2)高速铁路车站立即开启应急动车组售票专用窗口,使用代用票发售当日各次列车无座席位。根据售票及客流情况,可安排乘坐本局列车的旅客直接上车补票。

(3)高速铁路车站安排专人负责及时通知当日本局担当的各次列车长,通报车站售票系统故障及采取的相应措施。列车长接到通知后,立即到岗到位,与车站配合,确保旅客乘降安全,及时安排旅客办理补票业务。

(4)高速铁路车站售票系统发生故障后,要立即通知车站技术保障部门采取排障措施,并及时向铁路局集团公司信息处、客票管理所汇报。车站技术保障及铁路局集团公司各级信息管理部门要本着"快速处置、及时恢复"的原则,迅速查明故障原因和故障点,排除故障,最大限度地缩短故障延时。

(5)售票系统故障排除后,要立即恢复发售动车组车票业务,确保乘坐动车组的旅客顺利购票乘车。

七、高速铁路车站客运服务系统故障的应急处置

(1)高速铁路车站发生客票系统故障,窗口不能售票时的应急处置程序。售票(客运)值班员应立即通知车站客票系统维护人员,并向站长汇报;车站应及时调配岗位客运作业人员,加强售票室的秩序维护工作,做好对旅客的宣传和解释,稳定旅客情绪;车站客票系统维护人员要立即到现场确认故障程度,对不能独立处理的故障要立即向铁路局集团公司信息技术处报告;故障时间超过10min时,应立即向车站(车务段)应急领导小组和铁路局集团公司客运部、信息技术所报告;对预计30min内不能恢复的客票系统故障,车站(车务段)应急

领导小组应立即向铁路局集团公司客运部申请启用售票应急系统;客运部主任批准启用售票应急系统后,铁路局集团公司客票管理所立即下发应急售票系统启动密码,车站确定启用应急售票窗口,按步骤启动应急售票程序,发售距开车 3h 之内的无座席车票。当故障排除后,按步骤上传应急售票存根,确认无误方可恢复联网售票;当开车前未购到车票的旅客较多时,车站应立即向铁路局集团公司客运部申请开通绿色通道,允许旅客上车补票。经批准后实施;车站采取绿色通道应急措施时,应向列车和相关前方停车站通报情况。列车要做好上车旅客的补票工作。相关前方停车站,要加强出口处查验车票力量,并认真做好旅客补票工作。

(2)综控室集成管理平台与代管站旅客服务系统中断联系时的应急处置程序。当综控员发现集成管理平台与代管站旅客服务系统中断联系时,应立即通知各代管站站长和车站领导,并通知技术维护人员进行系统抢修;各代管站接到综控室通知后,应立即指定专人负责启用简易集成平台,做好对本站各旅客服务系统的操作和控制;综控员应加强对各代管站列车运行情况的监控,及时向各代管站站长通报列车运行情况,确保各代管站旅客运输组织秩序平稳。各代管站站长必须通过 CTC 复视终端进行确认。

(3)高速铁路车站引导系统故障时的应急处置程序。客运乘务员应立即报告车站综控室,由综控室向车站领导报告,并通知维修部门进行维修;综控室应立即通知各代管站站长,告知影响的车次、列车进路的安排,同时加强远程监控,将现场信息通知相关岗位,加强对旅客的广播宣传,正确引导旅客购票、进出站、上下车;车站应及时抽调人力(人员不足时,由车站、车间干部)在候车大厅设立引导岗位,引导旅客候车,加强检票进站的引导宣传。在地道或天桥处设置临时引导标志,在检票口、天桥、站台等增加引导力量引导旅客进站上车;车站候车区(室)、进站口、进站厅、天桥口、地道口、站台处应使用其他形式的车次揭示牌做好引导工作,确保旅客正常候车和乘降秩序。

(4)高速铁路车站广播系统故障时的应急处置程序。遇车站广播系统故障时,客运乘务员应立即报告车站综控室,由综控室向车站领导报告,并通知维修部门进行维修。同时,综控员应将广播切换至人工广播模式,按照广播内容顺序进行人工广播,做到不缺项、不遗漏、不错播;车站要充分利用客运导向揭示、手提喇叭等工具,及时向旅客通报列车到开时刻、候车区(室)及站台安排情况。综控室、候车区(室)、站台、地道口等关键部位客运乘务员要随时保持联系,互通信息,做到按时检票和停止检票;车站领导要现场把控,客运乘务员要坚守岗位,同时车站应抽调人力对进站大厅、旅客集散区、售票厅、候车区(室)、进出站口、通道、站台等处加强宣传,确保旅客正确候车、有序乘降。

八、高速铁路车站自动检票系统故障的应急处置

(1)客运乘务员立即报告车站综控室,车站综控室在接到报告后,要立即向车站领导报告,并通知维修部门进行维修。

(2)车站领导应现场把控,根据客流情况合理调配客运人员加开进出站检票口,调整检票时间,实施人工检票。

(3)车站应及时将本站自动检票闸机故障的情况向列车前方各停车站进行通报,方便各

前方停车站对到站旅客的组织。

九、动车组列车未进入站台停车时的应急处置

当因机车设备故障或司机操纵不当,造成动车组列车在站内未进入站台或未全部进入站台停车时,车站应采取如下应急预案妥善处置:

(1)由站台客运接车人员及时向应急值守员报告,由应急值守员负责向司机了解情况,采取响应组织指挥手段,如果动车组列车能继续运行,指挥列车驶入站台固定停车位置,以便于旅客乘降,同时通知站台接车人员注意监控;如果动车组列车不能继续运行,司机应通知客运值班员,客运值班员与列车长联系,组织旅客及时乘降。

(2)客运值班员带领客运人员立即分布到列车各车门口进行监控,掌握车上旅客动态,同时安排客运人员负责维持好站台旅客秩序,并通知广播员进行安全秩序广播宣传。

(3)客运值班员接到应急值守员通知后,如果动车组列车继续运行驶入站台固定停车位置,组织客运人员做好站台旅客组织及安全防护工作;如果列车不能继续运行,由站台客运接车人员负责将站台旅客组织到列车停车位置,客运人员应配合列车员做好旅客乘降组织工作,防止旅客摔伤等事故发生。

(4)当发生动车组列车未进入站台停车时,要严格按照上述预案处理,站长、客运主任(值班干部)要到站台负责组织指挥,严禁因组织不当造成旅客越站情况发生。

十、导向揭示、广播、检票、站台门等系统严重故障,不能正常使用时的应急处置

1.高速铁路车站导向揭示故障时的应急处置

(1)客运人员要立即报告综控室,由综控室向相关维修部门、站长汇报,相关维修部门要立即组织维修。

(2)高速铁路车站要加强广播宣传,在候车区(室)、地道、天桥等安全关键位置设立活动揭示牌,加强组织力量,确保旅客乘降安全。

2.高速铁路车站广播系统故障时的应急处置

(1)客运人员应立即报告综控室,由综控室向相关维修部门、站长汇报,相关维修部门要立即组织维修。

(2)充分利用客运导向揭示、手提喇叭等工具,及时向旅客宣传列车运行、到发及候车区(室)、站台安排等情况。

(3)客运人员坚守岗位,在候车区(室)、进出站口、站台等安全关键位置加强组织力量,确保旅客乘降安全、有序。

3.高速铁路车站自动检票系统故障的应急处置

(1)客运人员应立即报告综控室,由综控室向相关维修部门、站长汇报,相关维修部门要立即组织维修。

(2)客运人员立即加强力量实施人工验票。同时,停止持铁路乘车卡的旅客直接进站,并组织持铁路乘车卡出站的旅客办理扣款或补票等手续。

4.车站站台门系统故障时的应急处置

(1)客运人员应立即报告综控室,由综控室向相关维修部门、站长汇报,相关维修部门要

立即组织维修。

(2)当站台门发生故障,滑动门不能正常打开时,客运人员应立即用钥匙解锁,或由列车乘务人员操作滑动门开门把手,迅速打开滑动门。

(3)当滑动门不能手动开启时,客运人员立即用锁匙打开应急门,或由列车乘务人员推压开门推杆打开应急门。

(4)当站台门故障未修复时,客运人员要在故障滑动门上张贴提示标志;站台门玻璃破裂时,应采取加固、围蔽等防护措施,同时客运人员做好安全防护。

十一、防止旅客漏乘的应急处置

(1)准确掌握动车组列车运行情况,严格按规定时机检票。

(2)做好检票前的预检。检票员接到列车检票的指示后,组织旅客在检票口排队进行预检,并用手提喇叭在候车区(室)内和候车广场处进行检票宣传,提醒旅客及时检票。

(3)设有广播机的车站要及时广播列车运行情况,通知列车检票或晚点,使旅客掌握列车信息。

(4)检票员检完票前后,都要用手提喇叭不间断地进行检票宣传。

(5)售票员、检票员要按本站规定时间停止售检票,以免造成旅客检票后上不去车漏乘。

(6)高速铁路站台客运人员要确认站台、天桥、地道售货摊点等处所无旅客乘车时,再用手持电台告知运转外勤人员"旅客乘降完毕",严禁未经确认而盲目"呼叫"。

十二、高速铁路车站因列车晚点造成中转旅客不能换乘接续列车时的应急处置

(1)遇有动车组列车严重晚点(超过30min)时,该站站长、主管站长、客运主任、售票主任等必须到达现场,组织干部职工向旅客做好道歉和解释工作,并组织好候车、售票、退票等一系列相关工作,正确劝导、安抚旅客,稳定旅客情绪,以减少不良反映。

(2)当因动车组列车晚点造成中转旅客(异地购票旅客)不能换乘接续列车及旅客坐过站时,站长、值班干部(客运值班员)应立即到场积极组织,将旅客安排到合适场所,认真解答好旅客提出的要求,按客运规章妥善处理,并做好耐心解释工作。对有特殊要求的旅客,在车站无法达到旅客要求的情况下,及时向上级领导请示解决办法,并按照上级领导的指示进行处理。

十三、高速铁路车站客流暴涨时的应急处置

当高速铁路车站客流猛增时,候车区(室)值班员立即向站长(值班干部)汇报,站长(值班干部)应立即通知各相关人员到达现场,积极组织旅客,做好疏散工作。同时,通知公安人员增派警力维持秩序,确保安全。

(1)视客流情况及车次合理划分候车区域,全员进区服务,排好旅客行李、包裹,清理旅客座席,做到人物分开。维护检票秩序,防止挤口、乱排,提前预检,专人带队,分批乘降工作。

(2)指派专人疏导候车区(室)进出口秩序,防止对流,保证无旅客滞留。"三品"检查人

员要认真宣传引导,不漏一包一件;候车区(室)、站台工作人员要提高警惕,加强对进站旅客携带品的巡视与检查,防止"三品"进站上车。

(3)合理利用候车区域。候车区(室)工作人员检票前的宣传一定要到位,检完大流后,检票员要进区内宣传,避免旅客漏乘。站台工作人员要注意防止旅客抓车抢上。

(4)合理安排检票时间,始发列车提前40min检票。特殊情况下及时与列车联系,提前检票上车,缓解候车旅客猛增的压力;当中转列车或始发列车晚到时,经客运主任同意可提前检票,组织旅客到站台候车。

(5)遇列车集中到达,旅客较多时,要做好下车旅客的疏导工作。站台人员要加强组织,保证秩序;冬季还要在站台增派人员,防止旅客滑倒摔伤。出站口多开出口,尽快让旅客出站,避免旅客在出站口滞留时间过长,避免发生拥挤、踩踏事件的发生。

十四、高速铁路车站内有滞留旅客需要疏散时的应急处置

当旅客不出站、不上车,在站内聚集、滞留,可能影响到发车或其他列车进站后旅客的出站,或遇其他特殊情况影响旅客出站时,应迅速启动疏散应急预案。

(1)车站站长应立即组织有关人员到场做好旅客安全和疏散组织工作,并通知车站公安人员到场。

(2)车站客运人员应按职责分工做好旅客宣传和引导工作,有序地引导旅客尽快上车、出站或到车站指定的场所,特殊情况站长可决定开通出站口,确保站台和列车无滞留人员。

(3)车站广播室要加大宣传力度,配合工作人员积极引导旅客上车、出站或到指定场所。

有突发治安事件时应急处置预案(车站反恐)

(4)车站公安人员要会同客运人员共同做好宣传、劝导和解释工作,及时采取有效措施,积极维护旅客安全和站车秩序。

模块小结

在高速铁路旅客运输中常常会遇到各种突发事件,客运乘务人员的应急处置可以使损失降到最低,因此,高速铁路客运应急处置是高速铁路旅客运输重要的组成部分。

在本模块的实施过程中,学生不但要具有一定理论知识,而且要具有较强的实际操作能力。通过对本模块的学习,学生能够具备动车组列车客运应急处理能力,并具备高速铁路车站客运应急处理能力。

思考与练习

一、填空题

1.旅客列车晚点超过的_____min,站长应代表铁路向旅客道歉。

2.动车组列车空调故障超过_____min,且应急通风功能_____或无法满足要求,随车机械师及时通知_____。

二、判断题

1. 应急乘降方案的实施必须有相应的要求加以保障。　　　　　　　（　　）

2. 车站广播室在列车晚点时,按照规定播放站长的道歉广播词。　　（　　）

3. 准确掌握动车组列车运行情况,严格按规定时机检票。　　　　　（　　）

4. 列车上有突发旅客急病时,列车长第一时间到场,同时通知铁路公安乘警到场。

（　　）

5. 列车发生旅客疑似食物中毒事件,列车长应立即向司机和上级主管部门报告。

（　　）

三、选择题

1. 列车长应会同铁路公安乘警收集旁证、物证,调查旅客受伤(死亡)原因。采集见证人证实材料不少于(　　　)。

A.1 份　　　　　B.2 份　　　　　C.3 份　　　　　D.4 份

2. 车站接到台风、暴雨等恶劣天气预报后,由(　　　)及时组织工作人员迅速到岗,加强站场巡视。

A. 客运值班员　　B. 客运员　　　　C. 站长　　　　　D. 副站长

四、简答题

1. 简述发生行车中断时车站对滞留旅客的组织处理程序。

2. 简述因天气不良或其他原因造成动车组列车晚点时车站的应急处置。

3. 简述动车组列车发生火灾爆炸时的应急处置。

4. 简述运行途中旅客突发疾病(人身伤害)须停车抢救时的应急处置。

5. 简述动车组列车空调失效时的应急处置。

高速铁路客运管理

◎ 学习目标

知识目标

1. 了解班组长的作用和地位；

2. 掌握班组长应具备的基本素质和能力；

3. 掌握班组管理原则；

4. 掌握班组管理技巧；

5. 理解自控型班组管理和建设的主要内容；

6. 掌握高速铁路车站安全管理规范；

7. 掌握动车组列车安全管理规范。

技能目标

1. 能够运用班组管理技巧模拟班组管理；

2. 能够准确判断路风事件的类别与性质。

素质目标

1. 培养积极进取的职业精神；

2. 培养团结协作的职业态度。

◎ 模块描述

本模块主要介绍了高速铁路客运班组管理及路风管理的相关知识，通过本模块的学习，学生应掌握高速铁路班组管理的方法及高速铁路客运安全管理的相关要求。

单元一　高速铁路班组管理

单元导入

1. 班组管理有何技巧？
2. 自控型班组如何管理？如何建设？

班组是铁路运输企业的基本组成单位。班组长作为班组的核心，是基层管理活动的践行者和基层作业的直接参与者，在职工队伍中起着沟通上下的重要作用，其综合素质的高低直接影响着班组的整体素质。因此，应提升班组长的综合素质，发挥班组长的重要作用，从而确保企业安全生产和职工和谐稳定。班组是企业的细胞，是企业专业管理的落脚点，是搞好安全生产的基础，是有效控制事故的"前沿阵地"。而要搞好班组建设，发挥好班组长的作用非常重要，班组长就是班组安全生产活动和各项工作的组织者，是现场的直接指挥者和决策者，是班组自控最重要的"兵头将尾"。

一、班组及班组管理的含义

1. 班组

班组是企业根据内部的劳动分工与协作的需要而进行划分的一种基本生产（工作）集体，也是企业在劳动分工的基础上，根据产品或工艺要求，由若干相同或相关联的工种的工人及若干设备、工具、材料等有机地结合在一起组成的最基本的生产和管理单元。

班组有一定的相对独立的地位，并具有生产和管理两个职能。班组分为生产型班组和服务型班组。其中，生产型班组一般生产有形产品；服务型班组一般从事维修和保养设备，更换配件，不生产有形产品，从事服务性工作。

2. 班组长

班组长是基层单位人事部门下令的班组负责人，是企业内部生产、服务班组的班长、组长、工长等基层的一级组织管理人员。班组长既是班组的带头人，又是企业最基层的生产现场管理者。

班组长是班组的顶梁柱，是核心人物，是企业的关键岗位的关键人才，对班组的人、财、物、机进行计划、组织、协调、控制、激励等管理活动，以达到企业所规定的目标和要求。

3. 班组管理

从企业内部来看，班组管理既是企业管理的基础，又是企业生产经营过程中不可缺少的重要环节。在社会化大生产过程中，班组以共同劳动形式出现，需要不断地协调和合理地组织，这种班组内部的生产协调与组织活动就是班组管理。班组管理是企业管理最基础的一个层次，各项专业管理必须落实到班组。

班组管理有狭义与广义之分。狭义上的班组管理主要是指班组在生产经营过程中对人与物的管理;广义上的班组管理则是班组长通过一定的政策和技术方法,对与班组生产经营活动相关资源以及动作过程进行组织和调控,以达到生产经营的最佳效果和最佳效益的过程。

二、高速铁路班组管理的基本特点

1.人员配备高要求

由于高速铁路集成世界高速铁路的领先技术和自主知识产权技术,对从事高速铁路班组管理及其运输生产人员(如动车司机、随车机械师,检修人员、维护人员、站车服务等人员)的专业素质要求较高,充分体现高、精、尖、强的用人标准,即学历要求高、技术要求精、专业要求尖、政治素质要求强。与此同时,人员还需要到专门的培训机构进行培训学习,培训合格后方能上岗。

2.专业技术高标准

高速铁路在建设和运营过程中大量采用了反映现代科技发展水平的新技术、新工艺、新装备、新材料(简称四新技术),其专业技术标准较高,因此,全面系统地消化和吸收新技术、贯彻新工艺、掌握新装备功能和性能、熟悉新材料特性是班组专业技术管理的一个新特点。

3.现场控制高水平

高速铁路无论是硬件设施还是软件系统,其选型、配置、成组都强调系统化、专业化、模块化和标准化,相互之间的匹配效果达到最佳,为保持这种稳定状态,班组现场管理水平要上一个新台阶,人员要有大局意识,把握好系统要素之间的控制能力,处理好运营调度指挥系统、车上安全预防预警系统、地面快速反应系统的大三角关系,使高速铁路处于绝对安全的稳定状态。

4.信息反馈高节奏

目前投入运营的高速铁路采用了大量的现代信息技术与管理软件,其信息采集量大,人—机结合控制面多,终端信息处理要求高。因此,对于直接从事运营管理、乘务、运用维修人员来说,能够及时地捕捉到相关信息并快速地作出反应是现场信息管理的一大特点。

5.问题处理高效率

由于高速铁路的高速度和高密度特性,在班组现场管理中容不得半点差错,对问题的处理必须有强有力的决断力,高效率地解决问题,使系统迅速恢复正常状态,保持系统稳定,确保高速铁路安全畅通。

三、班组长

1.班组长的重要作用

班组中的领导者就是班组长。班组长既是班组生产管理的直接指挥者和组织者,也是企业中最基层的负责人。班组长影响着决策的实施,影响着企业目标的最终实现。班组长的重要作用体现在以下四个方面:

(1)生产指挥者。班组长作为企业最基层的组织者和管理者,既要直接参加劳动,完成自己的计划,又要指挥全班组的生产,完成全班组的任务;既要带头遵章守纪,又要严格考核,搞好班组管理。因此,班组长是企业价值和利润的创造者。

(2)管理组织者。作为基层的一级管理者,班组长是一线任务的具体组织者和执行者;通过管理充分发挥全班组人员团队协作精神,产生"1 + 1 > 2"的效应,最终做到按质、按量、如期、安全地完成上级下达的各项生产计划指标。

(3)团队领导者。在实际工作中,上级的决策如果没有班组长的有力支持和密切配合,没有得力的班组长来组织开展工作,就很难落实,所以,班组长既是领导者,也是直接生产者。

(4)关系协调者。班组长既是沟通上下的桥梁,又是职工联系领导的纽带。

2.班组长的特殊地位

(1)班组长是生产经营活动的组织协调者和指挥者,处于"兵头将尾"地位。

(2)班组长是直接的生产者和技术技能的带头人,解决岗位技术技能难题,是员工的技术技能教练,职业生涯发展的指导者。

班组长的特殊地位决定了其要对三个级别的人员采取不同的立场:面对职工,班组长应站在代表上级的立场上,用领导者的声音说话;面对上级,班组长应站在反映职工呼声的立场上,用部下声音说话;面对直接领导,班组长又应站在部下和上级辅助人员的立场讲话。所以,班组长一定要清楚自己的角色定位。

综上所述,班组长既是生产第一线的组织者、指挥者,又是普通的劳动者。能否搞好班组工作,关键取决于班组长在组员中的威信。班组长只有成为班组中有威信的人物,把全班成员团结成步调一致的集体,才能充分发挥其领导作用、核心作用、表率作用、监督作用。

3.班组长在生产管理中的职责

班组长综合素质的高低决定着企业的决策能否顺利地实施。因此,班组长是否尽职尽责对企业来说至关重要。班组长在生产管理中的职责主要包括以下几方面。

(1)日常管理

人员的调配、排班、考勤、员工的情绪管理、班组台账的整理以及班组建设等都属于日常管理。

(2)安全管理职责

班组长是本班组安全第一责任人。班组长的安全管理职责包括标准化现场作业、人员管理、操作质量、材料管理、设备维护、危险点的控制等。

(3)凝聚团结组员

班组长是班级的带头人,应引导组员树立爱岗敬业的精神,激发组员的积极性和创造性,用鼓舞人心的共同愿望,将组员的个人能力转变成一股向上的合力,凝聚在一起,快乐地去完成每一项工作。

(4)辅助上级

班组长应及时、准确地向上级反映工作中的实际情况,提出自己的建议,做好上级领导的参谋、助手。如果仅停留在人员调配和生产安排上,就不能充分发挥出班组长的桥梁作用和推动作用。

4.班组长应具备的基本素质

管理者要有一定的权威,只有职务没有权威的班组长,对群众没有感召力。但是,这种权威不仅仅靠领导授予或聘用(职务性权威),更重要的是由班组长个人素质决定(非职务性)的。

(1)思想政治素质

思想政治素质主要是指班组长应具备的思想意识、思想方法和思想修养,这是当好班组长的首要条件。具体表现:①有事业心、责任感,服务意识强;②有锐意进取精神,坚持原则,敢于负责,办事公道;③先人后己,克己奉公;④作风民主,待人热情坦诚;⑤遵章守纪,维护企业、班组利益和声誉;⑥抵御错误思想,识别美丑荣辱。班组长只有具备较高的思想政治素质,才有可能在工作中做到坚持原则、发扬民主,吃苦在前、享受在后,才能有较强的事业心和责任感,也只有这样,班组长才能在职工中树立起威信,才能有号召力和影响力。

(2)专业技术素质

专业技术素质是指班组长组织指挥完成班组生产任务所需的专业知识和技能,这是当好班组长的必要条件。具体要求:熟悉本班组的设备操作规程、工艺流程、技术资料、工具装备等方面的技术问题,能处理生产中发生的设备故障或非正常的生产技术问题。

(3)管理素质

管理素质是指班组长所具有的管理方面基本知识的能力,是当好班组长的基本条件。具体表现:①有主动的管理意识、清晰的管理思路和管理目标;②能根据上级下达的任务和目标,针对班组的具体情况,对目标、任务进行分解、落实,并按时完成各项工作任务和经济技术指标;③能教育、监督组员严格执行各项管理制度,懂得一定的现代化科学管理方法,善于实现人、机、物的有机结合,提高劳动效率,减轻劳动强度;④有全面质量管理意识,能运用全面质量管理的手段和方法控制并解决本班组生产过程中出现的问题,有一定的班组核算和经济活动分析能力,正确贯彻按劳分配原则,调动班组人员的积极性;⑤有一定的观察分析本班组人员思想状况、动态的能力,会运用谈心、家访等方式、方法,做好思想政治工作;⑥有一定的表达能力和写作能力,按时召开班组会,按要求总结工作,写出工作总结;⑦要掌握班组各种原始记录统计、整理、分析的技能,能够及时填写各种生产记录和各项报表,做到准时汇总上报。

(4)文化素质

文化素质是指班组长的文化知识水平。文化素质是其他素质形成、发展的基础。班组长的文化知识水平决定着其在管理方面发展的潜力。班组长应通过各种途径进一步学习,努力掌握更多的科学文化知识,并能够把学到的知识灵活地应用到生产和管理实践中。只有这样,班组长才能不断地提高自己分析问题、解决问题的能力。此外,班组长还要掌握一定的计算机及相关文字处理软件的应用技巧,能够适应现代化信息发展的需要。

(5)身体素质

身体素质是指班组长具有良好的体能和精力。班组长工作繁重,既管人又管事,没有强健的体格和充沛的精力,要做好班组长工作是极为困难的。因此,班组长的身体素质非常重要,身体健康、精力充沛是当好班组长最起码的条件。

(6)"五匠"素质

①"铁匠"的身板。俗话说:"打铁先需自身硬。"班组长是班组的"脊梁",因此班组长要

在思想、道德、业务上都得过硬。

②"木匠"的尺度。常言道："没有规矩不成方圆。"班组长成天和组员打交道,常常处于各种矛盾之中,只有像木匠那样,把好管理尺度,严格执行规章制度,才能让全体组员心悦诚服。

③"瓦匠"慧眼。班组长除了要自己带头工作之外,还要仔细地了解和准确地掌握每个组员的个性和优点,以便做到使每一个人都能扬长避短、各得其所、人尽其才。

④"篾匠"的巧手。篾匠有一句行话:"编筐编篓、全在收口。"其实班组工作也需要班组长运用那双能够"收口"的巧手,把全班组的人心聚拢到一处。

⑤"缝纫匠"的精神。班组长应该具备乐于奉献的精神,见困难要上,见荣誉能让。有了这样的精神和素质,班组长就不愁没有威信,一个班组就不会没有凝聚力。

5.班组长应具备的能力

(1)实际操作技能和解决问题的能力

班组长一般是技术比较拔尖的,能解决本班组在生产、安全过程中出现的各种问题;能熟知上级规定的要求、标准、命令,能了解相关班组关键岗位的技术要求,同时具有强烈的安全意识。

(2)管理指挥能力

班组长要敢于管理和善于管理,其中敢于管理就是要敢于批评人,善于管理就是要讲究管理方法。班组长在批评班组成员时,要视每个人的素质和犯错误的次数情况采取不同的方式。对个人素质较高和初犯错误的同志,要通过引导,帮助其认识错误和改正错误,尽可能避免在公开或人多的场合进行批评;对个人素质低和屡教不改的,视其违章违纪和所犯错误的性质不同,在适当的场合进行批评。千万不可不分场合,指名道姓地大声训斥,或是抓住一点,攻其全部。这样只能使组员产生抵触情绪,使工作更加被动,当然,当发现危及人身安全和行车安全的苗头时应及时、坚决地予以制止,直至停止其工作。需要公开提出批评时,也要注意方式方法,出言要谨慎,切不可感情用事或情绪化。常言道,"敲鼓听声,说话听音",若能在开玩笑、聊天之间,把需要严肃对待的问题解决好,这也是一种艺术。

(3)组织能力及解决问题的能力

班组长要具备较强的组织能力,重视加强组员团队意识的培育。通过民主管理、文化陶冶和有效的思想政治工作,把所有组员组织起来,把力量凝聚起来,才能形成合力,把班组建设成"心往一处想、劲往一处使"的坚强集体,发挥全体组员的能力,同心协力使班组的运作达到"1＋1＞2"的效应。班组长还要学会掌握事物发展规律,未雨绸缪,稳重干练,善于抓住主要矛盾,妥善解决,有能力在授权内处理好各种突发事情。

(4)沟通协调班组内外关系的能力

班组长是沟通上下的关键一环,既要准确传达上级的命令要求,也要有能力反映本班组在生产、安全、管理中出现的问题,并适时提出整改建议。另外,班组的人和事都是和周围有联系的,班组长需要有全局意识,能够与兄弟班组沟通。将问题解决在下面,不把矛盾上交,因此,班组长应该具备较强的讲话、倾听、洽谈、疏通以及说服等相关能力。由于组员的技术等级、实际操作能力、文化水平、年龄等因素,人与人的工作能力、业务水平不尽相同,班组长应合理地搭配和调剂班组结构,协调组员之间的关系,将组员进行优化组合协调起来,以求相互取长补短,相得益彰。这样才能充分调动全组成员的积极性和创造性,提高整个班组人力资源的使用效率和效益。

(5)指导能力

为了能够顺利地开展日常生产工作,班组长还要能够向自己的组员传授必要的专业知识和技能,指出他们在工作过程中的不足之处,并提出改善的措施和建议。这就要求班组长具备不断学习的能力,带头学习业务技术,做到"干什么会什么,缺什么补什么"。同时,班组长要组织全组成员加强业务技能学习,形成浓厚的学习氛围,最终使班组整体素质大大提高。

(6)创新能力

班组长不能墨守成规,要带领组员广泛运用新技术、新工艺和新的管理方法;能总结先进的操作方法和工艺技术,积极向技术部门提出整改建议;要善于创造性地开展各项工作,思路有创意,工作有新招儿。

(7)激励能力

要想让组员充分地发挥个人的才干,努力工作,班组长就要努力把组员"要我去做才去做"的思想变成"我要主动去做",实现这种转变最佳的方法就是不断激励组员。假如班组长能够运用激励的方式,而不是以命令的方式去安排组员工作,组员更能够体会到自己在生产中的重要性和工作的成就感。优秀的管理者不但要善于激励自己的员工,还要善于不断地自我激励。

(8)倾听能力

大部分的班组长都会遇到这样的事情,经常会有组员因为自己的待遇不公等问题找到班组长去评理。这时,班组长要学会认真地倾听组员的倾诉,当他们倾诉完后,他们的心情就会平静,甚至你并不用作出任何的决定就能够解决问题,因此,倾听对于班组长来说非常重要。善于倾听有两个作用:一是能够让他人感觉到班组长非常谦虚;二是班组长能够从组员的倾诉中了解到更多的信息,便于找到解决问题的方法。每个人都希望受到其他人的重视和尊重,并且都有表达自己意见的愿望。因此,善于倾听的人自然会受到人们的尊重。

(9)控制情绪能力

一名优秀的班组长应该具有较强的情绪控制能力,通常在领导情绪非常糟糕的情况下,很少有下属敢去向他汇报工作,因为组员害怕班组长的坏情绪会影响到对自己的评价。从某种意义上来讲,班组长的情绪已经不再是自己的私事了,它会直接影响下属及其他部门的组员。同时,不良情绪还会影响自己对事物的判断和决策能力,因此,作为管理者,班组长还应该能够有效地控制自己的情绪。

四、班组管理原则

1.适应转化的原则

班组管理应在提高组员素质上狠下功夫。其中,人们观念的转化尤为重要。人们的价值观念是处理个人与集体、创造与索取(个人与社会)、人和物三方面关系的基础。要十分重视每个人能力的发挥,如发挥创造能力、专业技术能力、合理交往能力、实践操作能力和相互合作能力。

2.稳而有序的原则

稳而有序、协调一致才能实现动态平衡。稳定是前提,是基础。班组建设的过程就是不断改革的过程,要建立班组秩序,必然会遇到新情况、新问题、新矛盾,一定要认真对待并及时解决。各工种、岗位之间的结合是有组织的、协调一致的,激励和制约的关系是公开、公正、公平的。

3.严而有格的原则

铁路运输必须有严格的制度、严明的纪律、严肃的作风、严格的要求。严,讲的是认真;格,指的是法规制度。在制度面前,人人平等,一视同仁,没有例外。要让组员学会服从,就需要班组长抓好业务培训工作,让组员完全、彻底地掌握本工种业务的基础知识、基本动作、岗位专业基本功。各项作业标准都是作业人员在操作、动作、用语方面的规范,要组织大家进行认真训练。

有指挥就必须有服从,但强制性的手段,会使组员心理失衡,产生消极、对立情绪。因此,要有一套"依靠人"的办法,依靠人的自觉性、责任感、职业道德等方面的文化素质,形成自觉服从、自觉遵守的群众基础。

4.激励表扬原则

采用激励的方法,激发人的内在潜力,开发人的能力,充分发挥人的积极性、主动性和创造性,使每个组员都切实地感到力有所用,才有所展,劳有所得,功有所奖。

(1)目标激励

把大、中、小(国家、集体、局、站段、班组、个人)目标和远、中、近目标结合起来,形成一个目标体系,使组员养成记录工作成果的习惯,让每个组员明白自己的工作成果有多么大的"贡献率",激发组员自觉、主动地为完成任务而尽力。

(2)榜样激励

榜样是一面旗帜,容易引起人们在感情上的共鸣,且说服力强。树立的先进典型,要实事求是。运用身边的典型事例更具有感染力。

(3)关怀激励

使组员感到温暖、自豪,增强其主人翁意识和责任感,要做到政治上关怀,生活上关心,工作上支持,尊重、爱护、信任组员。

(4)数据激励

用数据说话,有可比性,有说服力,能评价一个组员工作的态度和贡献,激发组员的"成就感""被信任感""自豪感",激励每一个组员的进取心。

五、班组管理技巧

班组长在现代企业班组管理中起着举足轻重的作用。因此,班组长必须在班组劳动的实践中,以使人信服的权威,科学的管理方法,正确的领导艺术,不断开创班组管理工作的新局面。

1. 有效沟通的技巧

(1)沟通的定义

沟通是为了设定的目标,把信息、思想和情感在个人或群体间传递,并达成共同协议的过程。

(2)有效沟通的定律

黄金定律:想怎样被对待,就怎样对待他人。

(3)有效沟通的技巧

①了解对方。

②基于事实。

③尊重对方。

④言辞适切。

⑤正视差异。

⑥寻求共同点。

⑦注意倾听。

(4)倾听的技巧

一位哲学家曾说:"自然赋予我们人类一张嘴、两只耳朵,也就是让我们多听少说。"人们在与人沟通时又往往会陷入听的陷阱,其主要表现是个人主观投射、急于评价和反应、忽视非语言的意义。倾听的技巧有以下几点:

①用目光接触。

②展现赞许性点头和恰当的面部表情。

③避免分心的举动或手势。

④提问。

⑤复述。

⑥避免打断。

⑦不要急于下结论。

⑧设身处地从对方角度来着想。

(5)向上级汇报的技巧

①了解上下级之间的差异:

a. 出发点的差异。

b. 评价的差异。

c. 表达的差异。

d. 信息的差异。

②汇报应注意的要点:

a. 客观、准确、简明扼要地陈述事实。

b. 针对原目标和计划。

c. 从上级的角度看问题。

d. 尊重上级的评价,不要争论。

e. 补充事实。

（6）与组员的沟通技巧

为了加强与组员的沟通，提倡了解、理解、谅解和和解。了解是前提，理解之后能够谅解，谅解之后才能和解。班组长应该做到"两容"（容人、容事），即对各种性格的人都要包容，各种事都要拿得起放得下。

与组员的沟通要掌握以下几个要点：

①坚持原则。

②开诚布公。

③承认他人的观点。

④主动。

2. 运用表扬激励的技巧

心理学研究表明，每个人都有渴望被人表扬、赞美和肯定的心理。在实际工作中，班组长如果善于利用"表扬"，对激发组员的积极性，尤其是对后进组员的转化，会起到事半功倍的效果。

（1）表扬要因人而异

班组长在班组管理中不应该吝啬表扬，但又不可滥用。表扬要根据不同年龄、不同个性、不同文化、不同资历、不同场合，因人而异，采取客观、公平的态度，适时行事，否则会弄巧成拙。

①对新组员的表扬。

对新组员或到一名新岗位的组员要多加表扬，以增强他们自信心。

②对年轻组员的表扬。

对年轻组员的表扬在语气上要加重一点，而且多一点夸奖的意味。这样的表扬会让年轻组员很受感动和鼓舞，因为他们会觉得班组长很重视他们的努力，时时刻刻都在注意他们，甚至每一个微小的、不为人知的成绩都注意到了。

③对相处多年组员和已配合默契组员的表扬。

对相处多年组员和已配合默契的组员要在关键时刻表扬。因为彼此之间已经非常了解，班组长的工作方法和风格他们十分熟悉，班组长的意图他们也心领神会。这时，简单的表扬对他们来说显得太肤浅，不足挂齿。只有在关键时刻，重要场合，影响比较大时，运用表扬对他们才会真正发挥作用，这时表扬也是最为合适的。

④对有威望、年龄比较大的老师傅的表扬。

对有威望老师傅的表扬，应该带有敬重的意味。有些班组长出于敬畏而不敢对老师傅进行表扬；有些班组长由于嫉妒，或瞧不起老师傅，或对老师傅有成见而不愿意表扬老师傅；还有些班组长对老师傅表扬时不注意礼貌，或不注意措辞和语气，轻描淡写。这些做法都是不妥的。同样，表扬超额完成任务的组员，对经验丰富的老师傅，如果用"到底是老将出马，这活干得多漂亮！""老将出马，真是一个顶仨！""你看看，老师傅到底是老师傅，这工作干得多出色！"这类表扬的语气，效果就会更理想。有时，班组长还可以用稍带请教的口气来表扬："张师傅您是怎么做的，有机会给大家传授传授！"

⑤对疑心较重的组员的表扬。

对疑心较重组员的表扬要简单明了。有的组员性格比较内向，有的组员比较敏感，喜欢多思多虑,对这类组员的表扬一定要就事论事,说清说透。如果表达不清或借题发挥,则很容易引起他们的误解,甚至会以为班组长在讽刺或变相批评他们。

⑥对刚愎自用,自以为是,好表现组员的表扬。

对刚愎自用,自以为是,好表现组员的表扬要慎重。过多的表扬反而会使他们得意忘形,不知天高地厚,甚至以功劳自居,不把班组长和其他组员放在眼里。因此,对这类组员在表扬的同时,还应稍加提醒,如"干得很快,大家很满意,但要注意质量,千万别萝卜快了不洗泥"。

(2)表扬要因时而用

①表扬要及时。

表扬要在行为或事情发生后不久进行,其时间距离越短,效果越好。俗话说:"趁热打铁。"表扬及时才能起到使本人再接再厉、更上一层楼和使其他组员有新鲜感起到促进作用。反之,时过境迁,过期的表扬会失去激发作用,使人产生漠视心理,失去了热情,大家的印象也已经淡漠,失去了表扬的效果和作用。

②表扬要反复进行。

表扬的效果会随着时间的推移而逐渐消失,因此对组员的表扬不能只进行一次,而要多次进行。有经验的班组长对组员进行表扬,常常是在上一次表扬的效果还未完全消失时,就进行第二次表扬,这样会使表扬的效果较为长久,从而不断地激励组员努力向上。当然,经常表扬不等于千篇一律,表扬的方法和内容要不断变换,表扬的时机也要把握好。

③表扬要善于发现组员的优点。

班组长在日常工作中要善于发现组员的优点,及时进行表扬,这样会使被表扬的组员感到:只要自己做好了工作,班组长和大家就会看得到,从而激发组员加倍努力做好本职工作。

(3)间接表扬的用法

①背后表扬。

背后表扬就是在当事人不在场时进行表扬。一般来说,背后的表扬,无论是在会议上或个别场合,最终都能传递给被表扬的组员,这样,更能使被表扬的组员感到班组长对他的表扬不是故意奉承,而是有诚意的,是实事求是的。因此,背后表扬有时比当面表扬能发挥更大的作用。

②传递表扬。

如果你想表扬某位组员,又不便对他当面提出,怎么办呢? 试试找他的知心朋友或经常接触的同事,在他们面前将这位组员称赞一番,要不了多久,表扬的信息就能传递给这位组员那里。例如,有一位班组长与一位组员李某产生了一点隔阂,工作起来很别扭。班组长想改善这种关系,但几次友好的表示都被李某拒绝了。这位班组长知道李某向来以自己的技术好而自诩,就灵机一动,在与李某的几位朋友闲谈时,多次对李某的技术业务称赞一番,并表示了自己的羡慕。果真没过多久,李某态度有了明显的变化,不再是冷冰冰的了。之后,这位班组长与李某不但消除了误会,还成了很好的朋友。

③对事不对人的表扬。

对事不对人的表扬,容易被表扬者和其他组员所接受。例如,"你今天的行为对维护安全生产起到了好作用"。这种对事的表扬较为客观,能得到大家的认可。

(4)表扬中应注意的问题

有的班组长对表扬这种激励手段虽然经常运用,但效果不是很理想,许多是因为走进了表扬的误区。因此,班组长在运用表扬的同时应注意以下几点。

①不要在表扬中有私人成见。

班组长使用表扬必须公平合理、实事求是,不能是"情人眼里出西施"。

②不要把表扬视为奉承。

有的班组长认为表扬某个组员就是讨好他,由此组员会轻视班组长,降低班组长的威信,这是错误的认识,必须加以克服。

③表扬中不要搞平均主义。

有的班组长担心表扬了某个组员,其他组员有意见,会破坏大家心中的平衡,因而表扬也吃大锅饭。

④表扬中要客观公正。

在表扬组员时,班组长要站在客观的立场,以事实为依据,不以私人感情和手中的权力随心所欲去进行。公正,就是要合理、适度、真诚、平和。只有客观、公正的表扬,才能达到统一思想、明确目标、化解矛盾、齐心协力做好工作的目的;反之,任意拔高会使受表扬的组员产生盲目的自我膨胀心理,会造成其他组员的逆反心理,同时容易滋长组员不务实、图虚名、走捷径的不良风气。

⑤表扬中不要夹杂有虚假。

有的班组长对班组中谁干得好、谁干得不好,没有做到心中有数,结果是"糊涂庙里糊涂和尚",表扬中难免有水分,令人难以信服。

⑥表扬中不要语言冷淡。

表扬中不要语言冷淡,千万不要为表扬而表扬,空洞、虚伪的表扬毫无作用,冷淡的语言在表扬中会显得苍白无力,只有真诚的赞扬,才有巨大的推动力。

3.批评手段适用的技巧

班组长必须具有批评组员的自信和勇气,具有纠正组员错误、使之积极向上的能力。班组不开展批评与自我批评,组员的缺点或错误得不到及时纠正,班组工作就会一团糟,出现的问题就会越来越多,造成班组不团结,工作效率低下,违章违纪现象不断发生,班组长的威信也会越来越低。因此,在开展批评的过程中,班组长要注意分时间、地点,以及组员的实际情况和情绪,要讲究方式方法。批评虽然令人不悦,但善意的批评会使人头脑清醒,认识深刻,吸取教训,勇于改正错误,并时刻警醒自己,把握住自己的言行。

(1)批评的运用原则

班组长在开展批评时要注意以下几点:

①对阅历深的人的批评,要讲清道理,点到为止。

②对自尊心不强的人,可严厉批评并讲清道理。

③对个性软弱的人,宜用温和的批评。

④对反应快、脾气暴的人,宜用"商讨"的方式批评。

⑤对性格内向、善于思考的人,宜用"发问"的方式批评。

⑥对发生事故苗子的人,必须十分严肃地进行批评教育。

⑦对安全影响较大的行为,除对当事人严肃进行批评教育外,还应立即制止其危险动作。

⑧对文化程度不高的人,要慢慢开导,耐心启发,使其明白道理,认清利害关系。

⑨对自尊心强的人,不宜公开批评,要用渐进的方式批评,做好思想工作。

(2)批评的范围和要领

①批评的范围。

由于批评的语气往往使人不愉快、自尊心受到伤害,只有把握好批评的技巧,才能让组员接受班组长的批评和训示,实现批评的意图。因此,在批评组员前,班组长必须先确定批评的范围,即在哪些情况下给予批评才算恰当。

②批评的要领。

确定了批评的范围之后,仍需讲究批评的技巧,以收批评之实效。批评一般采取温和、渐进、商讨、发问的方式进行,讲清利害和道理,有的批评还要加上一些必要的关心、安慰和鼓励,使批评的作用更有成效。

(3)开展批评中应注意的问题

①选择批评的时机要适当。

时机的选择对批评能否收到实效,具有决定性的作用。如何选择批评的时机呢?在组员自身心境正常,且能客观地权衡事物利弊,及对自己的不当行为记忆犹新之时,或当组员主动要求给他提意见之时,是批评的最好时机。

②批评要对事不对人。

班组长应针对组员在一定的时间、空间的情况下的不当行为进行批评,而不以组员为对象进行批评。这样可以避免构成人身攻击,不使批评变质,批评的预期效果就不会落空。

③批评要留有余地。

班组长批评组员时,尽可能避免使用过头的话,如"你老是不注意安全"中的"老是","你从未站在班组的立场看问题"中的"从未"等,这些字眼都体现了过分严厉的批评,这对被批评者来说是不公平的,也不利于组员接受,起不到应有的效果。

④批评中要切忌多重性的批评。

批评应当就事论事,而不宜将几件事放在一起批评,这是因为多重性的批评会使组员有两种感觉:一是自身问题太多,留下的印象不好;二是不明白批评的重心,分不清事情的轻重缓急,以致无所适从。

⑤批评要切忌否定他人人格。

人人都有自尊心,批评人时,班组长要注意用语,不可随意说组员是一个"懒惰的人""自私的人""讨厌的人""不要脸的人",这些消极的断语是对他人人格的不尊重。有效的批评不能一蹴而就,要用耐心、信任、诚意打动对方,使之接受,并注意改正缺点。

⑥批评中不使用戏谑、含糊、笼统的措辞。

批评或多或少对被批评者来说都有自尊心受损伤的感觉。班组长以庄重严肃的态度所作的批评,较容易为组员所接受,这种态度是对组员的一种尊重。若用戏谑的口吻讽刺批评人,不论动机如何友善,都终将引起组员的不满;使用含糊笼统的措辞,往往将具体的事情变为抽象,且失真,这种捉摸不透的批评容易引起组员不以为然或者反感。

六、自控型班组建设

1.创建自控型班组的意义

近年来,铁路改革不断推进,新技术、新装备广泛使用,生产组织和劳动组织优化调整,生产力布局调整深化完善,这对如何进一步加强班组管理、提高班组自控能力提出了新要求、新课题。为了不断适应铁路改革发展的新形势、新要求,要充分认识到班组在安全质量、现场控制中具有的重要作用;加强自控型班组建设是运输安全基础建设的重要内容,是提高班组安全质量控制能力的重要措施,是加强企业经营管理的基础工程。

2.自控型组员与自控型班组的概念

(1)自控型组员

自控型组员是指乐于追求自身价值,善于学习,勇于创造,应变力强;恪守职业道德规范,有自知之明;自尊、自信、自爱、自律;工作上自动、自发、自强不息;情绪上能自持、自制;但不自以为是,也不自行其是的职工。

(2)自控型班组

自控型班组是指在满足班组建设基本要求的基础上,针对铁路运输安全和质量控制的特殊要求,建立岗位自控、作业互控、人机联控机制,实现班组管理规范化、作业程序化的班组。岗位自控要求每个组员都严格按标准化作业,认真遵章守纪,加强自我管理,达到自我控制。作业互控要求:做到作业前分工明确,责任清楚;作业过程中相互把关,相互检查,堵漏补缺,互相监督,互相约束,以排除各种安全隐患,消除可能存在的事故苗子,作业完成之后,要及时总结,特别是对作业中出现的问题,要认真分析,找出原因,分清责任,严前处理。人—机联控要求将过去依靠以人控为主的监控方式,逐步转换为以机控为主的监控方式,只有建立并充分完善人—机的联动控制机制,班组才能实现自控,安全生产才能有可靠的保证。

自控型班组里的组员一般都是自控型组员。自控型班组中的岗位一般都为自控型岗位(又称标准化岗位)。

3.自控型班组管理

自控型班组管理是指按照国铁集团"规范管理、强基达标"的总体要求,以强化"基层、基础、基本功"为落脚点,通过健全班组管理机制,完善班组管理制度,提高班组组员综合素质,不断增强班组"自我管理、自我控制、自我完善、自我提高"的能力,从而全面实现班组各项工作有序可控的管理。

自控型班组管理是由经验管理向科学管理、粗放管理向精细管理的重要转变,是在继承传统管理基础上的不断创新,是深化安全基础建设的必然趋势。

自控型班组管理是落实以人为本的科学发展观的有效载体。传统管理是物本管理,人被物化。人本管理理念是对传统管理的扬弃和全面超越,人本管理认为人是第一资源,人人可以成才,企业管理的实质就是在充分尊重人的前提下为企业职工成才及展示才华构建平台、创造条件,把人的能动性发挥到极致。而自控型班组管理强调"人人都是管理者",管理自我规范、素质自我提高、行为自我约束、作业自我控制、矛盾自我解决、职场环境自我治理,体现了人本管理理念,抓住了关键因素,开启了班组管理的"动力源"。

自控型班组管理是"规范管理,强基达标"的内在要求。国铁集团党组提出的"规范管理,强基达标"的总体要求是对安全管理实践经验的总结和提炼,是新形势下安全基础建设的方向和目标。"规范管理、强基达标"的着力点和落脚点是增强职工的自主意识、责任意识、标准意识。自控型班组管理的核心就是发挥机制的作用,激发职工以自我管理、自我调控、自我完善、自我约束为导,主动参与班子管理,在思想观念上由"要我自控"向"我要自控"转变。因此,深化"自控型"班组管理正是"规范管理,强基达标"的目的所在。

自控型班组管理是根除长期以来班组管理痼疾的迫切需要。

(1)自我管理

自我管理,即自主管理,是指一个组织的管理方式,主要通过组员的自我约束与控制,去自我发现问题、自我分析问题、自我解决问题,以变被动管理为主动管理,进而实现组织自我提高、自我创新、自我超越,推动组织不断发展与前进,从而实现组织的共同愿景与目标。自主管理在为每一名组员提供参与管理渠道的同时也强调自律,主要运用组员内在的约束性来提高其责任感,使他们从内心发出"我要干""我要干好"的愿望并以此指导其自身行为。

自主管理的过程,就是在对铁路运输企业方针目标的管理中,以岗位责任制和经济责任制为手段,组织全体组员在为实现运输生产总目标过程中担负其自身责任,进行自我制定、实施和考核的活动过程。它具体到要从每一名组员做起,从每一个岗位做起,从每一道工序做起,按照岗位作业标准、岗位责任任务努力工作,集中精力去实现被认为是达不到的目标,挖掘潜能做到被认为是做不到的事情,鼓励组员永不满足,在追求卓越中超越自我,实现自我超越。之所以要推行自主管理,是因为自主管理是激励全体组员为铁路发展提供原动力和创造力的有效手段,是实现铁路发展的基础保证,是实现民主管理的最好形式。自主管理确立了组员在企业生产经营中的主体地位,产生了从被管理者向管理者的转变,使组员在实施方针目标的主体活动中明确了自己的任务和责任,产生了"我要干""要干好"的强烈愿望,从而充分发挥自身的主动性、积极性和创造性,努力实现个人所承担的目标,自下而上,一级保一级地实现企业的总目标。

(2)自我控制

控制,即任何一种创造都是主体有目的的控制和调节客体的活动。它是主体为实现自己目标作用于自身客体、自然客体、社会客体而进行信息、物质和能量变换的过程。自我控制,就是要求班组正确处理个体与个体之间、个体与群体之间、群体与群体之间的相互关系,能在任何复杂的情况下,遵守规则,做到严于律己、规范言行、修正错误、发挥作用。安全生产是铁路运输的生命线,因此,必须按照安全生产的规律规则,对全员(各级领导者、管理者、操作者)进行全方位(各系统、各工种、各岗位)、全过程的控制。

班组中的自我控制,就是班组通过深入开展政治思想及职业道德教育活动,使组员深刻认识到,在铁路采用新设备、新工艺,实行新规章的形势下,建设和谐铁路的客观性和必要性,让大家在深入沟通中达成"队伍要高素质、作业要高效率、质量要高标准、安全要高可靠"的共识,在具体工作中能够严守"两纪一化"(劳动纪律、作业纪律和作业标准化)并自觉地变成每一名组员的行动准则,组员一旦违反了规章制度以及行为规范时,自己就会感到内疚、不安和自责,就会主动去纠正自己的行为。在这种共同意识的指导下,班组职工之间就能建立起良好的人际关系,产生改进工作的驱动力,从而防范不安全行为的发生,以保证安全生产顺利进行。

(3)自我完善

自我完善是指班组具备一种自觉提高组员素质的能力,并能修正每一名组员及班组自身的缺点与不足,组员通过参加班组学习、班组锻炼,在涵养道德和陶冶、情操之后,将会树立起班组的责任价值主体,即他们能够把自身的荣辱、自我价值追求同班组的兴衰成败紧密结合在一起,在工作中努力使班组安全生产,降低成本,讲求质量,提高效益,最终使企业获得更广阔的发展空间。充分重视和科学利用职工的参与意识,创造条件让他们自己管理自己,使他们在乐于追求其完美的心态下工作,组员得到的自主管理权越多,其为企业创造的经济效益就越大。

(4)自我提高

组员都有成为自控型组员的愿望,通过不断学习和在不同岗位上的磨炼,其知识文化、操作技能和素养都会得到提升,班组的整体水平和能力也会因此得以提高,班组及其成员则在创建自控型班组的过程中、在自控型班组建设的深化过程中成长进步。整个班组可以在总结安全运输生产的成功经验中前行,也能够在吸取运输安全责任事故的教训中成熟。自我提高是班组及其成员在自我管理中的最大收获。

4. 自控型班组建设的主要内容

(1)健全安全质量制度

适应运输安全管理需要,修订完善班组作业安全、设备安全、劳动安全以及消防安全等制度;适应生产服务质量管理需要,修订完善基础设施维修质量、机车车辆检修质量、设备维护保养质量和客货运输服务质量等制度。

(2)规范标准化作业程序

根据运输生产力发展水平、新技术装备运用、设备修程修制调整以及生产组织、劳动组织的优化,落实班组安全质量管理制度,完善岗位作业标准、检修工艺标准、设备操作规程等规定,按系统分专业规范标准化作业程序,严格劳动纪律和作业纪律,满足运输安全质量管理要求。

(3)强化现场作业控制

根据标准化作业程序,明确安全质量管理的关键控制点,完善相应的自控互控措施。

①落实岗位责任制,建立独立作业自控机制。

②根据岗位之间,上、下道工序之间作业的相关度,建立关联作业互相提醒、互相制约、互相监督的互控机制。

③在人机配合作业过程中,充分发挥技术装备保安全的作用,加强人机协调,建立人—

机联控机制。

(4)完善班组考核激励机制

坚持日常管理与定期考核验收相结合,以班组安全和质量为重点内容,强化安全质量分析考核,分层次建立完善铁路局集团公司、站段、车间对班组的考核评价机制;充分发挥内部分配政策的激励作用,将班组考核结果与组员收入相挂钩,实行动态考核,调动班组自我管理的内动力。

单元二　铁路路风管理

🌼 单元导入

1. 什么是路风? 什么是路风问题?

2. 路风问题如何分类?

3. 路风问题如何定性?

一、铁路路风管理的机构及职能

路风是指铁路的行业风气,是铁路的性质、宗旨和经营方向在运输企业和职工中的综合表现。

1.路风管理的意义

路风工作是铁路精神文明建设、党风廉政建设和企业经营管理的组成部分。加强路风工作,对于提高职工队伍素质,提升运输服务质量,促进铁路发展,推进和谐铁路建设,都具有重要的作用。

路风工作坚持"标本兼治,纠建并举"的方针,强化监察监督,注重源头治理,切实解决损害旅客货主利益的问题,为铁路发展创造良好的社会环境。

2.路风管理的原则和方法

路风工作坚持"谁主管,谁负责"的原则,实行领导负责、系统负责、逐级负责;管业务必须管路风,党政工团齐抓共管,综合治理。

为加强铁路路风管理,强化监察监督,纠正损害群众利益的不正之风,维护旅客货主合法权益,维护铁路形象和声誉,根据《中华人民共和国铁路法》及有关法律法规和相关规定,制定了《铁路路风管理办法》,仅适用于国家铁路企业和职工。

3.路风管理的机构与职责

(1)机构设置

国铁集团设立路风监察办公室。各铁路局集团公司(专业运输公司,下同)设立路风监察工作机构,配备专职人员。客货运、多元经营单位根据工作需要,设立或明确路风监察工作机构,配备专(兼)职人员。

（2）路风监察工作机构的主要职责

①拟定工作规划、制度和办法，并组织实施。

②检查监督有关法规和规章制度的执行情况。

③受理、查处路风问题投诉及上级机关、新闻媒体等单位批转、移交的路风反映。

④组织、参加对路风问题的调查、认定和处理。

⑤根据上级路风部门授权，实施跨单位路风检查。

⑥协调与社会各界的联系，畅通社会监督渠道。

⑦掌握路风动态，加强信息反馈，开展调查研究，为领导决策提供依据。

⑧总结推广经验，选树表彰先进典型。

⑨对下属单位路风监察工作进行检查指导。

⑩完成领导交办的其他任务。

4．路风监察人员职权

（1）检查车站、列车及其他需要检查的单位和经营场所。

（2）听取被检查单位的情况介绍，查阅与路风监察事项有关的文件、档案、票据、账目和资料。

（3）向有关单位或人员调查取证。

（4）对发生路风问题的单位，填发"路风监察通知书"。

（5）责令被检查单位或人员停止损害路风路誉的行为。

（6）路风监察人员必须忠于职守，严格执纪，公道正派，清正廉洁。有下列行为之一的，视情节给予组织处理或行政处分：

①玩忽职守，工作失职，造成严重后果的。

②滥用职权，侵犯他人合法权益或借机打击报复的。

③利用职权，谋取私利，索贿受贿的。

④隐瞒事实，弄虚作假，包庇违纪行为的。

⑤其他造成不良影响或后果的行为。

（7）路风监察人员执行职务时，应持路风监察证，必要时佩戴路风监察臂章。路风监察证和路风监察臂章发至铁路局集团公司专职路风监察人员。

路风监察证封皮为皮质、墨绿色、长方形对开式样，规格为107mm×77mm。其正上方为烫压的金色铁路路徽，铁路路徽上烫压金色汉字"××铁路局集团公司"；下方为"路风监察证"。封底下方烫压"××铁路局集团公司路风监察办公室监制"字样。证件加盖"××铁路局集团公司"钢印和"铁路局集团公司证件专用章"。路风监察证封皮如图7-1所示，封内如图7-2所示。

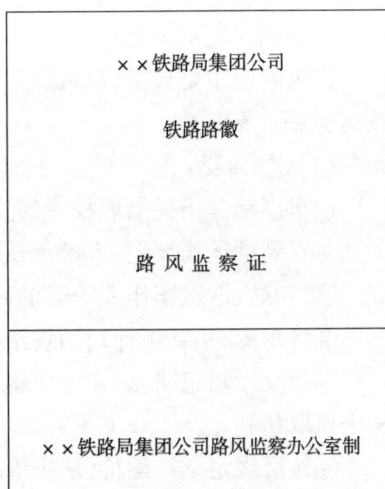

××铁路局集团公司
铁路路徽
路 风 监 察 证
××铁路局集团公司路风监察办公室制

图7-1 路风监察证封皮

照　片	姓　名		性　别	
	出生年月		职　务	
	工作单位			
发证机关			证　号	
年检栏				

使用须知:

1. 本证仅作为履行路风监察职责的凭证,履行职责时主动出示本证。

2. 本证不得转借他人,工作变动应及时交回本证。

3. 凭证可进入站段、货场等有关作业场所,可乘坐各次列车,免于签证。

4. 凭证可免费使用铁路电话,拍发电报,查阅有关资料,可在乘务员公寓食宿。

5. 未经年检,此证无效。

图 7-2　路风监察证封内

路风监察臂章为菱形,边长为 10cm,横向对角线长为 16.5cm。颜色为墨绿底金黄色字,双黄线镶边。内刊"路风、监察、编号"三行。

(8)路风监察人员执行职务时,免予签证登乘各次列车(国际列车、进港直通车按有关规定办理),不受车种、席别限制;准予使用铁路电报、电话,在乘务员公寓食宿。

(9)路风监察人员执行职务时,被检单位要支持配合检查人员工作,并提供便利。任何单位或个人不得拒绝、阻碍或打击报复。

二、路风问题分类与定性

路风问题系指铁路单位和从业人员凭借职务或工作便利条件营私谋利,或违背职业道德,服务质量低劣,给旅客、货主造成经济损失或精神、身体伤害,在路内外造成不良影响和后果的行为。

1. 路风问题的分类

路风问题主要包括以车谋私、以票谋私、乱收费乱加价、勒卡索要、粗暴待客、违规经营及违规贩运等七类。

(1)以车谋私

以车谋私是指凭借职权或通过关系,以车皮、集装箱等运输条件谋取私利的行为。

①在受理运输计划、审批承认车、安排货位、安排装车、配车配箱、装卸作业、变更装卸地点、变更到站、取送车作业等运输环节中谋取私利。

②将车皮、集装箱计划切块给路内外单位或个人,从中谋取私利。

③违反运输纪律,采取无票运输、换票运输、伪报品名、少报重量等手段侵犯运输收入,从中谋取私利。

④违反规定下浮运价,从中谋取私利。

(2)以票谋私

以票谋私是指凭借职务或工作之便,利用车票谋取私利的行为。

①违反售票纪律,利用批团体票、机动票、合同订票或切块、囤票等不正当手段为他人提

供车票,进而从中谋取私利。

②利用职务或工作之便,内外勾结倒卖车票。

③列车工作人员为旅客代办车票收取好处费,或收钱不补票、收长途钱补短途票,侵吞票款;为旅行团体代办车票提供方便,获取好处或不正当利益。

④私带无票人员、行包和货物,安排越席及其他不符合乘车条件人员。

⑤内外勾结霸座卖座,接送无票人员进出站上下车,装运超过票记重量、件数的行包货物,从中谋取私利。

(3)乱收费乱加价

①违反国家、国铁集团规定的运、杂费收费项目和标准,收取或变相收取不合理费用。

②在运输代理和客货延伸服务中,只收费不服务,或多收费少服务,或擅自设立收费项目,或提高收费标准,或不提供合法票据。

③车站或票务管理部门不送票收取送票费,将车票票额切块给宾馆、饭店、旅行社等加价收费,自办售票点超标准收费,车站售票窗口或计划室搭收其他费用。

④车站或票务管理部门从客票代理销售点的乱收费乱加价中分成。

(4)勒卡索要

勒卡索要是指凭借职务或工作之便,采取刁难、要挟或威胁等手段,敲诈勒索旅客货主。

(5)粗暴待客

①对旅客货主语言污秽,行为粗鲁。

②有意设置障碍,刁难旅客货主。

③殴打旅客货主或限制旅客货主人身自由。

④严重侵害旅客货主人身权利构成违法犯罪的行为。

(6)违规经营

①以不批计划、不配空车、拖延办理等手段,强制货主办理延伸服务或运输代理。

②铁路多经、集经企业或与之联营的单位强制办理运输代理、延伸服务业务。

③铁路货运业务与延伸服务或运输代理业务合并办理,以及代收延伸服务或运输代理费用。

④站车强卖、搭售商品,或出售假冒伪劣商品。

⑤列车餐车开办茶座、夜宵,违规收费,变相卖座。

⑥以提前进站、提供车票等手段误导旅客进茶座、休息厅等场所收取费用,或在代办转乘车船、住宿、旅游等业务中违背承诺,欺诈旅客。

(7)违规贩运

违规贩运是指凭借职务或工作之便,利用列车搞营利性捎买带或携带禁运、限运物品。

2. 路风问题的性质

路风问题分为重大路风事件、严重路风事件、一般路风事件和路风不良反映。

(1)重大路风事件

构成下列路风问题之一的,认定为重大路风事件:

①以车谋私金额(含实物折算价值,下同)5000元以上,以票谋私金额3000元以上。

②乱收费、乱加价金额(从行为发生之日起累计计算,下同),客运在 100000 元以上;货运在 500000 元以上。

③私带无票人员、行包、货物,安排越席及其他不符合乘车条件人员,按已乘(运)区间票价(运价)计算,同时收取好处费的合并计算,金额在 3000 元以上。

④殴打旅客货主造成重伤、死亡,或侵害旅客货主人身权利情节特别严重。

⑤敲诈勒索旅客货主情节特别严重。

⑥贩运物品一次价值在 10000 元以上,或情节特别严重。

⑦其他造成特别恶劣影响,使路风路誉遭受严重损害的行为。

(2)严重路风事件

构成下列路风问题之一的,认定为严重路风事件:

①以车谋私金额 2000 元以上不足 5000 元,以票谋私金额 1500 元以上不足 3000 元。

②乱收费、乱加价金额,客运在 50000 元以上不足 100000 元;货运在 200000 元以上不足 500000 元。

③私带无票人员、行包、货物,安排越席及其他不符合乘车条件人员,按已乘(运)区间票价(运价)计算,同时收取好处费的合并计算,金额在 1500 元以上不足 3000 元。

④殴打旅客货主造成轻伤,或侵害旅客货主人身权利情节严重。

⑤敲诈勒索旅客货主情节严重。

⑥贩运物品一次价值在 5000 元以上不足 10000 元,或情节严重。

⑦违规经营造成恶劣影响。

⑧其他造成恶劣影响,使路风路誉遭受很大损害的行为。

(3)一般路风事件

构成下列路风问题之一的,认定为一般路风事件:

①以车谋私金额 1000 元以上不足 2000 元,以票谋私金额 500 元以上不足 1500 元。

②乱收费、乱加价金额,客运在 30000 元以上不足 50000 元;货运在 50000 元以上不足 200000 元。

③私带无票人员、行包、货物,安排越席及其他不符合乘车条件人员,按已乘(运)区间票价(运价)计算,同时收取好处费的合并计算,金额在 500 元以上不足 1500 元。

④殴打旅客货主造成轻微伤,或侵害旅客货主人身权利情节严重。

⑤敲诈勒索旅客货主情节轻微。

⑥贩运物品一次价值在 3000 元以上不足 5000 元,或情节较重。

⑦违规经营造成很坏的影响。

⑧其他造成很坏影响,使路风路誉遭受较大损害的行为。

(4)路风不良反映

未构成路风事件的路风问题,定为路风不良反映。

3.路风事件的认定

(1)重大路风事件和严重路风事件由铁路局集团有限公司认定,国铁集团审批;一般路风事件由铁路局集团公司认定;路风不良反映由站段认定。

（2）上级对下级定性不准或处理不当的路风问题可予纠正，必要时可直接认定。

（3）跨单位的路风问题，由上级机关协调处理。对定性与处理有争议的，由上级机关裁决。国铁集团裁决为终结性裁决。

三、铁路路风监察监督程序

1.路风监察的形势

路风检查由路风监察人员实施，采取明查和暗访两种形式。路风监察人员明查时，应主动出示路风监察证，在被检单位配合下开展工作。凡不出示有效证件的，被检单位可以拒绝检查。

2.发现路风问题的处理

路风监察人员查出路风问题，应填发"路风监察通知书"，也可视情况拍发铁路电报。"路风监察通知书"的填写要符合监察内容，事实清楚，表述准确，客观公正，并加盖路风监察人员名章。

检查结束后，向被检单位通报检查结果。凡填发"路风监察通知书"的，由被检单位负责人签字，一式两份，其中一份交责任单位处理，一份由检查单位留存。责任单位应在20天内作出定性处理，并逐级上报查处结果。

3.路风问题的受理

受理路风投诉，应视所反映问题性质及重要程度，按照登记、呈报、转办、交办、直接查办、审核结案、复信反馈等程序办理。铁路局集团公司要求上报结果的，由铁路局集团公司调查处理，在两个月内上报查处结果（有特殊要求的除外）。

4.调查路风问题的注意事项

调查路风问题必须由两人以上实施。调查中，路风监察人员要对发生路风问题的时间、地点、人员、情节、手段和所造成的后果认真核查，充分收集有关证明材料，综合分析、鉴别、归纳，形成结论，实事求是地撰写调查报告。

对检查、调查属实的路风问题，依据有关规定，对问题性质、严重程度做出认定，按照有关处罚处理规定，对责任单位或责任者进行处理。

路风问题查结后，经审核，对事实清楚、证据确凿、定性准确、处理恰当、手续完备的，结案归档；不符合要求的，重新调查或退查。向上级反馈查处结果，以文函形式报送，构成路风事件的，一并报送"路风事件报告单"。

四、铁路路风问题的处分与处罚

1.路风问题的处理原则

处理路风问题坚持实事求是的原则，以事实为依据，准确定性，恰当处分；坚持从严执纪的原则，对发生路风问题的单位、个人不姑息迁就、袒护包庇；坚持惩前毖后、治病救人的原则，实行惩戒与教育相结合。

2.路风问题的处分与处罚类别

对尚未构成解除劳动合同条件的路风问题责任者的行政处理，由铁路运输企业依据本单位奖惩办法给予行政处分。行政处分可以分为警告、记过、记大过、降级、撤职。在给予处

high速铁路客运设备运用与管理（第2版）

分的同时,可由单位调整其工作岗位,对因处分情形未能完成工作任务的,由单位按相应的考核办法进行经济考核。对构成解除劳动合同条件的,由用人单位依法解除劳动合同。各单位应将本办法有关内容纳入企业奖惩办法,经履行规定的程序后实施。

3.对路风问题责任单位的处罚

（1）通报批评。

（2）经济处罚。

（3）在企业经营业绩考核中扣分。

（4）取消有关荣誉称号和评先资格。

路风问题责任单位或责任者构成路风管理所列规定,由企业分别给予下列处理:

（1）构成路风不良反映的,给予决策者或直接责任者警告至记过处分,情节轻微的,可免予处分。

（2）构成一般路风事件的,给予决策者或直接责任者记过至撤职处分。

（3）构成严重路风事件的,给予决策者或直接责任者记大过至撤职处分。

（4）构成重大路风事件的,给予决策者或直接责任者撤职处分。

（5）对乱收费乱加价的责任单位,在收缴其非法所得的同时,可按乱收费乱加价数额给予一至两倍的罚款。

4.对路风问题责任者的处分

对路风问题责任者的处分,按干部、工人处分的批准权限和规定程序,由有关部门办理。国铁集团对企业中任命人员的处分,按照本办法处分条件,参照《中华人民共和国公职人员政务处分法》,给予相应处分。

5.路风问题处分处罚程序及有关事项

（1）对路风问题责任单位的经济处罚,由路风监察部门填发"路风问题经济处罚（罚款）通知书"一式三份:一份交责任单位,一份留路风监察部门存查,一份送同级财务部门实施。对乱收费乱加价责任单位的罚款,由被处罚单位逐级上缴到处罚单位财务部门,按有关规定处理。责任单位逾期不交的,由处罚单位依照有关法规规定办理。与铁路单位签订合同的,在铁路站、车内从事经营活动的路外单位,因路风问题需要给予经济处罚的,由处罚单位对其签订合同的铁路单位给予处罚。

（2）在一次检查或调查中,查出旅客列车不同单位乘务人员发生同类路风问题的,合并认定路风问题档次。对责任单位和责任者,根据实际应承担的责任,分别从重处理。

（3）旅客列车长时间长距离存在无票人员或越席旅客,不能确定私带责任人的,按无票人员或越席旅客所在列车部位,追究相应乘务员及列车长的管理责任。

（4）两人以上共同发生路风问题,对主要责任者和其他责任者区别其作用和责任分别处分。涉及谋私的路风问题,主要责任者按谋私总额处分,其他责任者按个人谋私数额分别处分。

（5）一人发生两种以上应当受到处分行为的,要合并处理。按应受数种处分中最高处分加重一档给予处分;如果其中一种处分是撤职的,即给予撤职处分。

（6）有下列情形之一的,从轻或减轻处分:

246

①主动交代问题或自查自纠的。

②主动退回非法所得的。

③主动挽回损失、影响或有效阻止不良后果发生的。

④主动检举他人问题，经查证属实或有其他立功表现的。

（7）有下列情形之一的，从重或加重处分：

①拒不配合调查或伪造、销毁、藏匿证据的。

②隐情不报，压而不查，查而不处的。

③个人一年内发生两次以上路风事件的。

④唆使、纵容下级或从属人员发生路风问题的。

⑤阻挠路风监察人员执行公务或打击报复举报人的。

（8）从轻、从重处分是指本办法中的处分幅度以内，给予较轻或较重处分。减轻或加重处分是指本办法中处分幅度以外，给予减轻或加重一档处分。

（9）在查处路风问题中，发现责任者的行为已构成违法犯罪的，有关单位应移交公安、司法机关处理。

（10）路风问题责任者受到刑事追究或行政处分的，仍按《铁路路风管理办法》追究单位的路风管理责任。

（11）对发生严重路风问题和频发路风问题的单位追究有关领导责任。

①发生严重以上路风事件或一年内发生两起以上一般路风事件，给予站段负有领导和管理责任的人员行政警告至撤职处分。

②发生重大路风事件或一年内发生两起以上严重路风事件，给予铁路局集团公司负有领导和管理责任的人员行政警告至撤职处分。

③发生被中央级新闻媒体批评造成恶劣影响的严重以上路风事件，视情节给予铁路局集团公司负有领导和管理责任的人员组织处理或行政处分。

（12）鼓励路风问题自查自纠。各单位受理的投诉举报和检查出的构成路风事件的问题，逐级主动汇报情况，在规定时限内认真调查，并按本办法规定的标准定性处理，经上级部门审核批复，可视为自查自纠。对路风问题自查自纠的单位，不列企业经营业绩等相关考核，单位及领导免予处罚。

（13）单位或个人对处罚决定不服的，可在接到处罚决定的次日起 15 日内向做出处罚决定的部门提出复查申请，做出处罚决定的部门应在 30 日内做出结论。仍然不服的，可向上一级提出复查申请，上一级应在 60 日内做出结论。复查期间，原处罚决定照常执行。

（14）发生本办法未涵盖的其他路风问题，比照本办法的类似条款处理。需要比照处理的，应报国铁集团路风监察办公室批准。

五、铁路路风问题的管理制度

（1）路风问题报告制度。发生性质严重、影响较大的路风问题，责任单位应在 5 日内向上级路风监察部门报告。凡瞒报、迟报造成不良后果的，追究责任单位领导的责任。

（2）路风问题交班制度。发生路风事件，或性质严重、影响恶劣的路风问题，由责任单位主管领导带队到上级机关交班。

(3)路风问题通报制度。对典型的路风事件、带有普遍性倾向性的问题以及其他需要通报的路风问题,以文件、电报、网络等形式通报。凡被上级通报的问题,责任单位必须做出定性处理,并上报结果。

(4)路风问题责任追究制度。发生路风事件应追究有关领导及业务主管部门负责人的责任。一般路风事件追究车间(队)、站段有关领导及业务管理部门负责人的责任;严重以上路风事件追究车间(队)、站段、铁路局集团公司有关领导及业务主管部门负责人的责任。因企业行为构成路风事件的,追究决策者和有关领导责任。

(5)路风管理考核制度。国铁集团对铁路局集团有限公司、专业运输公司发生的严重以上路风事件实行党风廉政建设责任制、企业经营业绩考核。各级铁路单位也要把路风工作纳入相关考核。国家铁路控股的合资公司的路风工作,纳入相关铁路局集团公司路风工作考核。

(6)接受社会监督制度。铁路单位要坚持办事公开,对外公布收费项目、收费依据、收费标准和监督电话,公开车皮计划审批结果、车票票额,公开办理列车剩余卧铺,销售商品明码标价,工作人员佩戴标志上岗。重视新闻舆论监督,定期走访旅客货主,畅通社会监督渠道。

《铁路路风管理办法》由国铁集团路风监察办公室负责解释,自1998年2月6日施行。其他文件与《铁路路风管理办法》不一致的,以《铁路路风管理办法》为准。

✳ 模块小结

班组是企业各项生产活动的落脚点,是企业生产活动中的重要环节,班组各项工作完成的好坏决定了整个企业的指标完成的好坏。因此,高速铁路客运管理人员应不断加强学习,熟练掌握高速铁路客运管理的相关知识。

在本模块的学习过程中,学生不但要具有一定理论知识,而且要具有较强的实际操作能力。通过对本模块的学习,学生能运用班组管理原则和技巧模拟班组管理,能准确判断出客运路风事件的类别与性质。

思考与练习

一、填空题

1.班组中的领导者就是_____。

2.班组长的重要作用体现在_____、_____、_____和_____四个方面。

3.班组的管理原则有_____原则、_____原则、_____原则、_____原则。

4.路风问题主要包括_____、_____、_____、_____、_____、_____及违规贩运等七类。

二、判断题

1.班组是铁路运输企业的基本组成单位。 (   )

2.班组长使用表扬必须公平合理、实事求是。 (   )

3. 班组长在批评组员时不必考虑批评的范围。 （　　）
4. 开展批评时要对事不对人。 （　　）
5. 路风工作坚持"标本兼治，纠建并举"的方针。 （　　）
6. 路风工作坚持"谁主管，谁负责"的原则。 （　　）

三、名词解释
1. 班组
2. 班组管理
3. 自控型班组
4. 路风
5. 路风问题

四、简答题
1. 班组长应具备哪些能力？
2. 有效沟通的技巧有哪些？
3. 运用表扬激励的技巧有哪些？
4. 批评手段适用的技巧有哪些？

参 考 文 献

[1] 国家铁路局.铁路旅客运输服务质量　第1部分:总则:GB/T 25341.1—2019[S].北京:中国标准出版社,2019.

[2] 国家铁路局.铁路旅客运输服务质量　第3部分:服务评价:GB/T 25341.3—2024[S].北京:中国标准出版社,2024.

[3] 裴瑞江.铁路客运设备设施[M].北京:中国铁道出版社,2015.

[4] 贾俊芳.高速铁路运输服务[M].北京:中国铁道出版社,2021.

[5] 王慧,马海漫.高速铁路动车乘务实务[M].2版.成都:西南交通大学出版社,2019.

[6] 刘建国.高速铁路运输组织[M].北京:中国铁道出版社,2012.

[7] 杨涛,王越.动车组客运岗位培训适用性教材[M].北京:中国铁道出版社,2014.

[8] 马海漫,宋玉佳.高速铁路客运组织[M].成都:西南交通大学出版社,2015.

[9] 邓岚,李培锁.高速铁路客运组织与服务[M].北京:中国铁道出版社,2011.

[10] 中国铁路总公司.高速铁路客运服务管理[M].北京:中国铁道出版社,2016.

[11] 王慧晶.铁路客运业务实务[M].3版.北京:中国铁道出版社,2017.

[12] 王慧.高铁乘务安全管理与应急处置[M].2版.成都:西南交通大学出版社,2019.

[13] 裴瑞江.铁路客运安全应急与路风[M].北京:中国铁道出版社,2014.